NUAIR A BHÍ MÉ ÓG

NUAIR A BHÍ MÉ ÓG

SÉAMUS Ó GRIANNA

Máire

Niall Ó Dónaill
a chuir in eagar

CLÓ MERCIER
Corcaigh agus Baile Átha Cliath

CLÁR AN LEABHAIR

CLÓ MERCIER TEORANTA
4 Sráid an Droichid, Corcaigh
25 Sráid na Mainistreach Íochtarach, Baile Átha Cliath 1

Nuair a bhí Mé Óg
SBN 85342 604 X
©Cló Mercier, 1979
An Dara hEagrán
An Triú hEagrán 1986

Arna chlobhualadh ag an Litho Press, Mainistir na Corann.

MO CHÉAD BHRÍSTE

Cúig bliana go leith a bhí mé nuair a fuair mé an chéad bhríste. De bhrí de, ní chuirtí brístí ar ghasúraí sa chliabhán an t-am sin mar chuirtear anois orthu. Bhí mé ag feitheamh go cruaidh leis an bhríste chéanna, nó bhí mé ar an scoil san am agus gan orm ach cóta de ghlaisín caorach. Bhí gasúraí a bhí fá m'aois agus brístí orthu. Agus, mar dúirt mo mháthair, lingfeadh an t-anam asam féin mura bhfaighinn péire chomh maith le duine.

Sa deireadh cheannaigh mo mháthair cúpla slat mhuilscín i dtigh Mhuiris Mhéabha Ní Fhearaigh, agus an lúcháir a bhí orm féin níl léamh ná scríobh ná inse béil air. Beidh cuimhne agam ar an mhuilscín sin go dté mo chorp i dtalamh. Bhí sé mín taobh amuigh agus mosach taobh istigh. Agus an boladh deas a bhí as! Boladh muilscín! Mothaím go fóill é.

Is iomaí cailín óg a dtáinig coinnle ar a súile ag amharc ar chulaith ghalánta shíoda. Ach ní raibh a leathoiread ollghairdis ar aon chailín riamh fá chulaith shíoda is bheadh ar ghasúr as an bhaile s'againne nuair a gheobhadh sé ábhar a chéad bhríste.

Tráthnóna beag le luí gréine tháinig mo mháthair as an tsiopa agus an t-éadach léithi. Scaoileadh na sreangáin de agus, mar dúirt mé, ní raibh mo lúcháir ar aon duine riamh.

'Rachaimid chuig Mící Ruairí inniu,' arsa mise.

'Chuig Mící Ruairí anocht?' arsa mo mháthair. 'Fán am seo dh'oíche! A rún, bíodh ciall agat. Tá an seanduine sin ina luí ina chodladh, an áit ar cheart duitse bheith.'

Táilliúir a bhí i Mící Ruairí. Seanduine a raibh féasóg liath air, aoibh phléisiúrtha, agus é dea-chainteach greann-mhar.

B'éigean domh a ghabháil a luí an oíche sin gan a ghabháil chuig an táilliúir. Agus chan sásta a bhí mé. Chonacthas domh gur fhan mé fada go leor le hábhar an bhríste agus go dearnadh éagóir orm nuair nár tugadh chuig an táilliúir sa bhomaite mé.

Ar maidin an lá arna mhárach, arsa mo mháthair liom, 'Gabh anseo go nighe mé d'aghaidh go mbí tú liom suas

7

tigh Mhicí Ruairí.'

Níor lú orm an donas am ar bith eile ná mo mháthair m'aghaidh a ní. Chuireadh sí a hingne i mo chluasa agus bhaineadh sí 'ach aon scread asam. Bhíodh mo chroí ar crith i mo chliabh nuair a théadh sí a ní m'aghaidh. Ach d'fhulaing mé an scríobadh go foighdeach an lá seo. Ní ligfinn aon smeach asam féin dá dtarrónaí an craiceann anuas díom. Ní ligfinn, ar eagla go n-abóradh sí, 'Maith go leor, coinnigh an chréafóg i do chluasa go bhfása seagal astu, más mian leat é, ach diabhal fad do choise—rath Dé ar an chois—a théid tú chuig táilliúir go bliain ó inniu.'

Bhí eagla orm gurbh é sin an breithiúnas a bhéarfaí orm dá ndéanainn an éagaoin ba lú a chuala tú riamh. Bhí a shliocht orm. Theann mé mo chár ar a chéile agus d'fhulaing mé mo sciúradh go foighdeach.

Nuair a bhí m'aghaidh nite agus mo cheann cíortha thug mo mháthair léithi an muilscín, agus shín linn ag tarraingt ar theach an táilliúra. Mar dúirt mé. fear greannmhar a bhí sa táilliúir, agus ba é a fhor is a fhónamh ag magadh ar ghasúraí a thigeadh chuige le hábhar an chéad bhríste.

'A mháthair,' arsa mise, ar an bhealach suas, 'cá fhad a bhainfidh sé as Micí Ruairí mo chulaith a dhéanamh?'

'Naoi nó deich dhe laetha, b'fhéidir,' ar sise.

'Naoi nó deich dhe laetha?' arsa mise.

'De réir mar atá obair eadar lámha aige,' arsa mo mháthair.

Chuir seo smúid orm féin. Nó shíl mé go raibh mo chulaith agam ar aghaidh boise. Nár thrua mé dá gcaithfinn fanacht naoi nó deich de laetha eile sa tseanchóta?

Bhaineamar teach an táilliúra amach. Ní raibh istigh ach Micí agus é ina shuí ar clár ag fuáil.

'Sé do bheatha,' ar seisean le mo mháthair.

'Go raibh maith agat,' arsa mo mháthair. 'Tá tú ag obair, beannú ort.'

'In ainm a bheith ag obair,' arsa Micí, agus d'amharc sé orm féin. 'Seo an fear is sine agat?' ar seisean.

'Sé,' arsa mo mháthair.

'Tá, gasúr maith, beannú air,' arsa Micí. 'An bhfuil Feilimí ag iascaireacht ar an aimsir seo?'

'Bhí sé amuigh aréir,' arsa mo mháthair. 'Má bhí féin ní raibh mórán ar a shon aige. Ní raibh leis ach cupla lioca.'

'Maise, shíl mé go mbeadh aiste aréir orthu,' arsa Micí, agus thoisigh an comhrá aige féin is ag mo mháthair fán iascaireacht is fán bharr is fán mhóin. Iascaireacht agus barr agus móin, agus gan oiread is focal fán rud ba tairbhí ar an domhan, mar a bhí, mo bhríste.

Bhain mé féin tarraingt as naprún mo mháthara.

'Tá sé i mbroid cionn is nach bhfuiltear ag glacadh a mhiosúir,' arsa mo mháthair.

Bhain Micí an píopa as a bhéal agus d'amharc sé orm féin. 'Goidé an miosúr?' ar seisean.

'Tá ábhar culaith dó anseo linn,' arsa mo mháthair.

'Ábhar culaith!' arsa an táilliúir agus, dar leat, iontas an tsaoil air. 'Bríste a chur ar an tachrán sin! A bhean chroí, bíodh trí splaideog chéille agat. Nach bhfuil a fhios ag Dia is ag an tsaol go bhfuil an giorún sin ró-óg le bríste a chur air?'

'Níl mé ró-óg,' arsa mise go colgach.

'Fuist is bíodh múineadh ort,' arsa mo mháthair.

'Lig dó,' arsa Micí. 'Bíonn cead cainte ag fear chaillte na himeartha. Ach mé a rá,' ar seisean, 'go bhfuil sé ró-óg. Drochrud brístí a chur róluath orthu. Earradh achrannach an triús ag aineolaí.'

'Níl mé ró-óg,' arsa mise, agus mé ag iarraidh cluain a choinneáil ar na deora. 'Tá bríste ar Shearlaí Néill Mhóir le trí mhí, agus is ionann aois dúinn.'

'*See that now,*' arsa Micí. 'Ní ligfidh an gasúr sin choíche a chnámh leis an mhadadh. Ábhar bulaí fir atá ann, slán a bheidh sé.'

'Tá geab go leor aige ar scor ar bith,' arsa mo mháthair.

'Gabh anall anseo go dtomhaise mé thú,' arsa an táilliúir.

Chuaigh mé féin anonn ionsair agus tharraing sé air téip agus thomhais sé mé. Dar liom féin, duine breá atá ionat agus ní raibh tú ach ag magadh nuair a dúirt tú go raibh mé ró-óg. Ach ní raibh mé réidh lena chuid magaidh. Is mé féin nach raibh.

'Cá huair a bheidh sí déanta?' arsa mo mháthair.

'Déanta!' arsa an táilliúir, agus é mar bheadh iontas an

domhain air go samhólaí dó go mbeadh gléas air snáthad a
chur choíche inti. Dá n-abradh sé sé mhí nó bliain nó cúig
bliana, ba chuma liom i dtaca le holc. Ach, 'Déanta!' ar
seisean, agus thost sé bomaite. Bomaite ab fhaide ná an
tsíoraíocht. 'Déanta!' ar seisean an dara huair. 'Ag Dia
féin atá a fhios. Tá an fómhar ag teacht agus na fir óga ar
an iascaireacht. Agus is gairid go gcaithe mé an tsnáthad a
fhágáil i leataobh agus a ghabháil i gceann mo chorráin.'

'Cinnte, níl aon sop apaithe go fóill agat?' arsa mo
mháthair.

'Chan mé is faide a bhéas mar sin,' arsa an táilliúir. 'Tá
brablach tana thíos ansin ar an reannaigh agus beidh sé
apaithe fá cheann seachtaine. Agus tá culaith eadar lámha
agam a bhainfeas an tseachtain sin asam. Culaith mhuilscín
atá mé a dhéanamh don easpag. Culaith a bhfuil naoi gcinn
déag is fiche de chnaipí buí bras le cur uirthi. Bainfidh na
cnaipí féin lá iomlán asam.'

Dár liom féin, tí Dia an t-eagar a bhfuil mé ann. Agus
níorbh é an dea-achainí a d'iarr mé don easpag.

'Seo, a Mhicí Ruairí, ná bí ag magadh ar ghasúraí,' arsa
mo mháthair.

Rinne Micí draothadh gáire agus fuair mé féin uchtach.
D'aithin mé nach raibh sé ach ar shon grinn.

'Seachtain ó anocht,' ar seisean, 'beidh sí déanta. Déanta
réidh, le cuidiú Dé.'

Nuair a bhí an méid sin socair thoisigh mé féin a
bhreathnú thart fríd an teach. Bhí fideal crochta ar bhinn
na tineadh. Ní raibh fideal ar bith tigh s'againne. Ach ina
dhiaidh sin bhí a fhios agam gurbh acra ceolmhar í.

Sa deireadh d'amharc mé suas bealach dhoras an
tseomra agus chonaic mé meaisín na fuála. Anonn liom agus
thoisigh a mhéaradrú air.

'Sin an rud ba mhaith linn againn,' arsa mo mháthair.

'Bhail,' arsa Micí, 'is gairid go raibh ceann óg aici. Tar
aníos fá cheann chupla lá eile agus gheobhaidh tú é. Ansin
thig leat féin bríste a dhéanamh agus oiread cnaipí a chur
air le bríste an easpaig.'

'Ní bheidh ceann óg ar bith aici,' arsa mise. 'Níl sí beo
ar chor ar bith.'

D'amharc Micí ar mo mháthair. '*See that now,*' ar seisean.

'Giolla an tseanchinn,' arsa mo mháthair. 'Chan ag sin a fhágfar é.'

'*See, see,*' arsa Micí. 'Tá sin ansin. Beidh sé ina shagart go fóill, nuair atá tuigse mar sin aige san aois a bhfuil sé ann. Nó dá bhfeicfeá cuid acu! Tá gasúr thíos anseo ag Micheál Shéarlais agus gheall mé dó go dtabharfainn an ceann óg dó nuair a bhéarfadh an meaisín. Agus ar m'anam atá i mo chliabh go raibh sé ag an doras an mhaidin eile, teacht dheirg an dá néal, ag féacháil ar rug sí.'

Eadar sin is tráthas tháinig mé féin chun an bhaile agus an lúcháir orm. Ba ghairid go mbeadh mo bhríste agam. Seachtain ó anocht. Dé Domhnaigh, Dé Luain, Dé Máirt, Dé Céadaoine. Déardaoin, Dé hAoine, Dé Sathairn. Cúig lá scoile. Ansin an Satharn. Oíche Aoine thig liom a rá, 'Gheobhaidh mé mo bhríste amárach.' Nuair a mhuscólaidh mé ar maidin, 'Gheobhaidh mé mo bhríste inniu'.

An lá arna mhárach cé tháinig isteach tigh s'againne ach Donnchadh Mór.

'Bhfuil scéal nuaidh a! bith leat?' arsa mo mháthair.

'Maise, a rún, tá drochscéal, dá mbeadh neart air,' arsa Donnchadh.

'Cumhdach Dé ar an méid is ceist orainn,' arsa mo mháthair.

'Seanduine thuas ansin i Rinn na Mónadh a thit le binn sa chladach,' arsa Donnchadh, 'agus tá sé maith go leor nár marbhadh é.'

'Cé?' arsa mo mháthair.

'Tá, leoga, fear a ngoillfidh a anás ort,' arsa Donnchadh. 'Ár nduine muinteartha, Micí Ruairí Chonaill. Bhí mé istigh ag amharc air ag teacht ón Aifreann domh. Briseadh an sciathán aige. Agus tá an imní ar an duine bhocht le cois na pianach. Ní tharrónaidh sé aon ghreim de shnáthaid go Lá Fhéil' Bríde seo chugainn. Agus an buaireamh is mó atá air nach dtig leis riar do dhaoine a d'fhág éadach le fuáil aige.'

'Caithfear mo bhríste-sa a thabhairt chuig táilliúir Tharlaigh Nórann,' arsa mise.

'Do bhríste-sa?' arsa Donncadh, agus d'amharc orm.

'Raibh siad ag brath bríste a chur ortsa?'

'Tá gréasán leis ag Micí Ruairí chomh maith le duine.' arsa m'athair.

'Caithfear a thabhairt chuig táilliúir Tharlaigh Nórann,' arsa mise an dara huair.

'Ní ligfeadh an náire dúinn sin a dhéanamh a fhad is bheas an anál i Micí bhocht,' arsa m'athair.

'A dhuine chléibh, bhainfeadh sin a uchtach glan de. Shílfeadh sé nach raibh súil lena bhiseach,' arsa Donnchadh.

'B'fhéidir gur bás a gheobhadh sé,' arsa m'athair. 'Agus ansin ní bheidh dochar dúinn an bríste a thabhairt chuig ár rogha táilliúir.'

'Ní thug sciathán leonta bás aon duine riamh,' arsa Donnchadh. 'Níl contúirt ar bith báis air, glóir do Dhia. A bhfuil ann, go bhfuil sé goilliúnach ag an duine bhocht a bheith ina shuí ina thost go gcneasaí an lámh aige.'

'Bhail, is mór an gar nach bhfuil contúirt bháis air,' arsa m'athair.

D'imigh mé féin amach agus mo chroí á réabadh. Bhain mé síos an cladach amach agus chuaigh mé ar mo ghlúine ar an tráigh ag bun na mbeann. Agus thoisigh mé dh'urnaí le Micí Ruairí bás a fháil.

Nuair ab fhada le mo mháthair a bhí mé gan a theacht chun an tí tháinig sí anuas, ar leithscéal bucaeid uisce a thabhairt as tobar an mhéile, agus fuair sí mé féin ar mo ghlúine sa ghaineamh ag bun na mbeann.

'Goidé atá tú a dhéanamh ansin?' ar sise.

'Ag urnaí', arsa mise.

'Goidé an tallann cráifeach a bhuail thú?' ar sise.

'Ag urnaí le Micí Ruairí biseach a fháil,' arsa mise.

'Mo thrí thruaighe do chiall, a leanbh,' arsa mo mháthair. 'Níor aithin tú d'athair is Donnchadh Mór ag magadh ort. Níl a dhath ar Mhicí Ruairí. Níor thit sé ar chor ar bith.'

'Ag inse bréag a bhí siad?' arsa mise.

'Ag magadh a bhí siad,' arsa mo mháthair.

Chuaigh na laetha thart. Ach má chuaigh is go fadálach. Is cuimhin liom, tráthnóna acu sin, go raibh mé ag amharc

ar an ghréin agus í, dar liom, tuairim is ar airde fir ó bhun
na spéire. Dar liom féin, is gairid anois go dté sí a luí.
Ansin cuirfear an t-eallach chun an bhaile. Is gairid ina
dhiaidh sin go mbí am luí ann. Druidfidh mé mo shúile
agus codlóidh mé. Ní mhoitheoidh mé go mbí an mhaidin
ann. Ansin déarfaidh mé, 'Beidh mo bhríste amárach agam.'
   Thoisigh mé a stánadh ar an ghréin. Ach chuaigh sí
chun diúnais orm. Chonacthas domh gur sheasaigh sí
ansin os cionn na farraige, agus ba é an chuma a bhí uirthi
nach rachadh sí a luí go stadainn dá coimhéad. Chuaigh
mé chun an tí. Agus i gceann 'ach aon tamaill théinn chun
an dorais agus d'amharcainn amach bealach na farraige.
Agus mhair mé ar an téad seo go deachaigh an ghrian as
m'amharc i gcúl na Maol Fionn.
   Tráthnóna Dé Sathairn fuair mé an chulaith. Sa bhomaite
chaith mé díom an seanchóta agus chuir orm an bríste. Ní
raibh gealasacha ar bith agam agus b'éigean domh lámh a
chur thiar is abhus ann á choinneáil orm, agus mé ag siúl
aníos is síos an t-urlár.
   'Caithfidh mé gealasacha a fháil,' arsa mise.
   'Tá giobóg chotúin bháin ansin a dhéanfas péire duit,'
arsa mo mháthair. 'Dhéanfaidh mise gealasacha duit ach
sibh a ghabháil a luí, agus beidh siad agat ar maidin.'
   'Cad chuige nár cheannaigh tú gealasacha siopa domh?'
arsa mise. 'Tá gealasacha siopa ar Shearlaí Néill Mhóir
agus ar na gasúraí atá sa chlass i mo chuideachta, Dan
Harley agus Patrick O'Donnell agus Dinnis Doogan.'
   'Níl tú ar deireadh is gealasacha de chineál ar bith a fháil,'
arsa mo mháthair. 'Déan do shuipéar agus gread leat a luí,'
ar sise, 'nó ní bheidh a dhath le do bhríste a choinneáil ort,
ach 'chead agat súgán cocháin a theannadh tharat.'
   Chuaigh mé féin a luí eadar sin is tráthas. Ach níor
chodail mé go raibh sé déanach san oíche ach ag smaoin-
eamh ar an bhríste. Bhí a shliocht orm, nuair a chodail mé
chodail mé go trom, agus níor mhuscail mé Dé Domhnaigh
go raibh mo mhuintir ag teacht chun an bhaile ón Aifreann.
   D'éirigh mé agus theann orm. Bhí na gealasacha déanta
ag mo mháthair ó oíche. Dhá shreangán cotúin bháin agus
lúbóga ar na cinn acu. Chuir mé ceann acu ar 'ach aon

ghualainn agus cheangail iad. Ansin chuir mé orm an *jacket* agus amach ar an chnoc liom an méid a bhí i mo chraiceann. Ach ba ghairid gur thit ceann de na gealasacha síos de mo ghualainn. Tharraing mé aníos ar ais í, ach níor luaithe a bhí sin déanta ná thoisigh an ceann eile a shleamhnú. Ba é an míniú is réiteach a bhí ann nach raibh aon bhogadh dá ndéanfainn nach raibh an bríste ag titim díom. Sa deireach tháinig mé isteach chun an tí agus shuigh mé sa chlúdaigh. Shuigh, agus ualach bróin ar mo chroí. An bríste a raibh mé ag feitheamh leis chomh cruaidh is a bhí mé, an bríste a raibh mé ag coimhéad na gréine agus ag cuntas na mbomaití fad is bhí sé ag an táilliúir, bhí sé agam sa deireadh agus gan bogadh le déanamh agam nach raibh sé ag titim díom.

'Goidé an ghruaim atá ort?' arsa mo mháthair, nuair a chonaic sí mé i mo shuí sa chlúdaigh agus an chuma bhrúite sin orm.

'Mo Dhia gur taisme a bhainfeadh cheana féin dó!' arsa m'athair.

Bhris an gol orm féin. 'Níl mé ábalta mo bhríste a choinneáil orm,' arsa mise, agus 'ach aon smeach agam. 'Tá sé ag titim díom. Caithfidh mé gealasacha siopa a fháil.'

'Gabh anall anseo, a Sheáinín an Osáin,' arsa m'athair.

Chuaigh mé féin anonn ionsair. Bhain sé díom an *jacket*, agus ar seisean, ag déanamh gáire:

''Bhfeiceann duine ar bith an dóigh a bhfuil na gealasacha air? Ní raibh dochar do Mhicí Ruairí a rá gur earradh achrannach an triús ag aineolaí.'

Scaoil sé na gealasacha agus chuir sé crosach ar a chéile iad. Ansin chuir sé orm an *jacket* agus bhí mé ar mo sháimhín suilt.

Amach ar an doras liom sa bhomaite agus anonn tigh Aodha. Bhí Neilí Mhór ag teacht aniar ruball Ard na Mónadh i ndiaidh a bheith ar an Aifreann.

'An tú Jimmy?' ar sise.

'Is mé,' arsa mise.

'M'anam atá i mo chliabh má d'aithin mé thú sna brístí,' ar sise. 'Ar mhair aon duine duit iad?'

'Mhair m'athair is mo mháthair domh iad.'

'Bhail,' arsa Neilí, 'go maire tú agus go gcaithe tú iad, agus go stialla tú agus go stróca tú iad, agus go bpósa tú bean iontu.'

Níor thaitin an chuid dheireanach den mhairstin liom. Ní raibh rún ar bith agam mo bhríste a stialladh nó a strócadh. Agus ba lú ná sin a bhí rún pósta agam. *'But a boy's will is the wind's will.'* Is fada an lá mo bhríste ina ribíní. Agus ní raibh an dea-rún eile buan ach oiread.

Eadar sin is tráthas chuaigh mé féin agus clann Aodha síos chun an chladaigh agus amach chun na trá a fhéacháil rása. Tháinig cupla gasúr eile aniar ó ghob na Báinseadh. Bhain 'ach aon fhear de a *jacket*, de gheall ar a bheith éasca sa rása. Bhí mé féin mar chonaic Dia mé. Ní raibh orm ach gealasacha cotúin bháin agus bhí gealasacha siopa ar na gasúraí eile. Gealasacha a raibh leathracha thiar is abhus iontu. Agus buclaí orthu lena dteannadh nó ligean leo de réir mar d'fóirfeadh.

Bhí póca ar mo bhríste agus dhá phóca ar an *jacket*. Ba iad na pócaí an chuid ab fhearr den chulaith. Trí pócaí ar an té nach raibh aon phóca riamh go dtí sin air. Bhí a shliocht orm, ba iad na pócaí tús agus deireadh mo chomhráidh an chéad lá.

''Mháthair,' arsa Annie, 'bhain Jimmy díom mo bhábóg.'

'Nár chóir,' arsa mo mháthair, 'go gceilfeá do ghreann ar an bhábóig? Nár leor duit dá mba girseach thú?'

'Ní raibh mé de gheall ar a coinneáil,' arsa mise. 'Ní dhearn mé ach a cur i mo phóca le cuideachta.'

''Mháthair,' arsa Dónall, 'tá Jimmy ag troid liom. Bhuail sé trí doirn orm.'

'Char bhuail,' arsa mise. 'Tá mé i mo shuí anseo agus mo lámha i mo phócaí agam.'

''Mháthair,' arsa duine eile, tamall ina dhiaidh sin, 'tá mo chailc ag Jimmy. Ghoid sé uaim í.'

'Níl sí agam ar chor ar bith,' arsa mise. 'Má shíleann tú go bhfuil cuartaigh mo phócaí.'

'Mur' raibh tú i do thost fá na pócaí,' arsa mo mháthair, 'bainfidh mise díot an bríste agus cuirfidh mé an seanchóta ar ais ort.'

'Tá siad ag cur bréag orm,' arsa mise. 'Níl mé ag cur
chucu ná uathu, ach mé i mo shuí anseo go suaimhneach
agus mo lámha i mo phócaí agam.'

'Tá eagla orm, a mhic,' arsa m'athair, 'go bhfuil tú ag
déanamh lánbharraíocht olláis as na pócaí, agus go bhfuil
ádh ort mura bhfuil rabharta d'aimhlis fút. Ní tháinig
riamh an meadhar mór nach dtiocfadh ina dhiaidh an
dobrón.'

Ba ghairid ina dhiaidh sin go dtáinig an tuar fán
tairngreacht.

Bhí mé ag teacht chun an bhaile ón scoil agus deifre orm
ag tarraingt ar Bheanna na Lochlannach. Mar a déarfá,
b'fhada liom nó go mbeinn ag Scealpaigh an Chait. Agus
b'ionann sin is go raibh deifre orm, cé go raibh mé ag siúl
ar mo shuaimhneas. Tháinig mé anoir an Pas agus anuas
ag seanteach Aodha lá den tsaol. Sin an áit a raibh an file
ina chónaí. Sin ansin an leac a raibh sé ina shuí uirthi nuair
a dúirt sé, 'Dá fheabhas an chulaith go barr thig uirthi
gráin ón cheann.' Is minic ó shin a smaoinigh mé, dá mair-
eadh sé le mo linn, go gcuirfeadh sé cor sa cheol a d'fhóir-
feadh do chultacha eile . . . Anuas liom go Tom na
hAiteannaí. Bhí Peadar Phaidí ansin agus é ag baint lustain.
Sheasaigh mé agus tharraing mé amach mo *First Book*
agus thoisigh mé a léamh i sean-ard mo chinn, '*Jack – has –
got –a – cart – and – can – draw – sand – and – clay – in –
it – A – dog – can – bark – and – run – and – hunt.*'

'Nach breá nach bhfuil ocras ort?' arsa Peadar. 'Bain
an baile amach agus déan do chuid. Agus fág an leabhar i
leataobh go ceann tamaill.'

Chuir mé féin an leabhar i mo phóca agus d'imigh mé i
mo rith ag tarraingt ar an bhaile.

Tráthnóna, le clapsholas, bhí mé i mo shuí sa chlúdaigh
agus an seanchóta brocach orm nuair a tháinig m'athair
isteach.

'Goidé an snamh a thug tú do na brístí?' ar seisean, ag
amharc anall orm féin.

'Is furast snamh a thabhairt corruair dóibh, mar bhrístí,'
arsa mo mháthair, ag toiseacht is ag inse dó.

'Tím,' arsa m'athair. 'Ní raibh dochar do Mhicí Ruairí
a rá gurbh earradh achrannach an triús ag aineolaí. Tháinig
an tuar fán tairngreacht.'

'B'fhéidir,' arsa mo mháthair, 'go dtiocfadh an tuar cár
bith sin—dá mbíthí gan aon lá tairngreachta a dhéanamh
riamh.'

Chuaigh siad ina mbeirt a gháirí agus ghoill na gáirí orm
féin go dtí an croí. Bhí mé i mo shuí ansin faoi smúid, agus
deirimsa leatsa go mb'fhurast deor a bhaint asam.

Fá cheann tamaill tháinig bean de na girseachaí aníos a
fhad liom go fáilí, agus ar sise i gcogar liom, 'Bhéarfaidh
mé pingin duit má chuireann tú i do phóca í.'

Tamall ina dhiaidh sin tháinig an dara duine acu thart.
'Bíodh geall air go dtomhaise mise goidé atá i do phóca
agat.'

Ní thiocfadh liom seo a fhuilstean ní b'fhaide. Bhris an
caoineadh orm.

'Goidé atá anois air?' arsa m'athair.

'Na girseachaí bradacha sin atá ag magadh air,' arsa mo
mháthair. 'Suígí fúibh agus tugaigí an bealach dó,' ar sise.
'B'fhéidir nach bhfuil a leithéid de acmhainn grinn agaibh
féin.'

'Gabh anall anseo,' arsa m'athair.

D'éirigh mé féin agus tháinig mé anall go dtína thaobh.
Thóg sé eadar a dhá láimh mé agus chuir sé ina ucht mé.
Níor chaoineadh riamh agam féin é go dtí seo. Níor labhair
m'athair ar feadh cupla bomaite ach ag caitheamh a phíopa,
agus mé féin i mo shuí ina ucht agus mo chloigeann leagtha
ar a bhrollach.

'Seo, a leanbh,' ar seisean sa deireadh, 'ná bí ag caoineadh.'

Thug mé féin iarraidh stad, ach ní raibh mé ábalta. Mhair
mé tamall mór fada ag smeacharnaigh agus gan neart agam
air. As a chéile shíothlaigh mé. Agus sa deireadh thit mé i
mo chodladh in ucht m'athara.

Thug sé suas chun an tseomra mé agus chuir sé a luí mé.
Mhuscail sin mé. Shín m'athair é féin ar cholbha na leapa
ag mo thaobh. Chuir mé mo dhá láimh fána mhuineál.

''Athair beag?' arsa mise.

'Goidé, a leanbh?' ar seisean.

'Ar ndóigh, ní chuirfear chun na scoile sa tseanchóta mé?'
'Ní chuirfear, ná bíodh eagla ort,' ar seisean.

M'athair an duine ba mheasa liom a chonaic mé riamh.
Chonacthas domh nach raibh aon fhear ar dhroim an
domhain inchurtha leis. Is minic a d'amharc mé air go
gradamach bródúil agus é i gceann sleáin lá mónadh nó i
gceann speile lá fómhair. Is iomaí uair a chuir sé aoibhneas
ar mo shúile cinn ag stiúradh báid fríd bhristeacha garbha
ó Bhoilg Chonaill go béal an Bharra. Is minic a shuigh mé
ag éisteacht leis ag inse scéil, agus bhéarfainn a bhfaca mé
riamh ar a bheith ábalta deis a chur ar mo sheanchas agus
craiceann a chur ar mo chuid cainte mar níodh sé. Ach is
é mo bharúil gurb é an faoiseamh a thug sé do mo chroí an
oíche úd a gheall sé domh nach gcuirfí chun na scoile sa
tseanchóta mé, gurb é sin an rud a thug orm m'anam a chur
isteach ann riamh ní ba mhó.

Níor labhradh an dara focal fá ghnoithe an bhríste. Agus
níor chuala mé a dhath taobh amuigh de dhoras nó taobh
istigh a thug i mo cheann é ach lá amháin, mí ina dhiaidh
sin, a tháinig Peadar Phaidí isteach tigh s'againne agus é ag
teacht as Tráigh na gCorr. Bhí mé féin i mo shuí chois na
tineadh agus mo leabhar agam.

'Bhail,' arsa Peadar, 'is mór an dúil atá ag an ghasúr sin
sa léann.'

'Tá sé buan go leor i gceann an leabhair,' arsa mo mháth-
air. 'Ach tá eagla orm gur ar na pioctúirí atá a úil is nach
ar an léitheoireacht.'

'Ní hamhlaidh,' arsa Peadar. 'Bhí mé ag baint lustain
thuas ansin i bpáirc Aodha lá amháin anseo tá mí ó shin.
Agus in áit a bheith ina rith chun an bhaile ionsar a dhinnéar
is é rud a tím chugam anuas é agus a leabhar foscailte aige,
agus coiscéim leis chomh stuama le sagart a bheadh ag
léamh a phortais.'

''Bhfuil tú cinnte nach ag amharc ar phioctúirí a bhí sé?'
arsa mo mháthair.

''Bhean chroí,' arsa Peadar, 'nár sheasaigh sé tamall ag
ceann an iomaire agus mé ag éisteacht leis ag léamh? Is
minic a chuala mé an laisín céanna ag clann Tharlaigh
s'againn féin: *'Jackis gotta cart.'*

Bhí m'athair iontach maith ag scéalaíocht. Is minic a shuíomar thart fán tine oíche fhada gheimhridh agus gan smid asainn ach ag éisteacht leis. Chuirfeadh sé ceo ar do chluasa ag caint ar Ned agus ar Mhicheál Rua agus ar Mhicí Bheil. Nuair a bheifeá tamall ag éisteacht leis shílfeá gur i Rinn na Feirste a bhí na fir ab fhearr a bhí in Éirinn riamh. Agus ansin bhí scéalta aige fá Lá an Bhriste Mhóir ar an Fharraige, an lá a bhí *La Hoche* i ndeabhaidh le cabhlach na Sasana eadar Toraigh agus Árainn. Chuala sé na scéalta sin ó dhaoine a bhí ina seasamh ar na hairde i Rinn na Feirste ag amharc ar an chomhrac an lá géibheannach inar loiteadh sinn. Agus bhéarfá mionna go raibh tú ag amharc ar shoitheach na Fraince agus a cuid easnach ris, an áit ar réabhadh na taobhanna aici. Crainn agus coirp ina mollta ar a cuid bord agus tuilte fola ar na cláraí.

Bhí scéalta aige fosta fá Eoin Fheargail agus fá Bhucaí agus fá Aodh na bPiostal. Agus lena chois sin b'annamh oíche acu seo a ligeadh sé thart gan cupla scéal a inse fá lucht dhéanta póitín agus fá na ribhinigh.

Nuair a bhí m'athair ina ghasúr bhí beairic ribhineach ar na Gleanntaí agus fear darbh ainm Cuistealaí ina cheann feadhna orthu. Is minic a thigeadh Cuistealaí agus a chuid fear aniar fríd an bhaile s'againne a sheilg póitín. Thigeadh seisear acu i gcuideachta, 'ach aon fhear ar dhroim capaill. Ní bhfaighfeá orthu ach dhá amharc ó nochtadh siad ar ghualainn an Diaraigh go mbíodh siad ar mhullach an Charracamáin. Thigeadh siad amanna agus thógadh siad creach. Amanna eile bhíodh cuid fear an bhaile s'againne tiubh acu agus chaithfeadh siad imeacht mar tháinig siad. Ba iad seo an chuid ab fhearr de na scéalta a bhíodh ag m'athair fá na ribhinigh. Nuair a bhíodh buaidh na teagmhála leis na ribhinigh ní bhíodh a leathoiread fonn ar m'athair ag inse an scéil, ná a leathoiread aoibhnis orainne ag éisteacht leis. Ach nuair ba treise le muintir na Rosann ar chuid fear na banríona deirimsa leatsa go mb'fhiú éisteacht leis an scéal. Is minic a chonacthas domh go raibh mé ag amharc orthu le mo shúile cinn. Pádraig Dubh ag

imeacht ar sheisear acu i lár an lae ghil agus stil ar a
dhroim leis. 'Capall na Mire' Eoghain Néill Mhóir ag
teacht isteach portaigh na Loiste tráthnóna breá samhraidh.
Eoghan ar a droim agus dhá cheig póitín ar a bhéalaibh
feis. Cuistealaí agus a mharcshlua go géar sa tóir air. An
lear a bhí ar tús ag teacht fá dhá léim dó ag lúbacha Mhín
an Draighin. Capall na Mire ag fáil na hanála ar an aird-
eacht os cionn Loch an Ghainimh agus ag teacht anuas
mala Dhún Lúiche mar bheadh an ghaoth Mhárta ann.
Eoghan ag amharc thar a ghualainn ag Mín na Cuinge agus
gan beo ná ceo ar a amharc ná ar a éisteacht.

Ba bhreá amach na scéalta iad seo ag gasúraí. Bhí a
shliocht orainn, bhí cuid againn ag déanamh póitín agus
cuid eile sna ribhinigh. Ba é Johnny Aodha Cuistealaí agus
ba mise Máiní, an stiléir ab fhearr a bhí sna trí phobal.

Is maith mo chuimhne ar an chéad 'téamh' a rinneamar.
Bhí tine againn i scealpaigh i bPort an Churaigh. Agus bhí
bucaeid againn agus cupla gogán agus seanchanna. Mar
déarfá, sin a bhfeicfeadh duine a bheadh i mbun a mhéide.
Ach bhí níos mó ná sin againn, an té ar léir dó é. Bhí an uile
chineál uirnéise againn dá raibh riamh ag stiléirí. Ceann,
stil agus *worm*. Bairillí agus dabhach agus uisce cinn. Braich
agus deascaidh agus cilti.

Hiúdaí Aodha a bhí ag cuidiú liom féin an téamh a
dhéanamh. Agus bhí Donall s'againne sna ribhinigh, é féin
agus Johnny Aodha, agus iad ag cúlchoimhéad orainn
taobh thiar de ghob na Báinseadh. Bhí asal ar ghreim
adhastair ag 'ach aon fhear acu, agus iad réidh le a ghabháil'
de léim a mharcaíocht orthu agus a theacht aniar an Oitir
Mhór ar stealladh cosa in airde nuair a bheadh an téamh
ar na bairillí agam féin is ag Hiúdaí.

Mo dhearmad, bhí triúr againn fá chró na stileadh. Mise
agus Hiúdaí agus Bran s'againne. Bhí Bran ar garda againn,
agus ba mhaith a ghnoithe ann. Ní thiocfaí anoir ná aniar
orainn gan fhios dó.

Thoisigh an stiléireacht. Chuireamar síos an stil fána
lán ciltí, agus níorbh fhada go raibh sí ag teacht thart.
Cheap mé féin braon den phóitín i mblaosc bairnigh. Bhain
'ach aon fhear againn súimín as agus dúirt go raibh sé ar

bhraon chomh blasta agus hóladh riamh. Bhíomar ar obair ag únfairt linn agus ag comhrá mar bheadh dhá sheanduine ann.

'Múch an tine rud beag, a Hiúdaí,' arsa mé féin. 'Tá lánbharraíocht teasa le do stil.'

''Bhfuil sí ag teacht anuas bán? arsa Hiúdaí.

'Níl sí chomh glan is ba mhaith liom.'

Le sin féin go díreach cuiridh Bran glaim as féin a bhain macalla amach as beanna an chladaigh. Suas na fargáin le Hiúdaí mar bheadh an ghaoth Mhárta ann. Agus ní mó ná go raibh sé thuas go bhfaca go chugam anuas ar ais é an méid a bhí ina chraiceann.

'Ó, dar m'anam is dar Dia, 'Mháiní,' ar seisean, 'go bhfuil Cuistealaí is a chuid fear sa mhullach orainn. Beir leat an *worm*,' ar seisean, agus sciob sé féin leis an stil ón tine agus shín an rása.

Amach an tráigh linn an méid a bhí inár gcnámha agus na gléasraí linn. Nuair a bhíomar ag Leac na Luatha nochtaidh marcshlua 'Chuistealaí' chugainn aniar ag Gob na Sligeán.

Amach an Oitir Mhór linn, agus an gliogar a bhí ag na cannaí agus ag an bhucaeid bhí sé uafásach go deo. Agus bhí Bran sa rása cos ar chois linn agus 'ach aon uaill aige a chluinfeá míle ó bhaile.

Tráthnóna deas gréine sa tsamhradh ann. Bhí mo mháthair agus Neilí Mhór ina suí ar an ard ag teach Aodha, agus iad ag cleiteáil agus ag comhrá mar bhíodh siad go minic.

'Faoi Dhia goidé an tamhach táisc atá fán chladach?' arsa mo mháthair, nuair a d'éirigh an callán. Agus le sin tí siad na scoiteacha amach an Oitir Mhór.

'Bhail, m'anam go bhfuil an dá ógánach ar an dá asal,' arsa Neilí. 'Ach goidé an trealamh atá leis an bheirt atá ar tús?'

'Cuirfidh mé mo cheann ar bloc leat,' arsa mo mháthair. 'gur ag ligean orthu féin gur ag déanamh póitín atá siad. Aithním sin anois ar na hámhaillí atá faoi na hógánaigh s'agam féin le cupla lá. Agus ar ball beag, nuair a bhí mé ag gabháil 'un an tobair fá choinne uisce, ní raibh an bhucaeid le fáil agam ach oiread is dá slogadh an talamh í. Is é

rud a thug Jimmy leis 'un an chladaigh í, chomh cinnte is
atá ceann ar do mhuineál.'

'Bhail, ní stadfaidh Johnny s'againne go marbha sé an
asal,' arsa Neilí. 'Níl scil na bhfiach uirthi leis an íde atá
siad a thabhairt di. Ní tharrónaidh sí móin na bliana seo
choíche.'

'Bíodh geall air,' arsa mo mháthair, 'ach mise greim a
fháil ar Jimmy go dtéifidh mé an geadán aige, agus nach
mbíonn sé ar shiúl fá bheanna agus 'ach aon ghriollam is
cáidhí ná a chéile i mo bhucaeid úir aige. An bhucaeid
nach bhfuil sé ach seachtain ó thug mé mo dhá thuistiún
uirthi tigh Muiris Mhéabha Ní Fhearaigh.'

Sin an bharúil a bhí acusan. Beirt de mhná céillí meán-
aosta agus iad cráite ag na gasúraí diabhalta a bhí tógtha
acu. Sin a bhfaca siadsan: asal eadar bás is beatha ag
gasúraí ag marcaíocht uirthi, agus an bhucaeid a mbíodh
an fíoruisce inti á rúscadh fríd ghreallacha an chladaigh.

Ach bhí tuilleadh ann, an té a tífeadh é. Chonaiceamar-
inne radharc eile. Tímsa sin anocht agus mé i mo shuí
anseo i mBaile Átha Cliath. Agus tá mé cinnte go bhfeiceann
clann Aodha agus Dónall s'againne é, gach áit a bhfuil
duine acu. Tím an dá stiléir ab fhearr eadar Gaoth Dobhair
is Gaoth Beara. Iad ina rith an méid a bhí ina gcnámha soir
an Oitir Mhór lena gcuid gléasraí agus Cuistealaí agus a
chuid marcach go géar ar a lorg.

'Dá dtigeadh linn Oileán Muiríní a bhaint amach,' arsa
mise, 'b'fhéidir go rachadh againn folach orthu.'

'Is fearr dúinn teannadh soir ar an ghaineamh bhog a
chois an chainéil,' arsa Hiúdaí. 'Ní bheidh coiscéim sna
heachraí nuair a thiocfaidh sé bog orthu.'

Choramar soir agus níorbh fhada go rabhamar go dtí na
glúine sa ghaineamh le gach coiscéim. Agus nuair a tháinig
'na heachraí' isteach ann fágadh thíos go slat a ndroma iad.
Sa bhomaite d'órdaigh 'Cuistealaí' dá chuid fear tuirlingt
agus ár leanstan dá gcois. Níor mhair an rása i bhfad ina
dhiaidh sin. Bhí na gléasraí linne agus bhíomar i ndeireadh
na péice ar scor ar bith. Fuair 'Cuistealaí' greim muineáil
orm féin agus fuair an fear eile greim ar Hiúdaí. Agus i
bhfaiteadh na súl bhí an ceathrar againn inár luí sa ghain-

eamh i ngreamanna cruaidhe le chéile. Thit mé féin ar an bhucaeid agus bhrúigh mé a dhá taobh ar a chéile. Le sin tháinig an madadh taobh thiar ar 'Chuistealaí' agus rois sé a *jacket* go dtí an muineál. Chuir sin deireadh leis an ghriolsa. Nó ba é an chuma a bhí ar an mhadadh nach raibh sé ag brath fanacht i mbun grinn.

Thugamar ár n-aghaidh ar an chladach agus sinn cloíte amach. Bhí an dá asal ina seasamh sa ghaineamh bhog taobh istigh dínn, agus iad ag cneadaigh le tréan tuirse. Thiomáineamar isteach romhainn chun an chladaigh iad. Bhí Bran ina rith thart fár gcosa, anál ard gháifeach aige agus a theanga crochta amach aige.

D'amharc mé féin ar an bhucaeid. Mar dúirt mé, bhí a taobhanna buailte ar a chéile. Fuair beirt againn greim béalbhaigh thall is abhus uirthi, agus tharraingeamar ó chéile gur bhaineamar fairsingeach aisti. Ach i ndiaidh ár ndícheall a dhéanamh léi bhí 'ach aon lag ina taobhanna a bhfágfá do dhá dhorn istigh iontu.

'Dá gcasfaí tincléir againn,' arsa Johnny Aodha, agus bhain sé de a *jacket* ag brath an gaineamh a bhaint di. Thit sí ina dhá léab eadar a lámha.

'Ó, muirfear mé!' ar seisean. 'Mo *jacket* úr ina ribíní! Shíl mé nach raibh ach strócadh beag ar an imeall aici. Muirfear mé nuair a rachaidh mé 'un an bhaile.'

'Dá gcasfaí táilliúir againn i gcuideachta an tincléara,' arsa mise, agus thoisigh an bheirt eile a gháirí.

Ach ní raibh táilliúir ná tincléir againn agus b'éigean dúinn ár n-aghaidh a thabhairt ar an bhaile agus ár sáith eagla orainn eadar ribhinigh agus stiléirí.

Le luí gréine tháinig mé féin chun an tí go faiteach.

'Tá tú ann, a shreamaide na goice', arsa mo mháthair. 'Bíodh geall air nach síneann tú ar leaba anocht go dtéighe mise an céasán agat. Buailfidh mise luach na bucaeide ort, nó abair go bhfuil mé bréagach.'

Agus bhuailfeadh, níl a fhios agam cá mhéad luach bucaeide de bhualadh. Ach gheobhainn an oíche sin é murab é go dtáinig Aodh John isteach tamall beag ina dhiaidh sin—go díreach nuair a bhí mo mháthair ar tí toiseacht a bhaint éiric na bucaeide asam. Sin dóigh a bhí

le mo mháthair. Thoisíodh sí ort le scoith bharr teanga, go
dtí go gcuireadh sí fearg uirthi féin. Ansin chnagfadh sí thú.

'A mharla a bhfuil goic an ainspioraid ort,' ar sise, 'nuair
a bheidh mise réidh leat ní bhrisfidh tú an dara bucaeid de
mo chuid . . .'

Le sin isteach le hAodh. Ní dheachaigh mo mháthair ní
b'fhaide leis an rabhán. Ach d'amharc sí go nimhneach
orm féin, ionann is a rá, 'Chan ag imeacht ort atá sé. Ach
mise an teach a fháil fá réir gheobhaidh tusa na físeacha
agus na pingneacha corra.'

'Chuala mé go raibh Cuistealaí ar an bhaile inniu,' arsa
Aodh, nuair a bhí tamall comhráidh déanta acu.

'Mura ina chosa atá an siúl,' arsa m'athair.

'Dhéanfaidh mise Cuistealaí den fheolamán a bhris mo
bhucaeid úr,' arsa mo mháthair.

'Seo,' arsa Aodh, 'bhí gasúraí riamh iomlatach.'

'Sin an lá is fearr atá siad,' arsa m'athair, 'níl siad leath
chomh holc is a bhí mise is tusa, 'Aodh, nuair a bhíomar
inár ngasúraí.'

'Dar Dia féin é, níl ná a leath,' arsa Aodh, 'Nó nuair a
bhí sinne mar iad bhí an diabhal ina sheasamh ionainn. An
cuimhin leat an oíche a chuireamar an bhothóg le thine ar
Shiúgaí?'

Leoga, is cuimhin liom,' arsa m'athair. 'Agus an lá a
d'imigh scaifte againn le bád Thuathail Eoghain. Bhí
Donnchadh Mháire Hiúdaí ann cibé nach raibh.'

'Go ndéana Dia a mhaith air,' arsa Aodh, 'ní raibh dada
mór aige.'

Agus thoisigh an bheirt acu a chaint ar an tsaol a bhí ann
nuair a bhí siad féin ina ngasúraí. Mhair an seanchas ag
an bheirt acu go raibh am luí domhain ann. Dar leat gurbh
é rud a d'éirigh siad óg arís.

Sa deireadh, arsa Aodh, ar seisean, 'Tá an meán oíche
dearg ann. Is é an rud a thug anall mé,' ar seisean le
m'athair, 'go bhfeicfinn an mbeadh faill agat a bheith liom
chun na Pollaide amárach fá choinne lasta mónadh?'

'Beidh, cinnte,' arsa m'athair.

'Bhail, sin mo shiúl,' arsa Aodh, 'agus d'fhóbair go
ndéanfainn dearmad de. Sin an oíche chomhráidh is fearr

a bhí agam le fada an lá.'

'Bhail,' arsa mo mháthair 'níl iontas ar bith bhur gclann mhac a bheith mar tá siad.'

Agus níor labhradh ní ba mhó ar an bhucaeid.

Seanteach na scoile! Níl a fhios agam le ceart cá huair
a rinneadh é. Suas le ceithre scór bliain, sílim. Nuair a
thoisigh na daoine dh'éirí líonmhar i Rinn na Feirste, agus
b'éigean do chuid acu a ghabháil eadar dhá dtír lena gcuid
a shaothrú, rinne siad amach gur mhaith an rud scoil a
bheith acu, sa dóigh a mbeadh a gclann ábalta leitir a chur
chun an bhaile nuair a thiocfadh orthu a mbeatha a
thabhairt i dtír ar an choigrích. Agus chruinnigh fir an
bhaile agus thochail siad clocha agus d'iompair siad go
háit an tí iad. Chuaigh siad amach fán chaorán agus thóg
siad an oiread giúis is a rinne taobháin is creataí. Rinne siad
féin an obair chloiche agus, nuair a bhí sin déanta, tháinig
Seáinín an Jaighnéara agus chuir sé ceann uirthi. An glún
ina dhiaidh sin tháinig Padaí Sheáinín agus chuir urlár
cláraí inti. Agus le mo linn féin tháinig Donnchadh Phadaí
Sheáinín agus chuir sé bail ar an phrios agus comhla úr ar
an doras.

Is maith mo chuimhne ar an lá a bhí Donnchadh ag
obair inti. Bhí sé thíos i gceann an tí ag gearradh adhmaid
agus é ag cur ceisteanna ar scaifte againn a bhí thart fána
chosa:

An dtiocfadh linn páipéar gearrthach a léamh nó guí an
phobail a chur le duine?

Cá háit ar an mhapa a raibh an Pollán Lín?

Cé acu Laidin nó Gréigis 'Scilí bhaigil dae culdán?'

Na blianta ina dhiaidh sin a thuig mé gur ag magadh
orainn a bhí sé.

Ach is ar an tseanscoil a tharraing mé an scéal. Teach
cheann tuí thoir ar bhruach na mbeann os cionn na farraige.
Trí fuinneoga air agus gan air ach aon doras amháin. Bhí
dath an tsúiche ar na taobháin agus ar na creataí agus
balscóidí donna sna ballaí ag na deora anuas. Thíos ar an
bhinn íochtaraigh bhí léarscáil an domhain. Dhá rotha
mhóra a bhí i bhfad ní ba mhó ná na rothaí a bhí ar charr
Mhuiris Mhéabha Ní Fhearaigh. Agus dhá rotha bheaga a
bhí tuairim is ar fá mhéid béal bucaeide.

Bhíodh tine mheasartha againn i gcónaí sa gheimhreadh.

Chaithfeadh 'ach aon scoláire dhá fhód mónadh a thabhairt chun na scoile 'ach aon lá. Tím go fóill na páistí ag teacht isteach ar maidin agus a dhá fhód mónadh le 'ach aon duine faoina ascaill. Iad ag caitheamh na mónadh thuas sa chlúdaigh agus ag amharc le ruball a súl ar an mháistir, féacháil goidé an ghnúis a bhí air ar maidin.

Ar a deich a chlog a thoisíodh obair an lae. Bhíodh an mhórchuid de na scoláirí cruinn i dtrátha leath i ndiaidh a naoi. Agus chaitheadh siad an tamall beag sin ag iarraidh an dlaíóg mhullaigh a chur ar an méid a tugadh dóibh le foghlaim sa bhaile aréir roimhe sin. Dá mbeifeá sa tseanscoil s'againne an seal beag seo ar maidin chluinfeá cupla scór nár labhair sa bhaile riamh ach Gaeilge, agus sinn ag monamar ar theann ár ndíchill

'L–a–m–b, lamb, a young sheep. K–i–l–l–e–d, killed, put to death. W–a–g–g–o–n, waggon, a large cart.'

'Seven and one are eight, seven and two are nine, seven and three are ten.'

'Oh, say what is that thing called light
Which I must ne'er enjoy?'

'Derry, Londonderry, Newtownlimavaddy and Coleraine.'

'Charity, joy, peace, patience.'

'Grammar is the art of speaking a language correctly.'

'Queenstown is a port of call for American steamers.'

'**Amplus,** large, wide. full. Ample, amplify, amplification, amplitude.'

　　　'Where Blake and mighty Nelson fell
　　　Your manly hearts shall glow,
　　　As you sweep through the deep
　　　When the stormy winds do blow.'

Mhaireadh an chogarnach dhícheallach seo go dtaradh an t-am le a ghabháil i láthair an bhreithiúnais. Agus an té a bheadh ag éisteacht linn, b'fhéidir go síleadh sé go raibh crothán maith Béarla againn. Ach ní raibh. Ní raibh a fhios againn leath an ama goidé a bhíomar a rá.

Is iomaí maidin a shiúil mé suas an t-urlár go critheaglach agus mé ag cur seileog ar mo bhosa agus á gcumailt i mo bhríste. Níl a fhios agam inniu ach oiread leis an lá sin goidé an cosnamh a bhí sa tseileoig. Ach bhí dóchas againn aisti, cár bith ba chúis leis.

Níor dhada buille den tslait a fháil sa bhois, nó ceann in 'ach aon lámh, i dtaca le holc. Chuirfeá do lámha faoi d'ascaillí agus cár ort ar mhéad na greadfaí. Agus má bhí do scrúdú críochnaithe bhí tú sásta go leor leis an lá. Ach a Dhia na glóire, má greadadh an dá láimh agat agus gan tú ach ina thús! Agus má d'feall an tríú ceist ort! Shín tú amach an miotán beag marbh sin, dhruid tú do shúile agus thug tú d'anam do Dhia is do Mhuire . . . Agus ansin, dar leat gur scoitheadh na méara díot. D'fháisc tú do chuid alt ina chéile. Tháinig dreach pianmhar san aghaidh ort. Agus deirimsa leatsa gur ábhar fir a bhí ionat má choinnigh tú cúl ar an chaoineadh.

Is iomaí fabhairt den tslait a fuair mé nuair a bhí mé ar an scoil agus mé ag iarraidh bheith ag foghlaim Béarla, riamh nó go dtáinig an Máistir Ó Baoill chugainn, stócach as Croithlí nach raibh aige, ár ndálta féin, ach Gaeilge nuair a bhí sé ina ghasúr. D'fhág sin tuigse agus trócaire ann nuair a tháinig ann dó.

An máistir ar chaith mé bunús mo chuid ama aige—tá an duine bocht in áit na fírinne, ní ceart domh bréag a chur air—ní raibh Gaeilge ar bith aige. Agus ní raibh Béarla ar bith againne, rud a d'fhág saol beag corrach achrannach againn. Is iomaí fabhairt den tslait a fuair an t-iomlán againn fán Bhéarla. Ach ní tháinig an t-anás ar dóigh go dtí an bhliain a bhí an t-easpag ag teacht agus bhí an Teagasc Críostaí le foghlainn againn. San am sin bhí an Teagasc Críostaí i nGaeilge agam féin ar mo theanga óna tús go dtína deireadh. Chuireadh m'athair amach orainn í 'ach aon oíche Dhomhnaigh i rith an gheimhridh. Agus bhí sí ar mo theanga agam chomh líofa leis an Phaidir. Ach ba bheag an chabhair sin domh féin nó do dhuine ar bith eile nuair nach raibh Gaeilge ar bith ag an mháistir. Agus, ar ndóigh, ní raibh neart ar sin ag an duine bhocht. Ní raibh aige ach Béarla, agus bhí lá an easpaig ag tarraingt orainn. Is é a dtiocfadh leis an duine ghránna a dhéanamh féacháil chomh maith is thiocfadh leis le fios ár gcredimh a thabhairt dúinn sa teanga a bhí aige féin.

Is maith is cuimhin liom tráthnóna amháin a thug sé an oiread seo dúinn le foghlaim ar ár dteanga sa bhaile an oíche sin. Chaith mé féin an oíche go ham luí ag coraíocht leis, agus tamall ar maidin roimh am scoile. Bhí sé agam ar chineál de dhóigh nuair a d'fhág mé an baile. Agus bhí mo leabhar foscailte agam agus mé ag foghlaim liom ar mo bhealach chun na scoile. Suas liom ag Tom na hAiteannaí agus mé ag caint liom féin: *'Wisdom, understanding, counsel, fortitude, knowledge.'* Suas ag Beanna na Lochlannach agus amach ag Tobar an tSasanaigh agus mé ag foghlaim liom ar theann mo dhíchill.

Ar a theacht a fhad leis an tseanbhealach mhór domh cé a casadh orm ach Donnchadh Mhicheáil Éamoinn.

''Bhfuil do chuid *catechism* agat?' arsa mé féin leis.

'Chan *catechism* a fuair an *class* s'againne aréir ach *pothery*', ar seisean. 'Agus níl sé agam, ná a leath ná a thrian. Bhí m'athair is mo mháthair ar faire i Mín na Craoibhe aréir. Agus chaitheamar an oíche ag déanamh bádaí beaga is ag imirt chnaipí. Shíl mé go mbeadh faill agam mo laisín a fhoghlaim ar maidin, ach ní raibh. Muirfear mé.'

Tím an bheirt ghasúr sin inniu chomh soiléir is dá mbeadh siad os coinne mo shúl. Tím iad ag gabháil soir an bealach mór agus dhá fhód mónadh le 'ach aon fhear acu faoina ascaill, leabhar foscailte sa láimh eile agus iad ag monamar leo go dícheallach agus gan aird acu ar an té a bheannódh dóibh, ná fios acu in amanna go raibh sé ann ar chor ar bith. Soir leo go raibh siad ag teach Pheadair Phaidí. Bhí Peadar amuigh fán doras agus labhair sé leo. Ach sin a raibh ar a shon aige. As na leabhra a tugadh freagra air.

'Sin na gasúraí cearta ar maidin.'

'Wisdom, understanding, counsel, fortitude.'

'Mé a rá gur ceart sibh ar maidin.'

'Such empty phantoms, I freely grant them,
But there is an anthem more dear to me.
'Tis the Bells of Shandon that sound so grand on
The pleasant waters of the River Lee.'

Casadh Liam Beag orainn ag an Charracamán Thoir.

'Goidé an cineál preátaí luatha atá curtha ag d'athair?'
ar seisean liom féin.
'Wisdom, understanding, counsel, fortitude.'
'For memory dwelling on each proud swelling
Made the belfry knelling its bold notes free.'
Casadh Bríd Naois orainn taobh ba thoir de sin.
''Bhfuil mórán eireog ar an éillín ag do mháthair?' ar sise
le fear againn.
'Wisdom, understanding, counsel, fortitude,' arsa mise.
'Such empty phantoms I freely grant them,' arsa
Donnchadh.
Thoir ag an Chuibhreann Mhór thángamar a fhad le
Peadar Eoin agus é ag glanadh tobair.
'Ag tarraingt 'un na scoile ar maidin?' ar seisean.
'I've heard bells tolling old Adrian's mole in
Their thunder rolling from the Vatican.'
'Tá toirneach air ó dúirt tú é.' arsa Peadar. 'Tá an bun
dubh thoir.'
Soir linn go teach Dhonnchaidh Uí Bhaoill agus suas na
fargáin.
'Déanaigí deifre nó beidh sibh mall,' arsa Gráinne Bhán
linn.
'Wisdom, understanding, counsel, fortitude.'
'But thy sounds were sweeter than the dome of Peter
Flings o'er the Tiber pealing solemnly.'
Ar a ghabháil a fhad le teach na scoile dúinn bhí an rang
a raibh mé féin ann amuigh ar an urlár agus an máistir ag
cur *catechism* orthu. Bhí Donnchadh Néill Phaidí agus a
lámha fáiscthe faoina ascaillí aige. Bhí Peadar Dhonnchaidh
Bháin agus cár air go dtí an dá chluais le pianaigh. Agus bhí
Máire Chonaill Shéarlais ag smeacharnaigh chaointe. Sin
an t-amharc a chonaic mise nuair a chuir mé mo cheann
isteach ar an doras. Agus i bhfaiteadh na súl tháinig a
oiread cearthaí orm agus go dearn mé dearmad dá raibh
foghlamtha ó oíche agam. Níor fhan *wisdom* ná *understand-*
ing ná *counsel* ná *fortitude* agam. Ní thiocfadh liom cuimh-
neamh ar aon fhocal Béarla dá gcuala mé riamh ach cupla
líne den dán a bhí an gasúr a bhí liom a fhoghlaim ar an
bhealach chun na scoile.

Níorbh fhada go dtáinig mo sheal. D'iarr an máistir orm
na *seven gifts* a rá, ach bhí sé chomh maith aige a iarraidh
orm stiall as Homer a aithris. Bhí mar bheadh deilín focal
in aimhréitigh i mo chluasa agus gan dul agam a scoitheadh
ó chéile, riamh nó gur chuir sé an cheist orm an dara huair
agus dúirt mé a dtáinig chun an bhéil chugam agus gan a
fhios agam goidé bhí mé a rá. Bhí mé mar bheadh fear ann a
thitfeadh amach san fharraige agus a gheobhadh greim ar
shifín nó ar chipín nó ar ghas feamnaí, ag déanamh go
sábhóladh sé ar a bháthadh é.

'*Say the seven gifts of the Holy Ghost,*' arsa an máistir.
'*Such empty phantoms I freely grant them*
But there is an anthem more dear to me,' arsa mise.

Shíl an máistir bocht gur a mhagadh air a chuaigh mé.
Nó bhí sé amuigh ar mo mhuintir ó thaobh na dtaobhann go
raibh siad tarcaisneach. B'fhéidir go raibh. Ach níor lean
mise iad. Deir siad go sciordann éan as gach ealt. Agus is
dóiche gur fíor é. Nó ní tháinig aon fhocal searbh nó nimh-
neach as mo bhéal riamh. Ach ar scor ar bith rinneadh
caoracha mire den mháistir. Agus níor fhan sé lena iarraidh
orm mo lámh a chur amach, ach rois den tslait a tharraingt
trasna na meallta orm. '*Wisdom,*' ar seisean leis an chéad
rois. '*Understanding,*' ar seisean, agus tharraing sé an dara
léab orm. Agus ba nimhní, dar liom, míle uair *Understanding*
ná *Wisdom.*

'*Counsel,*' ar seisean, agus thug sé an tríú ceann domh.
Chuir mé féin na míle grág asam féin. Smaoinigh mé go
raibh seacht gcinn acu ann agus go mbeinn feannta go dtí
na cnámha sula mbeadh a ndeireadh agam. Thóg sé an
tslat an ceathrú huair. Ach níor fhan mé féin leis an bhuille.
D'imigh mé i mo rith ag teitheadh roimhe agus 'ach aon
scread agam. Thug sin chuige féin é rud beag. Agus níor
bhuail sé an dara buille orm.

Sheasaigh mé thíos i gcoirnéal an tí ar feadh tamaill agus
greadfach i mo mheallta a bhí ag gabháil go dtí an croí
ionam. I gceann tamaill d'amharc mé anonn an bealach a
raibh Dónall s'againne. Bhí sé ina shuí ar cheann suíocháin
agus é ag triomú a shúl lena mhuinchille.

An tráthnóna sin, nuair a bhíomar ag teacht chun an

bhaile, arsa Dónall, ar seisean:

'Buailfidh mise an máistir nuair a bheidh mé mór.'

'Ní fhanfaidh mise go mbí mé mór,' arsa mise. 'Chomh luath géar is bheidh mé réidh leis an scoil dhéanfaidh mé luíochán roimhe agus cnagfaidh mé le hurchar de cloich é as cúl Thom an Chuilinn.'

'Fan dhá bhliain eile go bhfága mise an scoil,' arsa Dónall, 'agus tiocfaidh an bheirt againn air agus bhéarfaimid bogmharbhadh air.'

'Ar ghortaigh sé go mór thú?' arsa Johnny Aodha.

'Ar ghortaigh sé mé?' arsa mise. 'Shíl mé gur scoith sé na loirgneacha díom leis an chéad bhuille.'

'Scrios Dé air,' arsa Tarlach Bhraighní Óig.

Tháinig mé chun an bhaile an tráthnóna sin agus fearbacha i mo mheallta. Ní luaithe a tháinig ná thug mo mháthair fá dear iad.

'Goidé d'fhág na tréataí i do mheallta?' ar sise.

'Titim i dtom dreasóg agus mé ag cuartú neadrach,' arsa mise.

'Is doiligh liom a chreidbheáil gur lorg dreasóg atá ansin,' ar sise. 'Inis an fhírinne, goidé d'fág na fearbacha sin i do mheallta?'

Bhris an gol orm féin. Ba náir liom a aidmheáil nach raibh mo chuid *catechism* agam. Agus níl a fhios cá fhad a rachainn chun tosaigh leis na bréaga, ach d'inis Annie orm é.

'A mháthair,' ar sise, 'tá a fhios agamsa goidé na fearbacha atá ina mheallta. Tá, *the seven gifts of the Holy Ghost.*'

Tháinig m'athair isteach agus hinsíodh an scéal dó. Ní fhaca mé a oiread feirge dhá uair riamh air.

'Is beag a bhéarfadh orm a ghabháil amach roimhe ar maidin amárach agus na heasnacha a scoitheadh ón droim aige,' ar seisean.

'Seo,' arsa mo mháthair, 'beir ar do chéill.'

'Caor thineadh air, an marla bradach,' arsa m'athair, 'nach mór an croí a fuair sé a leithéid de íospairt a thabhairt do mo ghasúr. Dá mbeadh greim muineáil anois agam air bhéarfainn liom é agus bháithfinn i Lag Sháibhe Óige é, mar bháithfinn coileán madaidh.'

'Anois,' arsa mo mháthair, 'nach bhfuil a fhios agat

nach bhfuil ciall ar bith leis an chineál sin cainte os coinne paistí?'

'Tá ádh air,' arsa m'athair, 'má imíonn sé as na Rosa choíche go dtuga mise *seven gifts* sna heasnacha dó.'

Ní raibh ansin ach a fhad is is mhair an fhearg do m'athair. Duine atá ann a lasas chomh gasta le dlaíóg bharraigh a chuirfeá ar an tine. Ach síothlaíonn sé lán chomh gasta. Ní raibh rún ar bith aige an máistir a thabhairt leis chun an chladaigh agus a bháthadh mar dhéanfadh sé le coileán madaidh. Ní raibh ansin ach smachladh a tháinig leis le tréan na feirge. Ach dá gcastaí an máistir dó an tráthnóna sin ní abórainn ná bhuailfeadh sé cupla smitín air a chuirfeadh tochas ann. Dá gcastaí an bheirt acu ar a chéile an lá sin níl a fhios agam goidé an cineál comhrá a bheadh acu, agus gan ach Gaeilge ag fear acu agus Béarla ag an fhear eile. Ní dóiche go dtuigfeadh an máistir a oiread is focal den chéad cheiliúr a chuirfeadh m'athair air. Ach tuigeadh sé an forrán nó ná tuigeadh, thuigfeadh an duine bocht go raibh sé in áit a charta nuair a tífeadh sé ina sheasamh roimhe sa bhearna fear a raibh guailleacha leathana air, muineál mar bheadh bun crainn ann, agus faobhar ar a shúile mar bheadh lanntracha cruach ann.

Cupla bliain ina dhiaidh sin d'imigh an máistir. Fuair sé scoil fá na bailte móra. Agus níor bhain mé féin ná Dónall éiric ar bith as. Níorbh é Dónall a loic ach mise, más locadh a rinne mé. Dúirt Dónall cupla uair gur cheart dúinn luíochán a dhéanamh i gcúl Thom an Chuilinn an lá deireanach agus an mhaile a fhágáil ar an tsúil ag an mháistir le hurchar de chloich. Ach bhí mise ceithre bliana ní ba sine ná Dónall, agus bhí crothán beag céille ag teacht chugam san am. Chuir mé comhairle ar an ghasúr ab óige ná mé agus d'imigh an máistir as Rinn na Feirste agus ní raibh aon duine ar an bhaile chomh gann i gcéill agus go n-imeoradh sé díoltas ar an duine ghránna.

Cupla bliain ina dhiaidh sin arís chualamar go bhfuair sé bás.

'Go ndéana mo Thiarna trócaire air,' arsa mo mháthair.

'Aiméan,' arsa m'athair.

'Ní raibh an duine bocht folláin riamh,' arsa mo

mháthair.

'Buíochas do Dhia,' arsa m'athair, 'nach raibh lámh ina bhás agam.'

LÁ AN EASPAIG

Cupla seachtain ina dhiaidh sin bhí an sagart ar an bhaile lá amháin ar airteagal agus tháinig sé isteach tigh s'againne ar a choiscéim. Cuireadh fáilte roimhe agus hiarradh air suí. Dúirt sé nach raibh mórán faill suí aige, gurbh é rud a tháinig sé isteach féacháil an dtabharfadh m'athair lasta de ghaineamh sligeán ionsair le cur ar an chabhsa a bhí ó dhoras theach an phobail anuas go dtí an geafta. Ach ina dhiaidh sin tharraing sé air cathaoir agus shuigh sé. Mhair sé féin agus m'athair tamall ag comhrá fán rabharta agus fán lán mhara, go dtí sa deireadh go dearn siad amach go mbeadh an Chéadaoine sin a bhí chucu fóirsteanach le bád fá lasta a thabhairt isteach chun na Pollaide.

Ansin d'amharc sé thart ar na páistí.

'Tá sibh scaifte breá ann, nár laghdaí Dia sibh,' ar seisean.

'Níl na créatúir ach mion go fóill,' arsa mo mháthair.

'Ní mhothóidh sibh go mbí siad inchuidithe libh,' arsa an sagart. 'Seo an fear is sine agaibh?' ar seisean, ag amharc orm féin.

'Sé,' arsa mo mháthair.

'Muire, tá, beannú air, gasúr maith,' arsa an sagart. 'Agus é ar an scoil, ar ndóigh?'

'Tá,' arsa mo mháthair, 'ach má tá féin sin a bhfuil ar a shon aige.'

'An ea nach bhfuil maith ann ag foghlaim?' arsa an sagart.

'Tá sé maith go leor, i dtaca le holc, ag 'ach aon rud ach an Teagasc Críostaí,' arsa mo mháthair. 'Ach níl dul aige talamh ar bith a dhéanamh de sin, cér bith is ciall dó. Agus ba chuma liom go fóill, ach an t-easpag ag teacht fá cheann míosa. Náireoidh sé é féin is a dtáinig roimhe.'

'I mBéarla atá siad á fhoghlaim ar an scoil?' arsa an sagart.

'I mBéarla, ar ndóigh,' arsa mo mháthair, 'nó níl aon fhocal Gaeilge ag an mháistir ach oiread is atá sé ag an mhadadh sin.

Bhí Bran ina luí ar leic na tineadh agus a cheann ina chamas aige. D'amharc sé thart go tobann nuair a chuala sé 'madadh.'

'Amach leat, a Bhran,' arsa m'athair, 'agus amharc an bhfuil na cearca sa churaíocht.'

Le sin bhí an madadh de léim amuigh ar an doras agus anonn Cuibhreann an Sciobóil leis i ndiaidh na gcearc.

Rinne an sagart racht gáire a chluinfeá thall ar an Bhráid.

'Is tú a déarfadh é, 'Fheilimí,' ar seisean.

'Muirfidh sé cearc an éillín,' arsa mo mháthair, ag déanamh draothadh gáire.

'Má mharbhann féin,' arsa m'athair, 'diabhal a bhfuil de iontas dó ann. Bhfuil aon mhadadh sna sé ceathrúnacha déag nach gcuirfeadh sé i mbarr a chéille a chur síos dó go raibh sé chomh gann i nGaeilge le máistir na scoile?'

Shílfeá nach dtiocfadh anál sa tsagart ar mhéad is bhí de fhonn gáire air. Agus thoisigh m'athair é féin a gháirí.

'Is réidh agaibh é,' arsa mo mháthair. 'Ach caithfidh an gasúr a ghabháil i láthair an easpaig agus gan aon fhocal Teagasc Críostaí ina phluic ach oiread is atá sé ag Albanach.'

'Fan ort go fóill, a Fheilimí,' arsa an sagart. 'Cé d'fhoghlaim an Teagasc Críostaí duitse nuair a chuaigh tú chuig an easpag? Nó ní feasach mé gur chaith tú mórán ar scoil riamh.'

'Níor chaith,' arsa m'athair, 'ach aon gheimhreadh amháin. Geimhreadh a bhí scaifte againn ag Seán Chonaill thuas anseo in Anagaire: mé féin is Conall Eoinín is Micheál Néill Óig is Donnchadh Mháire Hiúdaí, go ndéana Sé a mhaith ar an méid acu atá marbh.'

'Agus an ar an scoil a d'fhoghlaim tú Teagasc Críostaí?' arsa an sagart.

'Chan ann, leoga,' arsa an fear eile. 'Níor fhoghlaim mé a dhath, ar feadh mo chuimhne, ach *bee-ah, bee-ay, bee-oh, bee-oo, bee-y*. Ach,' ar seisean, 'd'fhoghlaim m'athair bocht, go ndéana Dia a mhaith air, d'fhoghlaim sé an Teagasc Críostaí dúinn óna thús go dtína dheireadh.'

'Níor fhág seisean a chuid páistí i muinín na scoile,' arsa an sagart.

'Níor fhág ná mise,' arsa m'athair. 'Tá an Teagasc Críostaí ag an ghasúr sin ón chéad cheist go dtí an ceann deireanach.'

'Maith thú,' arsa an sagart.

'Má tá féin,' arsa mo mháthair, 'is beag an chabhair an Teagasc Críostaí dó nuair nach bhfuil *catechism* ar bith aige.' Agus thoisigh sí gur inis sí dó fán chéasadh a fuair mé fá na *seven gifts*.

'Gabh anall anseo,' arsa an sagart liom féin.

Tháinig mé ionsair agus mo sháith cotaidh orm, nó chonacthas domh go raibh mé i m'eala mhagaidh acu.

'Dhéanfaidh tú scoith gnoithe i láthair an easpaig,' arsa an sagart. 'Nuair a iarrfaidh sé ort na *seven gifts* a rá caith stiall de na *Shandon Bells* chuige. Agus. nuair a déarfaidh seisean, *"Say the three theological virtues"*, abair thusa, *"Londonderry, Limavaddy and Coleraine".*'

Thoisigh a raibh istigh a gháirí agus ní raibh ann ach nár bhris an gol orm féin.

'Seo,' arsa an sagart sa deireadh, 'gasúr maith atá ionat. Agus anois,' ar seisean le mo mháthair, 'ná buaireadh sé a cheann le *catechism,* ó tharla an Teagasc Críostaí aige. Beidh cuid againn ag cuidiú leis an easpag an Teagasc Críostaí a chur ar na páistí. Labharfaidh mise leis an mháistir agus iarrfaidh mé air an gasúr sin a chur chugam féin. Agus iarrfaidh mé fosta air gan an dara buille a bhualadh air.'

'Go gcumhdaí Dia sibh,' arsa mo mháthair.

An lá arna mhárach, nuair a chuaigh mé féin chun na scoile, níor cuireadh *catechism* ar bith orm. Amanna d'amharcadh an máistir go fiata orm mar bheadh fearg air cionn is gur hinsíodh don tsagart gur bhuail sé mé. Ba ghairid gur éirigh an scéala amach nach raibh mé ag gabháil chuig an easpag ar chor ar bith. Go raibh mé chomh dobhránta is go dearn an máistir amach nach raibh gar a bheith liom. Sin an scéala a bhí ar fud an bhaile. Ach ba chuma liom nuair a stadadh de mo bhualadh.

Tháinig lá an easpaig. Tráthnóna roimh ré thug m'athair leis siosúr agus bhearr sé mo cheann, bhearr isteach go leathar na cloigne, uilig ach dos beag os cionn chlár m'éadain. Nigh mo mháthair léine bheag gheal a bhí agam

agus chuir sí cupla paiste uirthi. Agus sula deachaigh mé a
luí chuir m'athair amach an Teagasc Críostaí orm. D'fhág
sé sin go deireadh, mar d'fágfadh ceannfort airm na
briathra ba bhríomhaire go deireadh nuair a bheadh sé ag
broslú a chuid fear chun catha.

Maidin dheas i dtús an tsamhraidh bhí ann. D'éirigh mé
go luath agus rinne réidh. Agus i dtrátha a hocht a chlog
d'imigh mé féin agus mo mháthair ag tarraingt go teach
pobail Chionn Caslach. Bhí sé ag titim síos le tráigh san
am agus chuamar trasna an deáin ag Oileán an Bhuaraigh.
Isteach thall i mBaile an Chladaigh agus siar droim Mhull-
ach Dubh. Bhí na sluaite síoraí ar an bhealach. Siar Méilte
Mhullach Dearg linn agus amach Tráigh na Cruite, gur
nocht teach an phobail chugainn ina sheasamh ar an uaig-
neas thall ar bhruach an chladaigh.

Ar a theacht go teach an phobail dúinn bhí na céadta
cruinn ansin romhainn. Páistí as na cnoic agus cultacha
báinín orthu agus gan acu ach Gaeilge. Páistí as Burtonport
agus Béarla acu agus iad cóirithe go galánta. Brístí gairide
agus coiléir ar na gasúraí, agus cultacha geala go talamh
ar na girseachaí.

Tháinig na máistrí agus thug 'ach aon fhear leis a chuid
scoláirí féin. Agus thug máistir an bhaile s'againne leis mise
i gcuideachta na cuideachta. Má thug féin níor chuir sin
imní ar bith orm. Nó dúirt mo mháthair i gcogar liom,
nuair a bhí mé ag imeacht uaithi, go dtiocfadh sagart
Anagaire fá mo choinne agus go gcuirfeadh sé féin an
Teagasc Críostaí orm.

Chuamar isteach. Bhí an t-easpag agus trí nó ceathair
de shagairt ina suí thall is abhus taobh istigh de réalacha
na haltóra agus iad ag scrúdú páistí. An tEaspag Ó Dónaill
a bhí ann agus é ina neart san am. Agus, mar déarfadh na
seandaoine, chan do shúil shuaraigh ba chóir amharc air.
Nó ba bhreá an fear in amharc súl é, gan trácht ar bhuaidh
ar bith eile dá raibh aige. Bhí aghaidh dhóighiúil air agus
craiceann solasta agus loinnir ina dhá shúil a mbeadh
cuimhne agat air go lá do bháis. Thug sé i mo cheann fear
de na ríthe a bhíodh sna scéalta a bhíodh m'athair a inse
dúinn.

Bhí go maith agus ní raibh go holc. Thoisigh na páistí a ghabháil suas go dtí na réalacha ina scaiftí. Scaifte chuig an tsagart seo agus scaifte chuig an tsagart úd eile, agus scaifte chuig an easpag. Nuair a bhí an scaifte a raibh mé féin ann ag teannadh suas leis an altóir thoisigh eagla a theacht orm. Bhí an sagart s'againn féin ansin agus gan é ag ligean air féin go raibh mé ann riamh. Sa deireadh d'éirigh sé agus thug sé cogar don easpag agus chonaic mé an bheirt ag amharc anuas orm. Dar liom féin, is é rud atá sé ag inse don easpag nach bhfuil Béarle ar bith agam agus go gcuirfidh seisean faoi scrúdú mé. Nó, san am sin, bhí scoil an bhaile s'againne díreach amach os coinne an easpaig, agus ba ar ár gcrann a thit sé a ghabháil chuige nuair a bheadh an mhuintir a bhí aige réidh.

Shuigh sagart Anagaire arís san áit a raibh sé agus thoisigh an scrúdú go húr nua. Bhí mé féin agus mo dhá shúil sáite ann, ag dúil 'ach aon bhomaite go gcroithfeadh sé aníos orm. Ach níor amharc sé ní ba mhó an bealach a raibh mé. Dar liom féin, tá mo ghnoithe déanta. I ndiaidh an gealltanas a thug an sagart do mo mháthair! Nach trua mé? Agus nach to-thrua? Arbh fhéidir go dtiocfadh le sagart bréag a inse? Is é a rinne mo chabhóg. Nó murab é an gealltanas a thug sé go gcuirfeadh sé féin an Teagasc Críostaí orm b'fhéidir go mbeadh a oiread *catechism* agam agus a réiteodh mo chás i láthair an easpaig. Ach tá léim an dá bhruach caillte agam. Níl aon fhocal *catechism* agam. Agus níl aon duine leis an Teagasc Críostaí a chur orm.

Ní raibh romham ach seisear . . . cúigear . . . ceathrar . . . triúr . . . Bhí mé ag amharc ar an tsagart i rith an ama, ach ní raibh seisean ag ligean air féin go raibh mé ann nó as . . . Ní raibh ach duine amháin eadar mé féin is an t-easpag— Teamaí Ó Culach. Chuala mé na ceisteanna a cuireadh air. Thiocfadh liom féin freagra a thabhairt ar cheann amháin acu. Dá gcuireadh sé an cheist sin orm . . . Sa deireadh shín sé cárta beag bán do Teamaí agus rinne sé comhartha domh féin a theacht chun tosaigh. Thug mé an spléachadh deireanach ar shagart Anagaire, ach ní fhaca sé ar chor ar bith mé. Is é rud a bhí a cheann cortha an bealach eile agus gan lá airde aige ormsa ná ar an ghealltanas a thug sé domh.

Shiúil mé suas go dtí an t-easpag.

'*What is your name?*' ar seisean.

'*James Greene,*' arsa mise. Bhí an méid sin agam ar scor ar bith, nó sin an t-ainm a bhí orm sa *roll book.*

'*Say the three theological virtues,*' ar seisean.

'*Londonderry,*' arsa mise agus bhain stad domh.

'*Limavaddy and Coleraine,*' arsa an t-easpag.

'*Say the seven gifts of the Holy Ghost,*' ar seisean.

Níor fhan focal ionam féin.

'*Such empty phantoms,*' ar seisean, '*I freely grant them. But there is an anthem more dear to me.*'

Ansin d'amharc sé orm agus tháinig aoibh an gháire air. ''Bfhuil Teagasc Críostaí ar bith agat?'' ar seisean.

'Tá,' arsa mise, agus mo sheacht sáith iontais orm go raibh Gaeilge ag easpag.

Thosigh sé a chur ceisteanna orm agus thoisigh mise á bhfuascladh. Má chuir sé aon cheist amháin orm chuir sé fiche ceann orm, 'ach aon áit óna thús go dtína dheireadh.

Ansin d'amharc sé orm agus tháinig aoibh air.

'Maith an gasúr thú,' ar seisean. 'Cé d'fhoghlaim an Teagasc Críostaí duit?

'M'athair,' arsa mise.

'Agus is maith d'athair,' ar seisean. 'D'fhoghlaim sé an Teagasc Críostaí go beacht duit. Ach,' ar seisean, 'an bhfuil *catechism* ar bith agat?'

'Níl,' arsa mé féin, agus aiféaltas orm cionn is gur thrácht an t-easpag ar an rud a d'fheall orm.

'Bhail,' ar seisean, 'is cuma duit. Dhéanfaidh an Teagasc Críostaí do gnoithe. Bhí an Teagasc Críostaí agam féin na blianta sula raibh an *catechism* agam.'

Níor labhair mé féin. Ní raibh a fhios agam goidé déarfainn. Sa deireadh, arsa an t-easpag, ar seisean. 'Ar fhoghlaim d'athair rud ar bith eile duit?'

'D'fhoghlaim,' arsa mise. 'Laoi an Deirg agus Laoi an Arrachta, Gadaíocht Inis Duáin agus scéal Chúchulainn, agus Cathal Buí agus Mal Dubh an Ghleanna.'

'Bulaí fir d'athair,' arsa an t-easpag. 'Bíodh geall air gur fhoghlaim sé an Lúrapóg duit, fosta,' ar seisean, agus rinne sé gáire.

'D'fhoghlaim,' arsa mise. 'Agus Murchadh Beag is Murchadh Mór, agus Mánus Ghibide, agus Seán na Binne Buí.'

'Cogar mé seo,' arsa an t-easpag, 'ar chuala tú d'athair riamh ag seanchas fá Cholm Cille?'

'Ó, chuala go minic,' arsa mise. 'Tá Tairngreacht Cholm Cille uilig aige. Tá cuid di agam féin.'

'Goidé an cineál duine a bhí i gColm Cille?' arsa an t-easpag.

'Fear a dtiocfadh leis míorúiltí a dhéanamh,' arsa mise. 'Thóg sé na geasa de Thoraigh. Dhíbir sé na Mic Ó gCorra agus mharbh sé na luchóga móra.'

'Cá bhfuil Colm Cille anois?' arsa an t-easpag.

'Tá sé sna flaithis,' arsa mise.

'Tá,' arsa an t-easpag, 'agus ní raibh *catechism* ar bith aige. Ní raibh oiread is focal. Ní raibh aige ach an Teagasc Críostaí.'

Agus shín sé cárta beag bán ionsorm, agus bhí an lá liom.

Bhí cead mo chinn agam ansin ar feadh tamaill agus chuaigh mé síos chun na reilige, mé féin agus mo mháthair.

'Sin an áit a bhfuil d'athair mór curtha,' ar sise, agus chuamar ar ár nglúine ar mholl bheag gainimh gur chuir-eamar paidir leis. Ansin thug sí thart fríd an reilig mé gur thaispeáin sí domh an áit a raibh seanfhondúirí Rinn na Feirste curtha: Eoghan Ó Baoill agus Dónall Phroinsís, Seimisín Tharlaigh Bhig agus Padaí Ó Duibheanaigh agus an chuid eile acu. Is iomaí fearthainn agus fuacht agus stoirm chuain a shéid aniar Tráigh na Cruite ó síneadh an chéad chónair anseo ar uaigneas an chladaigh. Agus is iomaí lá breá samhraidh a ghoir an chuach ar na gaobhair tráthnóna. Chuir na huaigheanna cumha orm agus chuir siad eagla orm. Nó smaoinigh mé gur thrua mé a chaith-feadh bás a fháil. Ach níor mhair sin ach tamall beag. Ba ghairid gur scairteadh isteach go teach an phobail orainn agus chuamar faoi láimh easpaig.

Ar a theacht amach domh thug mo mháthair anoir go 'Teach Beag na Scrath' mé go bhfuair mé tae—an tráth bídh ba bhlasta a chaith mé riamh—mo sháith aráin bháin, a oiread agus thiocfadh liom a ithe, agus soitheach siúcra fúm féin. D'ith mé mo sháith agus líon mé mo phócaí den tsiúcra nuair a fuair mé cúl mo mháthara liom.

Aniar linn tráthnóna, ag tarraingt ar an bhaile, agus mé féin ar mo sháimhín suilt ag smaoineamh ar an éacht a rinne mé i láthair an easpaig. Agus bhí mo mhuintir féin iontach bródúil asam. Ag teacht aniar ag teach William the Boy domh tháinig Johnny Sheimisín a fhad liom agus thug sé sé pingne domh.

'Gabh isteach,' ar seisean, 'agus ceannaigh rudaí milse duit féin, nó bulaí fir atá ionat. Bhí mé i mo shuí taobh thiar de nuair a bhí an t-easpag ag cur na gceisteanna air,' ar seisean le mo mháthair, 'agus deirimsa leatsa go raibh bród orm as.'

Chuaigh mé féin isteach chun an tsiopa agus cheannaigh mé luach mo chuid airgid de rudaí milse. Agus rann mé go fial fairsing iad ar an chuid de pháistí an bhaile a casadh i mo shlí. Bhí mé sásta liom féin agus leis an tsaol. Ba é sin an tamall de thráthnóna ba deise a chonaic mé riamh. Bhí loinnir aoibhiúil sna spéartha agus gnúis phléisúrtha ar na sléibhte. Chonacthas domh gur mhéanair domh dá maireadh an tráthnóna sin choíche. Nár dheas an rud a bheith i mo rith liom aniar Méilte Mhullach Dearg ar feadh na síoraí-ochta agus an chraobh liom thar pháistí na Rosann?

Rith mé liom aniar go dtáinig mé a fhad le Donnchadh Phadaí Sheáinín agus le Niall Sheimisín.

'Rinne tú gnoithe galánta inniu,' arsa Niall.

'A Rí an Domhnaigh, an chloigeann a fágadh ar chuid de na daoine!' arsa Donnchadh.

Shiúil mé tamall leo gur stad siad de chaint orm agus gur tharraing siad orthu scéal éigint eile. Ansin d'imigh mé liom i mo rith go dtáinig mé a fhad le Neilí Phadaí.

'Orú, 'leanbh, chuir tú bród ar mhuintir do bhaile inniu,' arsa Neilí. 'Is méanair don athair is don mháthair a thóg thú.'

Dúirt cupla duine eile nár shéan mé mo ghaol leis na Dálaigh. Ach ní raibh mo sháith molta go fóill agam. Agus bhí na sluaite aniar romham. Dar liom féin, imeoidh mé liom go dtara mé a fhad le scaifte eile.

D'imigh. Agus níorbh fhada go dtáinig mé fá chupla

coiscéim do thriúr ban de chuid an bhaile a bhí i ndiaidh a
bheith i dteach an phobail lena gcuid páistí. Nuair a bhí
mé go díreach sna sála acu chuala mé m'ainm á lua ag bean
acu agus d'éist mé go gcluininn goidé an manadh a bhí acu.

'Síogaí beag an tseanchinn,' arsa bean acu. 'Tá a thrí
oiread geab aige le gasúr a dtiocfadh leis a chuid *carricism*
a fhoghlaim. Deir Mánus beag s'againne nach bhfuil maith
ar bith ann ar an scoil. Níl focal ar bith Béarla aige. Níl,
chomh beag le *the cat is gone a rat*.'

'Ag magadh air a bhí an t-easpag,' arsa bean eile acu.
'Ar ndóigh chuir sé ceist air an raibh an Lúrapóg aige.'

'Chuir, agus dúirt an dobhrán bocht go lúcháireach go
raibh, agus Cailleach ar Tuar. Níor aithin sé an t-easpag
ag magadh air.'

'Caithfidh sé, ina dhiaidh sin,' arsa an tríú bean, 'go
raibh rud éigint aige diomaite den Lúrapóig nuair a bhaist
an t-easpag é.'

'Bhail, char bhaist ach oiread is a bhaist tusa é,' arsa an
chéad bhean. 'Nó choinnigh mise mo shúil ar chuid scoláirí
an bhaile s'againne i rith an ama. Agus ní raibh Jimmy
Fheilimí leo ar chor ar bith. Ní raibh sé le feiceáil beo nó
marbh, ach oiread is dá slogadh an talamh é, cár bith áit
ar ardaigh a mháthair léithi é nuair a d'fheall an scrúdú air.'

'Bhail, más fíor sin,' arsa bean eile, 'ní bheidh tógáil a
gcinn acu go ceann athrach saoil.'

'Tógáil a gcinn!' arsa an chéad bhean. 'A rún, is iad a
thógfas é agus a thógfas go hard é. Níl sa náire ach mar
ghlactar í. Is é rud atá a mháthair ag déanamh mórtais as
ó mhaidin. Ach, ar ndóigh, tá sé canta, mórtas Dálach.
Agus, a Mhuire, is é an focal fíor é.'

Níor éist mé le cár bith a tháinig ina dhiaidh sin. Bhí mo
sháith agam. Shuigh mé ar ghruaimhín an bhealaigh mhóir
go dtáinig mo mháthair a fhad liom. Shuigh, agus an saol
dubh dorcha ar gach taobh díom. An saol a bhí geal
loinnireach aoibhiúil cupla bomaite roimhe sin. Tháinig
glórtha mailíseacha na mban sin orm mar thiocfadh splanc
ar chrann ghlas i lár an tsamhraidh agus d'fhágfadh sí ina
mhaide chríon dhubh é i bhfaiteadh na súl.

Nuair a tháinig mo mháthair a fhad liom d'inis mé mo

scéal di agus an gol ag briseadh orm.

'Is cuma duit, a leanbh,' ar sise. Agus shiúil sí cupla bomaite gan focal a labhairt. Ansin las sí san aghaidh agus tháinig rabhán léithi den chineál a thigeadh léithi nuair a gheobhadh an fhearg buaidh uirthi.

'Cailleach an bhéil mhóir,' ar sise, 'ní thiocfadh léithi lá an easpaig féin a ligean thairsti gan a bheith ag ithe na comharsan. Is é a leithéid is dóiche bheith ag caint. Ar ndóigh, níor baisteadh a macsa ar chor ar bith, nó ní raibh *catechism* ná Teagasc Críostaí aige. Ní raibh a fhios aige cá mhéad Dia a bhí ann . . . Mánus na goice a bhfuil aois chapall na malairteach aige, ba mhian lena bhéalastán máthara a chur síos do dhaoine eile gur fheall orthu, de gheall ar a scéal féin a dhéanamh neamhiontach. Ag iarraidh maide as uisce a thógáil de Mhánus na gcos cam. An snúta a bhfuil gob an ghlas-seile air.'

Shiúil mé an chuid eile den bhealach chun an bhaile agus gruaim orm. Bhí sult an lae bainte asam. Nár mhairg anch raibh sásta leis an mheasarthacht? Dá mbeinn, ní chluinfinn an rud a chuala mé agus ní bheadh a fhios agam go raibh daoine droch-chroíocha ar an tsaol.

Ar a theacht chun an bhaile dúinn hinsíodh an scéal do m'athair.

'Is cuma duit, a mhic,' ar seisean liom féin. 'Sin an comhartha is fearr go dearn tú gnoithe maithe i láthair an easpaig. Agus coinnigh cuimhne air: sin an comhartha is fearr a bheas agat i rith do shaoil go dtig leat rud éigint a dhéanamh nach dtíg le mórán. Má tá buaidh ar leith agat beidh ainbhiosáin ag tnúth leat agus ag iarraidh míchliú a chur ort.'

'Sílim go ndíolfaidh mé an bhó bhreac nuair a bheidh sí ar bhéalaibh breith,' arsa m'athair, tráthnóna amháin agus é i ndiaidh a bheith amuigh sa bhóitheach. 'Tá mé i ndiaidh a bheith ag amharc ar a cár agus tá péire amháin ag toiseacht a ísliú aici. Cá huair siúd atá a ham istigh?'

'An deichiú lá d'Aibreán,' arsa mo mháthair. 'Beidh obair aici an gamhain a thabhairt go hAonach Jack, nó ní thug sí riamh os cionn seachtain de aimsir léithi. Bheadh an siúl chun an Chlocháin Léith rófhada aici, creidim?' ar sise.

'Bheadh,' arsa m'athair. 'Agus ar scór ar bith ní bheadh an margadh chomh maith léithi ar aonach an Chlocháin Léith agus bheas nuair a bheidh sí ar an tairne.'

'Is fíor sin,' arsa mo mháthair, 'nó ní gnách léithi cosúlacht ar bith a dhéanamh go dtí na laetha deireanacha.'

'In ainm Dé,' arsa m'athair, 'coinneoimid go hAonach Jack í. Agus, ar ndóigh, má bheireann sí roimh lá an aonaigh bainfimid bliain eile aisti.'

Agus bhí an méid sin socair.

'Tá a ham istigh inniu,' arsa m'athair, lá amháin cupla mí ina dhiaidh sin, 'agus ní shamhóladh duine ar bith nó tá trí seachtaine uaithi go fóill.'

'Sin mar bhí sí riamh,' arsa mo mháthair. 'Na laetha deireanacha a ní sí an chosúlacht uilig.'

'Is cuma liom,' arsa m'athair. 'Ní bheidh aon ghamhain an iarraidh seo aici roimh lá Aonaigh Jack.

'Is maith a fhios agat,' arsa mo mháthair.

'Bhail, tá sé romhat,' arsa m'athair. 'Inniu an Domhnach: Dé Sathairn seo chugainn lá an aonaigh.'

Níor choinnigh mé cuimhne ar a dhath den chomhrá ina dhiaidh seo. D'imigh mé síos fán chladach agus gan ach aon rud amháin ar m'intinn. Lá an aonaigh ar an tSatharn agus m'athair ag cur na bó soir. Ní bheidh scoil ar bith Dé Sathairn ann. An ligfidh m'athair leis chun an aonaigh mé? Iarrfaidh mé cead air.

Fiche uair ina dhiaidh sin tháinig sé chun an bhéil chugam a fhiafraí de m'athair an ligfeadh sé chun an aonaigh mé,

ach ní bhfuair mé uchtach. Sa deireadh chonaic mé é ag
teacht anuas a dh'amharc ar an bhád, agus d'imigh mé soir
an cladach agus bhí mé i bPort an Churaigh chomh luath
leis. D'amharc sé ar mharc an láin mhara agus bhreath-
naigh sé bun na spéire bomaite beag.

'Sílim go ndéanfaidh sí gnoithe mar atá sí anocht,' ar
seisean. 'Siúil leat chun an bhaile, a thaisce.'

Suas na fargáin leis agus mé féin ag siúl lena thaobh.
Níor labhair ceachtar againn go rabhamar fá chupla scór
slat den teach. Dar liom féin, níl ann ach breith nó fág.
Mura bhfaighe mé gealltanas uaidh nuair nach bhfuil ann
ach an bheirt againn ní bheidh seans ar bith agam má
théitear a phléideáil an scéil i lúb an teaghlaigh. Beidh
Dónall ag iarraidh a ghabháil. Beidh Bríd ag iarraidh a
ghabháil agus tá a fhios agam goidé an deireadh a bheas air.
Labharfaidh mo mháthair, agus nuair a labharfas ní
bheidh gabháil taobh thall dá breithiúnas. Agus is agam atá
a fhios goidé déarfaidh sí. Caint nimhneach a chuirfeas ó
chodladh na hoíche mé le cois mo choinneáil ón aonach.
'Tá gnoithe chun an aonaigh agatsa, a mharla an gheadáin!'

Ní raibh ionam ach cleitire de ghasúr bheag chaol agus
d'fhág sin agus teanga mo mháthara faoi imní mé ar feadh
na mblianta. Bhí Dónall trom toirteach le mo thaobh.
Guailleacha leathana air agus baill dhlúithe aige. Agus tá
mé cinnte go raibh sé lán chomh goilliúnach aigesean a
bheith trom agus a bhí sé agamsa a bheith éadrom. Nó bhí
leasainmneacha nimhneacha ag mo mháthair d'ach aon
fhear againn nuair a chuirimis fearg uirthi. Bhí gamhain is
úslainn is molt is liúdar is slúiste aici ar Dhónall. Agus, a
Dhia, nárbh aoibhinn dó? Agus nár mhéanair domhsa dá
dtugadh duine ar bith gamhain nó molt orm? Ach ní
thabharfadh. Ach marla nó cláiríneach nó sreamaide;
geadánach, taibhse, riocart, doirb agus dearnad!

Ach is air a tharraing mé an scéal, rinne mé amach go
gcuirfinn m'iarratas i láthair m'athara nuair nach raibh ann
ach mé féin is é féin. Dá ndiúltódh sé mé fá m'achainí
dhiúltódh sé mé go síodúil. Agus ní mhaífeadh sé nach
raibh ionam ach geadánach a rugadh faoin chinniúint nach
dtiocfadh mo thabhairt in éifeacht.

"Athair beag,' arsa mise agus greim láimhe agam air.
'Goidé, a leanbh?'
'An ligfidh tú chun an aonaigh Dé Sathairn mé?'
'Leabhra ligfidh, a mhic, ó b'annamh leat a iarraidh orm,'
arsa m'athair.

An lúcháir a tháinig orm féin níl léamh ná scríobh ná inse
béil air. Bhí a fhios agam go raibh liom ó thug m'athair
cead domh. Bhí a fhios agam nach rachadh mo mháthair ar
a bhéalaibh, bíodh sí sásta nó míshásta. Bhí a fhios agam
fosta go mbeadh Dónall ag iarraidh a ghabháil agus go
mbeadh an racán ann. Agus go dtabharfaí na leasainm-
neacha uilig ormsa ó thús an deilín go dtína dheireadh.
Ach is cuma leis an gheadánach. Tá an geadánach ag
gabháil chun an aonaigh. Amach an bealach mór úd atá
ag gabháil as amharc ar mhala Mhuiris Pheadair. Amach
go ceann na hAilte agus soir bealach nach raibh mé riamh.
Beidh Dónall ag cur thairis agus bíodh aige. Bíonn cead
cainte ag fear chaillte na himeartha.

Tráthnóna Dé hAoine tháinig mo sháith eagla orm nach
raibh mo chuairt chun an aonaigh i ndán domh an iarraidh
sin. Donnchadh Mór ba chiontaí leis. Chuala sé go rabhthas
do mo ligean soir, agus dar leis gur dheas mealladh a bhaint
asam. Tháinig sé isteach tigh s'againne a dheargadh a phíopa
agus é i ndiaidh a bheith ag cur phreátaí in Ailt Eoin.

'Beannú ar do bhoin, tá tinneas gamhna uirthi,' ar seisean
le m'athair. 'Tá mé i ndiaidh a bheith thall sa bhóitheach
ag amharc uirthi. Tá sí ag luí is ag éirí.'

'Luí slán is éirí fholláin chuici,' arsa mo mháthair.

'Is tútach a rinne sí é, beannú uirthi,' arsa Donnchadh,
'nár fhan lá eile agus Aonach Jack amárach ann.'

Dar liom féin, tí Dia féin seo. I ndiaidh chomh cruaidh
is a bhí mé ag feitheamh leis an tSatharn. I ndiaidh ar
fhulaing mé ó mo mháthair agus gach geadánach agus marla
dá dtug sí orm nuair a bhí Dónall ag caoineadh cionn is
nach ligfí é féin. Beidh gamhain ag an bhoin anocht agus
ní rachfar chun an aonaigh amárach ar chor ar bith. Amach
ar an doras sa bhomaite liom agus síos chun an bhóithigh.
Agus é ag cur iontais orm nach dtáinig m'athair ná mo
mháthair amach, i ndiaidh chomh minic agus a dúirt siad

roimhe sin go gcaillfeadh siad sa bhoin mura dtugadh sí an gamhain go hAonach Jack.

Ar a ghabháil isteach chun an bhóithigh domh bhí an bhó ina luí go sóúil ag athchognadh. Nuair a mhothaigh sí mo choiscéim d'amharc sí thart mar bheadh sí ag déanamh go rabhthas ag teacht chuici le cineál, agus d'éirigh sí ina seasamh. Dar liom féin, tá tinneas gamhna ort gan bhréig ar bith. Agus sheasaigh mé thall i gcoirnéal an bhóithigh, ar ghasúraí cráite a bhfaca tú riamh.

D'amharc an bhó orm ar feadh tamaill mar bheadh sí ag cur ceiste orm cá raibh an diabhal ag gabháil liom. Ansin luigh sí ar ais agus rinne sí cnead mar bheadh sí míshásta liom as coiscreadh a chur fúithi nuair nach raibh cineál ar bith liom ionsuirthi.

'Tá sí tinn,' arsa mise go brúite, nuair a phill mé chun an tí.

'Nár dhúirt mise sin libh?' arsa Donnchadh Mór.

'Fan amach ón bhoin agus lig di a scíste a dhéanamh,' arsa mo mháthair, 'agus an siúl fada atá roimpi amárach. Agus,' ar sise, 'bíodh rud beag céille agat agus ná bíodh an saol ag magadh ort.'

D'aithin mé ansin gur ag magadh a bhí Donnchadh Mór agus bhí mé ar mo sháimhín suilt.

Ar maidin an lá arna mhárach bhí mé i mo shuí le teacht dheirg an dá néal. Agus shíl mé go raibh an lá caite nuair a d'éirigh an chuid eile. Rinne mo mháthair réidh greim bídh agus thug m'athair féar agus deoch don bhoin. Nuair a bhíomar réidh scaoileadh amach í, agus d'iarr m'athair orm féin slat a thabhairt liom agus a tiomáint go stuama suas ag Tom na hAiteannaí.

Le sin d'éirigh an racán go húr nua. Dónall ag iarraidh a ghabháil chun an aonaigh chomh maith le duine. Bá é seo an seisiú huair le seachtain roimhe sin a thoisigh sé a rá go raibh sé chomh cóir aige féin a ghabháil liomsa. Agus 'ach aon uair acu sin baineadh faoi agus tugadh na leasainmneacha uilig ar an té ab údar don iaróig. Bhí sé geallta do Dhónall ó bhí aréir roimhe sin go ligfí chun an aonaigh é an samhradh sin a bhí chugainn. Agus bhí cuma air go raibh sé sásta leis an tsocrú sin, riamh go bhfaca sé mise ag imeacht.

Nuair a chonaic ní raibh sé le scaoileadh ná le ceangal.

'Fuist anois, mar bheadh gasúr maith ann,' arsa m'athair, 'agus beidh tú liomsa chun an aonaigh ar an tsamhradh seo chugainn.'

'Ar ndóigh,' arsa mo mháthair le m'athair, 'dá dtugthá aon bhail amháin ar an bheirt acu ní bheadh seo mar seo. Ní iarrfadh Dónall a ghabháil a choíche,' ar sise, 'dá bhfanadh an marla sin eile sa bhaile. Másaí siosúir, tá gnoithe mór 'un an aonaigh aige!'

'Seo anois,' arsa m'athair le Dónall, 'fan go bhfeice tú an fhideog dheas a bheas le Jimmy ón aonach chugat.'

'Is fearr liom bál,' arsa Dónall, agus tháinig sé chuige féin nuair a chonaic sé nach rabhthas á chur ó dhoras le cúiteamh na bliana seo chugainn, ach go raibh rud éigint le fáil aige ar aghaidh boise.

'Maith go leor,' arsa m'athair, agus shín sé dhá phingin chugam féin. 'Ceannaigh bál do Dhónall ar phingin acu sin,' ar seisean, 'agus do rogha rud duit féin ar an phingin eile.'

Rinne sin síocháin sa teaghlach, agus d'imigh mé féin agus m'athair agus an bhó linn, amach an bealach mór ag tarraingt go Baile Jack.

Bhí go maith agus ní raibh go holc go rabhamar amuigh ag ceann an chroisbhealaigh. Chuir mé mó lámh i mo phóca agus bhí mo dhá phingin caillte. Goidé a bhí ach poll ar an phóca gan fhios domh agus lig sé fríd an dá phingin a bhí agam le bál a cheannach do Dhónall agus rud éigint eile domh féin.

Baineadh léim amach as mo chroí. Bhí sult an lae bainte asam. Nár mhairg nár fhan sa bhaile ar maidin? Le sin féin mhothaigh mé rud éigint cruaidh i gcúl mo bhróige. Chuir mé síos mo mhéar agus fuair mé ceann de na pingneacha thíos i mo stoca. Chuartaigh mé 'ach aon bhall de mo cheirteach, ag déanamh go bhfaighinn an ceann eile, ach ní bhfuair.

Shiúil linn soir an Ailt agus isteach i gceann an phanc. Bhí na caoirigh ar an mhala ag teach Róise Óige, agus na beathaigh chapall ag teach Antain Jack, agus an t-eallach thoir ag teach na scoile. Thiomáin mé féin soir an bhó go rabhamar thoir i bpanc an eallaigh. Bhí mé ag amharc ar gach taobh díom ar mo bhealach soir, agus is iomaí iontas a chonaic mé. Ach ní raibh faill agam a mbreathnú mar ba cheart ar mo choiscéim.

Nuair a shroicheamar an panc d'iarr mé cead ar m'athair mo ligean siar an tsráid go bhfeicinn na hiontais a bhí ar an aonach. Lig sé cead mo chinn liom agus d'fhan sé féin ag an bhoin, ag fanacht le ceannaitheoir.

Phill mé féin anoir an t-aonach. Bhí fear as Leitir Ceanainn ann agus é ag díol seanéadaigh, agus scaifte cruinn thart air. Sheasaigh mé tamall a dh'éisteacht leis. Bhí bríste smolchaite ina lámha aige agus é ag inse don tslua gurbh é an conradh bríste é ab fhearr a chonaic aon duine riamh. Cúig scillinge a bhí sé a iarraidh air san am sin. Ach eadar sin is tráthas dhíol sé le fear as Bun an Bhaic é ar chúig pingin déag.

Giota beag taobh abhus de fhear an tseanéadaigh bhí Tom Mór agus gunna beag aige agus é ag scairtigh sean-ard a chinn:

'*Three shots a penny. Every time you ring the bell you double the money.*'

Dar liom féin, tá pingin Dhónaill caillte agam agus nár fhéad mé mo lámh a fhéacháil ar an ghunna agus mo bhris a thabhairt isteach? Ach bhuail smaoineamh eile mé, dá gcaillinn an dara pingin go raibh mé ar an tráigh fhoilimh. Bhog mé liom anoir an tsráid. Níorbh fhada go dtáinig mé a fhad le fear a raibh moll úll ar chlár bocsa aige agus é á ndíol ar phingin an ceann. Agus úlla breátha móra dearga, 'ach aon cheann acu trí huaire chomh mór leis na scráidíní beaga a bhímis a ghoid ó chrann Néill Shéarlais ar ár mbealach chun na scoile. Nár mhaith is nár nua ceann de na húlla sin? Ach ansin, nuair a bheadh sé ite agam, ní bheadh a dhath agam . . . Ar fhéad mé ceann a cheannach agus a leath a thabhairt ionsar Dhónall? Tógfaidh sé an dú-racán má théim chun an bhaile agus gan a dhath liom chuige . . . Ach is é an racán a bheas ann ar scor ar bith nuair nach dtig liom bál a thabhairt chuige!

Cupla coiscéim eile agus tháinig mé a fhad le stócach a raibh dornán mionrudaí ar an mhargadh aige: sceana póca agus snáthadaí agus méaracáin agus cupla bábóg.

Bhí mé ag teacht anoir thairis nuair a thug mé fá dear mias
thall i leataobh agus tuairim is ar dhoisín báltach inti, den
chineál a gheofá ar phinginn an t-am sin. Sheasaigh mé
ansin agus tháinig smúid orm. Dar liom, nach tubaisteach
a d'éirigh domh ar maidin nuair a chaill mé pingin
Dhónaill? Tá sé i mullach an aird cheana féin, ag féacháil
an bhfeicfeadh sé mé féin is m'athair ag teacht anuas béal
an Charracamáin. Agus an rása a bheas leis inár n-araicis
nuair a nochtfaimid chuige! Beidh sé romhainn ag Beanna
na Lochlannach agus lúcháir an tsaoil air . . . Ach nuair a
chluinfidh sé gur chaill mé a phinginn!

Dar liom féin, sa deireadh, tá pingin Dhónaill caillte agus
níl gar a bheith ag mairgnigh. Agus tá sé chomh maith
agam rud éigint a cheannach domh féin ar mo phinginn féin.
Shiúil liom anoir an tsráid agus mé eadar chomhairleacha.
Ní raibh a fhios agam goidé ab fhearr domh a cheannach,
bhí an oiread sin rudaí ann ba mhaith liom agam. Sa
deireadh tháinig mé a fhad le fear a raibh bord cruinn aige
agus pioctúirí agus ceathrúnacha dubh is buí is dearg ann.
Bhí lámh air a thiocfadh thart ar spíce a bhí sa lár. Chuir
sé uaill as féin nuair a bhí mé ag teacht chun tosaigh.

'One to one on the black, two on the yellow, three on the
red . . . six on the anchor, a shilling on the crown and on the
feather.'

Bhí scaifte stócach cruinn thart air agus iad ag imirt.
Chuir mé ceist ar Tharlach Mhéabha goidé a bhí sé a rá,
nó ní raibh mo sháith Béarla agam an iarraidh seo. D'inis
Tarlach domh. Dar liom féin, nár dheas dhá phinginn, trí
pingne, tuistiún? Nár dheas scilling? Is iomaí rud a thiocfadh
liom a cheannach dá mbeadh scilling agam. Ach ní
raibh. Agus b'fhéidir go mbeadh dá mbeadh uchtach agam,
agus gurb é a chuirfeadh cor i mo chinniúint:

If I could make a heap of all my winnings
and risk it on one game of pitch and toss.

Agus b'fhéidir go bhfaighinn buaidh ar an fhaichill an lá
sin agus go bhfaighinn uchtach mo mhaoin shaolta a chur
i ngeall murab é an rud a tharla. Bhí mo lámh i mo phóca
agam agus an phinginn eadar mo mhéara agam agus mé
eadar dhá chomhairle má bhí aon duine riamh ann.

Tharraing mé aníos an lámh go raibh sí ag béal an phóca.
Dar liom féin cuirfidh mé mo phingin ansin ar an chleite.
Luifidh sí tamall beag ansin agus an lámh ag gabháil thart
os a cionn . . . Ansin tiocfaidh sí ar ais chugam agus scilling
ina cuideachta , , , Ach b'fhéidir nach dtiocfadh. B'fhéidir
gur in áit éigint eile a stadfadh an lámh. Agus ansin scuab-
faidh an mangaire suarach sin leis í agus ní fheicfidh mé an
dara hamharc uirthi. Lig mé síos sa phóca ar ais í. I gceann
tamaill tharraing mé aníos athuair í. Agus le sin féin chuala
mé fear ag cur scairte as féin i nGaeilge thall ag bun sconsa
draighin a bhí ar imeall na sráide:
'Círa míne, fideoga pingine is bocsaí snaoisín.'
Chuaigh mé anonn a fhad leis. Bhí moll fideog ina luí ar
imeall an chláir aige. Thóg mé ceann acu agus chuir mé
séideog inti.
'Cá mhéad uirthi?' arsa mise.
'Pingin, a ghasúir: *a penny, laddie*,' ar seisean, 'agus is
fiú sin seacht n-uaire an uile cheann acu.'
Thug mé dó an phingin agus d'imigh liom siar an t-aonach
agus m'fhideog i mo láimh liom. Chaith mé tamall ag
stárógacht thart agus mé buartha gan cupla pingin eile
agam. Sa deireadh siúd soir chun an phanc mé. Bhí an bhó
díolta ag m'athair agus ceann eile ceannaithe aige. Bó bhuí
a raibh adharc ghairid uirthi.
'Tiomáin siar an tsráid í,' arsa m'athair. 'Tá an t-am
againn an baile a bhaint amach.'
A Dhia, nár ghairid an lá? Bhí an t-aonach ag bánú. Ní
raibh sa phanc ach cupla seanbhó, agus cúig nó sé de
cheannaibh de mhionrudaí nach raibh siúl mór orthu. Bhí
daoine ag imeacht 'ach aon bhealach. Cuid eile fá thithe na
biotáilte agus callán comhráidh le cluinstin agat ag teacht
thart leis na doirse duit.
Shiúil linn anoir an Ailt agus isteach bealach mór Rinn
na Feirste. Bhí Dónall inár n-araicis ag Tobar an tSasanaigh.
Chuir mé féin fead san fhideoig nuair a chonaic mé chugam
é.
'Ó, nach deas í?' ar seisean. 'Nach mairg nach fideog
eile a cheannaigh tú domhsa?'
'Dhéanfaidh sí ár mbeirt sinn,' arsa mise. 'Bhéarfaidh

mé duit í tamall 'ach aon lá le seinm uirthi.'

'Maith thú,' arsa Dónall. 'Agus ceannóidh mé ceann domh féin an chéad phingin a gheobhaidh mé.'

'Ceannaigh,' arsa mé féin. 'Agus bhéarfaidh mise í seo duit tamall 'ach aon lá go dtí sin.'

'Cá bhfuil mo bhál?' arsa Dónall.

'Fan go rabhaimid sa bhaile,' arsa mise.

'Tabhair domh mo bhál, ' arsa Dónall.

'Bhéarfaidh mé duit é, a dhuine, ach mé a ghabháil 'un an tí,' arsa mise. 'B'fhéidir gurb é rud a chaillfeá sna dreasóga sin é. Bhí bál ag Searlaí Néill Óig anuraidh agus thit sé síos sa scealpaigh sin agus ní bhfuarthas riamh é.'

'Ní chaillfidh mise mo cheann féin,' arsa Dónall. 'Cuirfidh mé i mo phóca é go dté mé chun na trá.'

'Bhéarfaidh mé duit ar ball é. Seo dhuit an fhideog tamall.'

'Tabhair domh mo bhál. Caithfidh tú mo bhál a thabhairt domh. Mo bhál féin a ceannaíodh ar **mo phingin féin**.'

'Caith chuige an bál agus ná bain a shult as an duine bhocht,' arsa m'athair.

Ní thiocfadh liom an tubaiste a cheilt ní b'fhaide.

'Níl bál ar bith agam,' arsa mise, agus glór an chaointe i mo cheann. 'Níor cheannaigh mé bál ar bith.'

Chuir Dónall uaill as féin a choscóradh na clocha glasa.

'Cad chuige nár cheannaigh?' arsa m'athair. 'An ea nach raibh aon cheann ann?'

'Bhí,' arsa mise, 'ach ní raibh a luach agam.'

'Thug tú dhá phingin ar an fhideoig?' arsa m'athair.

'Ní thug,' arsa mise.

'Agus nach dtug mise dhá phingin duit ar maidin?' ar seisean. 'Pingin duit féin agus pingin le bál a cheannach do Dhónall?'

'Thug,' arsa mise. 'Ach nuair a bhí mé ar an aonach ní raibh agam ach aon cheann amháin. Chaill mé pingin Dhónaill.'

Char chaoineadh riamh ag Dónall é go dtí seo.

'Is iomaí geadánach a bhéarfas do mháthair ort nuair a rachaidh tú chun an tí,' arsa m'athair liom féin. 'Agus tá ádh ort má fhágann sí an fhideog i bhfad i do sheilbh.'

'Caithfidh sé an fhideog a thabhairt domhsa,' arsa Dónall.

'Fág aige í,' arsa m'athair, 'agus ná buair do cheann léithi. 'Seo dhuit,' ar seisean, agus shín sé dhá phingin do Dhónall. 'Thig leat ceann de na bálta móra atá tigh Charley Mhuiris a cheannach Dé Domhnaigh i ndiaidh am Aifrinn. Triomaigh na suóga de d'aghaidh agus ná feiceadh do mháthair go raibh tú ag caoineadh.'

Tháinig aoibh bhreá ar Dhónall nuair a fuair sé an dá phingin. Agus bhí mé féin breá sásta, fosta. Bhí m'fhideog agam, agus gan eagla orm go dtógfadh Dónall iaróg ar bith a bhainfeadh díom í.

Bhaineamar an teach amach agus 'ach aon duine againn sásta lena mhargadh. Bhí m'athair sásta dena cheannaíocht. Bhí Dónall sásta nuair a tugadh an dá phingin dó le bál mór a cheannacht. Agus i dtaca liom féin de, bhí mé ar mo sháimhín suilt. Nuair a d'éirigh an callán fán phingin a cailleadh scanraigh mé go n-imeoraí díoltas orm agus go mb'fhéidir go gcaithfinn an fhideog a thabhairt do Dhónall. Ach nuair a bhí an socrú déanta bhí mé ar sheol na bracha. Bhí an fhideog agam agus gan eagla orm go dtabharfadh aon duine súil ghruama orm dá tairbhe.

Bhí a shliocht orm. Bhí mé amach agus isteach, aníos agus síos, agus mé ag seinm liom agus pléisiúr an tsaoil orm. Sa deireadh, arsa mo mháthair, ar sise:

'Fág uait an fhideog tamall. Tá ár gceann scoilte agat.'

'Tabhair an bealach don ghasúr más caitheamh aimsire leis a bheith ag seinm,' arsa seanduine de chuid na comharsan a bhí istigh.

'Seinm!' arsa mo mháthair. 'Chan ag seinm atá sé ach ag séideadh. Dá mbeadh sé ábalta ceol ar bith a bhaint aisti d'éistfinn leis trí sheol mara. Ach tá sé ansin ag scréachaigh ó tháinig sé 'un an bhaile ón aonach. Agus go mbeadh oiread ceoil ag crotach a bheadh ag screadaigh fá bheanna an chladaigh sa mheán oíche. Ar shiúl ina ghlagaire agus gan aige ach tút-tút, tút-tút-tút.'

'Is minic a chualamar iomrá ar phíobaire an aon phoirt,' arsa m'athair.

'Níl an t-aon phort féin aigesean,' arsa mo mháthair. 'Níl aige ach an rud a dúirt mé—tút-tút, tút-tút-tút!'

An oíche sin sula deachaigh mé a luí chuaigh mé amach go giall an tí. Oíche dheas chiúin agus aoibh mharánta ar an ghealaigh. Sheasaigh mé tamall beag agus d'amharc mé síos ar mhéilte geala na Maol Fionn. Dar liom féin, nár dheas port a bhualadh anois in uaigneas na hoíche? Leis sin cuiridh crotach scread as féin thíos fá bheanna Phort an Churaigh. D'éist mé leis tamall beag. Dar liom féin, nach beag ciall atá ag mo mháthair do cheol? Bean ar bith a chuir m'fhideog i gcosúlacht le screadach scáfar an éin sin.

Bhí an Domhnach an lá arna mhárach ann, agus cé tháinig anuas tigh s'againne i ndiaidh am Aifrinn ach Tarlach Liam Óig. Bhí toil mhór ag Tarlach do bheith ag caint ar eallach agus á mbreathnú. Ní dhíolfaí aon bhó ar an aonach nach mbeadh a fhios aige cé dhíol agus cé cheannaigh í. Ar feadh na mblianta bhí daoine ar an bhaile a shíl nach raibh spéis aige i rud ar bith ach in eallach. Ach ní raibh an aithne cheart acu air. Bhí dúil aige corruair a bheith ag comhrá fá fhir a bhí maith i gceann speile nó rámha nó corráin. Agus níodh sé corroíche sheanchais fá fhir a bhí maith ag troid nó ag coraíocht. Ach corr a bhí siad. B'fhéidir oíche cheann féile, nuair a bheadh gloine beag ólta aige, go bhfaigheadh sé léaró beag ar aoibhneas na hóige agus go ndéanfadh sé dearmad den bharr agus den mhóin agus den eallach. Agus an rud ab iontaí fána chuid comhráidh, an dóigh a dtarraingeadh sé air go tobann scéal nach raibh baint ar bith aige leis an chomhrá a bhí ag gabháil chun tosaigh.

Ach ar scor ar bith tháinig sé tigh s'againne an lá seo dh'amharc ar an bhoin.

'Dia sa teach,' ar seisean ag an doras.

'Dia is Muire duit, a Tharlaigh. Bí i do shuí.'

'Chuala mé go dearn tú ceannaíocht mhaith inné,' ar seisean le m'athair.

'Níl a fhios agam goidé mar tífear duit í,' arsa m'athair. 'Tá sí thíos anseo ar léana an chladaigh. Siúil leat síos go bhfeice tú í.'

'Sin go díreach an rud a thug anuas mé,' arsa Tarlach. Agus siúd síos é féin is m'athair go dtí an áit a raibh an bhó ag innilt ar Léana an Ghainimh. Agus bhí mé féin sna sála acu agus m'fhideog liom.

Chuaigh Tarlach thart trí huaire ar an bhoin. Chonaic tú fear ag teacht anuas de chruaich nuair a bheadh sí leath-dhéanta aige agus ag siúl thart uirthi cupla uair agus á breathnú go géar ar eagla go raibh sí ag luí claon beag taobh ar bith. Bhail, sin mar chuaigh Tarlach thart ar an bhoin. Agus níor fhág sé aon bhall gan bhreathnú ó bhun a cluaise go barr a rubaill. 'M'anam go bhfuil, bó bhreá agat,' ar seisean, agus thoisigh an moladh aige uirthi.

Shuigh sé féin agus m'athair ar thúrtóig ghainimh agus thoisigh Tarlach a chaint ar an aonach. An bhó ionlao a cheannaigh Conall Eoinín ó mhac Chathail Óig as na Cnoic. An bearach i ndiaidh breith a dhíol Séamas Éamoinn Anna le Muiris Pheadair. An ghamhnach a bhí thoir ag Conall Sheáin Ruaidh agus nár fiafraíodh de cá raibh sé ag gabháil léithi. An mhaol riabhach a bhfuair Conall Eoghain Chaitlíne dhá phunta dhéag uirthi. Agus an tarbh beannach buí a cheannaigh mac Risteaird Óig ó Sandy Rubastan. Agus mhair sé ar an téad seo go raibh tráthnóna beag dubh ann.

Bhí mé féin i rith an ama ag cleitearnaigh thart fá na gcosa agus mé ag 'seinm' liom ar an fhideoig. Ach ní raibh úil ar bith ag Tarlach orm féin ná ar mo ghléas ceoil, ach é ag comhrá leis fán eallach. Agus nach raibh lá ar bith riamh ann arbh fhiú lá a thabhairt air ach aon lá amháin; nárbh fhiú dada lá an Chorrshléibhe iar gcloí na nGall nó lá oirearc an Átha Buí, nárbh fhiú dada iad le taobh lá Aonaigh Jack. Dar liom, nach trua an duine bocht nach bhfuil cluas ar bith do cheol aige, nó do rud ar bith faoin spéir ach eallach agus luach eallaigh?

'Tá bearradh fuar ag teacht ar an tráthnóna,' arsa m'athair sa deireadh. 'Is fearr dúinn a ghabháil suas fán teach go mbí toit thobaca againn.'

D'éirigh siad agus thug a n-aghaidh ar an teach. Nuair a bhí siad ag teacht thart leis an bhoin sheasaigh Tarlach agus d'amharc sé arís uirthi.

'Is galánta an adharc atá uirthi,' ar seisean. 'Díolfaidh an adharc sin í lá ar bith go ceann sheacht mblian. Agus an bhfeiceann tú an cheathrú dheiridh atá uirthi? Tá áit an bhainne ansin, a mhic. Fan go bhfeice tusa í sin ar a bliocht.'

'Ó, maise, tá mé ag déanamh go mbeidh sí maith ag bainne,' arsa m'athair.

'Beidh agus maith ag im,' arsa Tarlach. 'Tá an dath ceart uirthi. An dtig leat *Napoleon's March* a bhualadh?'

Tháinig an cheist seo chomh tobann sin orm féin agus go raibh obair agam a chreidbheáil gur liom a bhíothas ag caint. Bhí sé ráite aige leath bomaite sular chuala mé mar

ba cheart é. Ba é an uair a stad an comhrá fán bhoin agus
fuair mé m'athair agus Tarlach ina dtost, b'ann a thuig
mé gur liom a bhíothas ag caint.

M'athair an chéad duine a thug freagra air.

''Rún,' ar seisean, 'ní thig leis a dhath a bhfuil maith ann
a bhualadh.'

'Tabhair domh anseo í,' arsa Tarlach, ag síneadh a láimhe
bealach na fideoige agus ag amharc ar an bhoin i rith an
ama.

'An dtógfaidh tú an gamhain más fireann a bheidh sé?' ar
seisean.

'Ní thógfad,' arsa m'athair. 'Tá an bainne 'dhíobháil
orainn.'

'Cá bhfuil tú?' arsa Tarlach liom féin, ag breith ar an
fhideoig as mo láimh. Rug sé greim uirthi agus leag sé a
mhéara ar na poill. Ansin chaith sé amach cupla sileog agus
chuir sé ina bhéal é. Chuir sé cupla séideog inti mar bheadh
sé ag iarraidh bheith á réiteach. Ansin bhain sé as a bhéal í
agus d'amharc sé ar an teanga aici.

'Tá sí lán-theannta agat,' ar seisean, agus tharraing sé
amach scian phóca agus d'fhairsingigh sé an béal aici. Ansin
chuir ina bhéal athuair í agus thoisigh sé a sheinm uirthi.
Agus a leanbh a bhfuil m'anam ionat, an ceol a bhí sé a
bhaint aisti! Ba é an chéad rud a thug mé fá dear go raibh
glór aige inti nach dtiocfadh liomsa a bhaint aisti ar chor
ar bith. Shílfeá nárbh í an fhideog chéanna í a raibh mise ag
screadaigh inti ó mhaidin roimhe sin.

Nuair a bhí sé tamall ag seinm uirthi stad sé agus shín
sé ar ais chugam í.

'Tá fideog mhaith agat,' ar seisean, 'má bheir tú aire di.'

'Bhail, bhéarfaidh,' arsa m'athair, 'agus í leathchoganta
cheana féin aige!'

'Ná teann choíche ar fhideoig le do chár,' arsa Tarlach
liom féin. 'Má theannann millfidh tú í. Cá mhéad do bharúil
a gheobhainn ar mo ghamhain dubh, 'Fheilimí, dá mbíodh
sé thoir agam lá an aonaigh?'

'Trí phunta,' arsa m'athair.

'Ba mhaith an fear scéil thú,' arsa Tarlach. 'Ach m'anam
go bhfuil eagla orm nach bhfaighinn mórán lena leath sin

air. Chonaic tú an ceann a dhíol Mag Aodha ar dhá phunta.
Agus m'anam gur fada ó mo ghamhainsa bheith inchurtha
leis.'

Agus thoisigh sé go húrnua a chaint ar an eallach. Mo
chreach is mo chrá nár fhan sé ag an eallach nuair a bhí sé
acu agus neamhiontas a dhéanamh díomsa is de m'fhideoig.
Dá ndéanadh sé sin ní bheadh an croí cráite agam atá
agam. Bhí mé sásta liom féin is le mo chuid ceoil agus
drochmheas agam ar an té nach raibh ciall do rud ar bith
aige ach do eallach. Ach bhuail sé *Napoleon's March* agus
d'fhág sé faoi smúid mé. Thug sé le fios domh nach raibh
maith ar bith ionam féin. Bhí an fhírinne ag mo mháthair
nuair a chuir sí i gcosúlacht leis an chrotach mé. Agus ba
dóiche, an chéad chrotach a chluinfinn an oíche sin, go
dtabharfainn liom casúr agus go ndéanfainn smionagar den
fhideoig. Ach is cosúil go raibh seal beag eile i ndán di.

'Gabh 'un an tí agus tarraing d'anál,' arsa m'athair le
Tarlach nuair a tháinig siad aníos a fhad leis an teach.

'Rachaidh mé isteach go ndearga mé an píopa,' arsa
Tarlach. 'Ach m'anam nach bhfuil faill suí agam.'

Tháinig sé aníos an t-urlár agus chuir aibhleog ar an
phíopa. Ansin shuigh sé sa chlúdaigh agus thoisigh sé a
chaint le mo mháthair fán bhoin agus liomsa fán fhideoig,
gach dara rois.

'M'anam, a Mháire, nach bhfuil dochar ar bith duit an
fear rua a ligean chun an aonaigh. Tá bó ghalánta agaibh,
beannú uirthi.'

'Maise, tá mé ag déanamh gur bó mhaith go leor í,' arsa
mo mháthair.

'Níl a leithéid istigh ar do bhaile,' arsa Tarlach. 'Níl, nó
b'fhéidir ar an dara baile, nó ar an tríú baile dá n-abrainn é.
Ar mhaith leat an port sin agat, a ghasúir? *Napoleon's
March* atá mé a mhaíomh . . . Tá suíochán deas ballán
fúithi . . . Tá an adharc uirthi ab fhíordheise a chonaic mé
riamh . . . Tóg an méar colbha; anois an dá mhéar láir . . .
Dá mbeadh sí sin ar bhéalaibh breith nuair a bhí an bainne
daor sa gheimhreadh dheamhan pingin de dhá phunta
dhéag nach rachadh sí . . . Anois an dá mhéar íochtaracha.
Tá sé leat.'

'M'anam gur ceart tú, 'Tharlaigh,' arsa mo mháthair.

'Tá lúth na méar ag imeacht,' ar seisean. 'Ach ní raibh coir orm ina ceann nuair a bhí mé óg. Sin port a d'fhoghlaim mé ó Phádraig Phadaí.'

'Tá Pádraig maith aici,' arsa m'athair.

'M'anam, a mhic, gur leis ba chóir a rá,' arsa Tarlach. 'Ach is annamh a bhuaileann sé a dhath anois uirthi. B'fhéidir lá i gceann an seachtú bliain, dá gcasfaí gloine beag ólta aige . . . Caithfidh mé an baile a bhaint amach,' ar seisean, ag éirí ina sheasamh.

Nuair a bhí sé ar bhun an urláir, ar seisean liom féin, 'Gabh suas tigh s'agamsa tráthnóna amárach go bhfoghlaime mé an port sin duit.'

Dúirt mé féin, ar ndóigh, go rachainn, agus mo sháith lúcháire orm. Dúirt Tarlach go raibh bun ar an aimsir, go raibh triomlach ar luí na gréine, agus d'imigh sé.

Níor chuir mé an dara fead san fhideoig an tráthnóna sin. Bhí a fhios agam nach raibh mé ábalta ceol ar bith a bhaint aisti. Sula deachaigh mé a luí an oíche sin chuaigh mé amach go tóin an tí agus chuala mé crotach ag scréachaigh thíos fá bheanna an chladaigh. Agus nuair a bhí mé tamall beag ag éisteacht leis bhéarfainn mionna gur fideog a bhí ann, ag duine éigint nach raibh ábalta seinm uirthi.

Tráthnóna an lá arna mhárach bhain mé teach Tharlaigh amach agus an fhideog liom.

''Bhfuil cosúlacht ar bith breith ar an bhoin?' ar seisean nuair a tháinig mé chun an tí.

Dúirt mé féin nach raibh a fhios agam.

'Ní rachaidh sí os cionn chupla lá eile,' ar seisean, 'má tá scil ar bith agamsa. Gabh aníos agus seasaigh ag mo ghlún. Agus anois,' ar seisean, 'séid go suaimhneach í agus tarraing d'anál i gcónaí ag coradh an phoirt.'

Cúig thráthnóna a chaith mé ag foghlaim sula raibh an port mar ba cheart agam. Agus nuair a bhí sé agam bhain mé ceol as. Bhí Napoleon ar a mharch agam ó mhaidin go hoíche. Ar feadh naoi lá, féadaim a rá nach deachaigh scíste orm ach ag seinm. Agus mé ag smaoineamh corruair go mb'fhéidir go raibh mé inchurtha le Pádraig Phadaí.

Tráthnóna, an naoú lá, bhí m'athair ag gabháil soir go

Carraig an Choill fá choinne lasta feamnaí agus bhí mé
féin leis sa bhád agus an fhideog liom, ar ndóigh. Tráthnóna
deas i dtús an tsamhraidh agus é ag teannadh suas ar
bharr láin mhara. Thíos ar ár gcúl bhí dumhchanna geala na
Maol Fionn. Bhí Gaoth Dobhair ina luí romhainn mar
bheadh ribín airgid ann agus é ag éirí caol agus ag éirí caol
go dtí nach raibh trí leithead báid ann thuas ag an Dún
Bhán. Agus taobh istigh de sin bhí na cnoic fad d'amhairc
uait. An tEargal agus an chloigeann aige ar an iomlán acu
agus loinnir mhaiseach ina ghnúis ag grian an tráthnóna.

Rinneamar port i gCaslaigh an Fhíodóra agus thoisigh
m'athair agus Frainc Beag a dhéanamh réidh leis an lasta
a chur isteach. Bhí Hiúdaí Tharlaigh Mhóir thuas os ár
gcionn agus é ag leasú phreátaí. Nuair a bhíomar ag teacht
chun na creige thug mé féin fá dear Hiúdaí ina sheasamh
agus é ag amharc soir bealach an Aird Mhóir. Ní raibh a
fhios againn cá hair a raibh sé ag coimhéad. Ach níorbh
fhada gur inis sé dúinn.

'An bhfeiceann sibh an áit a bhfuil an t-óganach ag
teacht anuas?' ar seisean.

'Cé?' arsa m'athair.

'Pádraig Phadaí,' arsa Hiúdaí. 'Siúd thoir é, ag teacht
anuas na fargáin, agus cuirfidh mé geall go bhfuil an fliúit
mór leis. Is gairid anois go gcluine sibh ceol.'

'Dheamhan gur breá an saol atá aige lá earraigh,' arsa
m'athair.

'Is fada roimhe ó bhí sé abhus ansin ag seinm,' arsa
Hiúdaí. 'Ní raibh ó fuair an t-athair bás.'

Bhí laftán beag glas os cionn na farraige agus cupla crann
caorthainn ar a chúl. Seo an áit ar tógadh Pádraig. Rinne sé
cónaí amuigh i mbarr an bhaile nuair a phós sé. Chaith sé
a shaol ansin agus thóg sé a theaghlach ann. Ach, cé nach
raibh sé os cionn míle talaimh ón áit ar tógadh é, níor
théigh a chroí riamh leis. Dá dtugtaí a rogha dó eadar an
chuid eile de Éirinn agus an áit ar tógadh é ligfeadh sé
uaidh an chuid eile go fonnmhar. Is iomaí tráthnóna samh-
raidh a tháinig sé anuas agus shuigh sé ar an laftán seo go
deachaigh grian i bhfarraige. 'Laighin Uí Eaghra' a bhaist
sé féin ar an inseán bheag seo, agus ba é a bharúil nach

raibh sé ar dhroim an domhain áit ba deise ná é. Agus ní abórainn go raibh sé i bhfad as cosán ina dhearcadh. Chaith mé féin seal de mo shaol ar an tseachrán agus is iomaí áit dheas a chonaic mé, ó Mharseille go Naples. Ach ní fhaca mé aon áit riamh chomh deas le 'Laighin Uí Eaghra' tráthnóna samhraidh le barr láin mhara.

Shuigh Pádraig ar an laftán. D'fhág sé an píopa síos ar an fhéar ag a thaobh. Tharraing sé amach an fliúit mór agus chas sé na cuideanna ina chéile. Ansin chuir sé lena bhéal í agus thoisigh an ceol. Roimh chúig bhomaite ní raibh aon fhear ar dhá thaobh an ghaoith ag obair, ach iad ina seasamh ag éisteacht le Pádraig ag seinm ar an fhliúit. Shuigh m'athair agus Frainc Beag ar an chreig ag taobh an bháid. Chuir Hiúdaí Tharlaigh Mhóir crann na sluaiste lena ucht agus sheasaigh sé. Chaith Niall Sheimisín an cliabh dá dhroim, bhuail a bhéal faoi agus shuigh air. Bhí an tráthnóna chomh ciúin is nach mbogfadh ribe ar do cheann. Agus i gceann cheathrú uaire bhí fir is mná cruinn ar an hairde ar dhá thaobh Ghaoth Dobhair.

Bhuail Pádraig naoi bport i ndiaidh a chéile gan stad. Ansin tharraing sé a anál bomaite beag agus thoisigh sé ar an deichiú ceann. Mo phort féin, *Napoleon's March . . .* Cluinim an port sin i mo chluasa go fóill. Títhear domh gurb é seo an ceol a d'athraigh críocha na dtíorthann. Níl aon uair dá smaoiním air nach bhfeicim cuid saighdiúirí na Fraince ag gabháil trasna na hEorpa mar sciordfadh réalt trasna na spéire oíche shiocáin. Tím iad ag gabháil trasna na nAlp go dtína n-ascallaí sa tsneachta. Tím iad ag titim le beanna agus ag luí ansin go cloíte gur chuala siad glór Napoleon á mbroslú chun tosaigh. Tím iad ag ionsaí a námhad ó Mhontenotte go hAusterlitz agus á scabadh soir is siar mar scabfadh an ghaoth lóchán. Tím claiseanna dearga gearrtha ag tuilteacha fola sa tsneachta a bhí ar mhalacha Hohenlinden. Tím iad lá Mharengo nuair a briseadh an cath ortha. Iad ag teitheadh soir is siar mar bheadh caoirigh ann a mbeadh conairt ina ndiaidh. Napoleon ag teacht chun tosaigh agus ag sciobadh na meirge as láimh an fhir a bhí á hiompar. 'Anois, 'fheara', ar seisean, 'táimidinne fada go leor ag teitheadh. Bhéar-

faimid orthusan teitheadh go raibh an cath thart.' Ní raibh
an dara focal a dhíobháil. Tháinig misneach chuig na
Francaigh mar thig corruair ó neamh chuig duine. Thug
siad aon áladh amháin ar a námhaid agus ní raibh aon
fhear beo ar an chuibhreann acu le luí na gréine . . . Sin na
haislingí a bhíos agamsa gach aon uair dá smaoiním ar an
tráthnóna úd a bhí Pádraig Phadaí ina shuí ar laftán i
'Laighin Uí Eaghra,' agus é ag seinm ar an fhliúit mhór.

Sheinn sé leis go raibh an ghrian ag gabháil a luí. Ansin
scaoil sé an fliúit as a chéile, chuir na cuideanna ina phóca
agus d'imigh leis suas na fargáin, ag tarraingt amach ar an
bhaile.

Bhí steall mhór tráite an t-am seo aige agus gan aon
phunta amháin den fheamnaigh ar bord ag m'athair.

'Tá cuid mhór tráite aige,' arsa Frainc Beag. 'Níl maith
dúinn lasta a chur inti, nó ní shnámhfaidh sí isteach go Tóin
an Bhaile leis.'

'Lasta!' arsa m'athair, agus d'amharc sé siar ar charraig
Oileán Muiríní. 'Bhí de léim istigh go mbímid ar shiúl,' ar
seisean. 'Ár sáith a bhéas os ár gcoinne a theacht isteach go
Port an Churaigh le bád folamh nuair a bheimid thiar.'

Shuigh sé féin agus Frainc Beag ar dhá rámha agus thug a
n-aghaidh ar an bhaile. Bhí mé féin i mo shuí thiar i ndeir-
eadh an bháid agus mé in ainm a bheith ag stiúradh.

Tá poll domhain ag tóin na Reannacha nár thráigh
riamh. Is iomaí lá a sheasaigh mé ar bhruach an phoill sin
agus chuir mé ceist orm féin cá mhéad míle troigh ar doimhne
a bheadh sé de bharr láin. Bhíomar ag teacht anoir ón
Chloich Dhuibh agus mé féin ag stiúradh an bháid díreach
isteach ar an pholl. Sa deireadh d'amharc m'athair thar a
ghualainn agus chuir sé na míle mallú orm.

'Cuir díot í i mbomaite,' ar seisean. 'Tá sí istigh ar an
chladach agat. Cúlaigh,' ar seisean le Frainc Beag, nó
chonacthas dó nach raibh mé á leagan thart gasta go leor.

'Goidé an diabhal a thug isteach go gob na Reannacha
thú?' ar seisean, tamall beag ina dhiaidh sin. 'Sin an uair
dheireanach a bhéarfaidh tú ar stiúir i do láimh. Bhíomar
inár gcláraí ar an chladach murab é go dtug Dia domh
amharc thar mo ghualainn.'

Ach chan de thaisme a thug mé isteach ar pholl thóin na Reannacha í. Ba í an fhideog a chuir as mo chúrsa mé. Bhí a fhios agam nuair a bheadh sé ina thráigh nach mbeadh aon deor uisce ar an chuid eile den bhealach agus go mbeadh m'fhideog ag an chéad ghasúr a thiocfadh thart an lá arna mhárach. Agus rinne mé amach go gcuirfinn í san áit nach bhfeicfinn féin ná aon duine eile go brách arís í. Bhí a shliocht orm: stiúir mé an bád isteach go tóin na Reannacha agus, nuair a bhí mé istigh ar an doimhneacht, chaith mé an fhideog thar an taobh. Agus dúirt mé liom féin nach gcuirfinn aon fhead sa dara ceann go bhfuaraíodh an bás mo bhéal. Chuir mé leis an rún sin ó shin, agus ní móide go mbrisim anois é i ndeireadh mo shaoil is mo laetha thall. D'aithin mé an oíche sin nach raibh ceol ar bith i mo mhéara ná i mo chluasa ná i mo chroí. D'éirigh domh mar d'éirigh do André Chenier nuair a bhí sé ag déanamh ceoil do arm na Fraince, riamh go gcuala sé *La Marseillaise*. Shíl mise go raibh mé ar fheabhas ag seinm nó go gcuala mé Pádraig Phadaí.

Tháinig mé chun an bhaile an oíche sin agus mé faoi smúid. Agus m'fhideog ina luí ar thóin na farraige, an áit nach bhfeicfeadh aon duine í go deo na díleann.

Bhí sé i ndiaidh a ghabháil ó sholas nuair a bhaineamar an baile amach.

'Nach mall a bhí sibh?' arsa mo mháthair, ag teacht chun an tí dúinn.

'Mall go leor,' arsa m'athair.

'Bhí mé ag déanamh go mbeadh obair agaibh bhur sáith láin mhara bheith agaibh,' ar sise. 'Tá an rabharta ag meath.'

'Tá, creidim,' ar seisean. 'Cuir chugam braon bainne go ndéana mé mo chuid.'

'Arbh éigean daoibh an lasta a chliabhadóireacht amach aisti?' ar sise, ag éirí fá choinne an bhainne.

'Níorbh éigean. Ní raibh lasta ar bith linn, ná leath-lasta, ná ceann láimhe, ná sop ar bith,' arsa m'athair, ag toiseacht is ag inse di.

Chuir an scéal sin iontas ar mo mháthair. Shíl sí nach ligfeadh m'athair an trá air féin dá mbeadh naoi gcúirt aingeal ag seinm ina chluasa. Agus is iomaí uair ó shin a

smaoinigh mé féin gurbh í an bád folamh a tháinig anoir an
oíche sin ó Chaslaigh an Fhíodóra, eadar dall is dorchadas,
gurbh í sin an chliú ab fhearr a fuair Pádraig Phadaí riamh
as a chuid ceoil. Nó níorbh fhurast a thabhairt ar m'athair
an lán mara a ligean ar shiúl air. M'athair a dúirt riamh nach
bhfanadh muir le fear sotail. M'athair a raibh a fhios aige
cá mhéad orlach uisce a bhí 'ach aon áit ó bhéal an Bharra
go barr an Mhurlaigh nó go Clochán an Fhir Mhóir. Agus
bhí a fhios aige go raibh an rabharta ag meath agus mura
n-athraíodh sé a chuid feamnaí an tráthnóna sin gur
dheacair a hathrach go dtí an dara rabharta. Níl ach a
bheith ag caint ar an fhear úd a thug

>*Iron tears down Pluto's cheek*
>*And made Hell grant what love did seek.*

Ach choinnigh Pádraig Phadaí céad fear a raibh deifre
orthu ag leasú a gcuid preátaí, choinnigh sé ina seasamh
sna cuibhrinn iad i rith an tráthnóna. Agus céad bean a
raibh deifre lena gcuid cleiteála orthu, choinnigh sé ina suí
sna doirse iad agus na dealgáin caite ina n-ucht acu. Agus
choinnigh sé m'athair ina shuí ar an chladach gur imigh an
lán mara air.

'Ní rabhthas i bhfad do do thuirsiú den fhideoig,' arsa
mo mháthair liom féin cupla lá ina dhiaidh sin. 'Shíl mé
nach stadfá choíche ó fuair tú *Napoleon's March.'*

'Ní thugann rud ar bith ach a sheal,' arsa m'athair, 'agus
ní thug *Napoleon's March* ach a sheal. Ar ndóigh, ní thug
Napoleon é féin ach a sheal, cé gur thréamanta é lá den
tsaol.'

''Mháthair,' arsa Dónall, 'abair leis an fhideog a thabhairt
domhsa ó tharla é féin tuirseach di.'

'Maise, dá dtugadh,' arsa mo mháthair.

'Níl sí agam,' arsa mise. 'Chaill mé í.'

'Cá huair a chaill tú í?' arsa mo mháthair.

'An lá a bhíomar i gCaslaigh an Fhíodóra, thit sí amach
san fharraige orm.'

'Tím gur chuir Pádraig Phadaí ciapóga ar an iomlán
agaibh. Cad chuige,' ar sise, 'nach deachaigh tú soir an
tráigh an lá arna mhárach agus b'fhéidir go bhfaighfeá í?'

'Ag tóin na Reannacha a thit sí amach,' arsa mise.

'Dá mbeadh maith ar bith ionat i gceann stiúrach,' arsa m'athair, 'ní thiocfá isteach ar pholl thóin na Reannacha ar chor ar bith. Murab é chomh gasta is bhaineamar an siúl di bhí an toiseach steallta aisti ar an chladach. Níor shíl mé riamh go raibh tú chomh dobhránta is atá tú.'

Ghoill seo orm féin, agus d'inis mé an fhírinne. Dar liom, cár bith a déarfar liom is fearr é ná a chur síos domh nach dtiocfadh liom an bád a stiúradh.

'Chan de thaisme a tháinig mé isteach ar an pholl,' arsa mise, ag toiseacht is ag inse dóibh.

'Dá mbeadh a fhios sin agam,' arsa m'athair, 'ní chuirfinn an brothladh ort a chuir mé.'

Teach mór airneáil a bhí sa teach s'againne fada ó shin. Bhíodh Donnchadh Rua againn corruair agus é ag inse fá chuid éachtaí a athara. Thigeadh Seáinín Phádraig an Dálaigh agus níodh sé oíche sheanchais ar na Fianna agus ar Chú na gCleas. Bhíodh mo mháthair mhór againn oícheanna sníomhacháin agus gan aon scéal ó Neamh go hÁrainn nach mbíodh aici: Conchúr an dá Chaorach, Iníon Rí Chnoc an Óir, Clann Rí na hIoruaidhe agus an Míogach mac Colgáin as Críoch Lochlann na gceol caoin.

Ach is air a tharraing mé an scéal, tá cuimhne agam ar oíche amháin airneáil a bhí tigh s'againne. Tá cuimhne agam ar an oíche sin thar an chuid eile uilig, agus beidh go dté mo chorp i dtalamh. Bliain mhaith a bhí inti. Bhí barr breá preátaí ann, agus fuarthas na scadáin trom i gceart i dtrátha na Nollag. Bhí cupla bairille saillte in 'ach aon teach. Bhí, oiread is choinneodh anlann a gcodach leo go Lá Bealtaine, gan trácht ar an méid a díoladh.

Oíche dheas chiúin a bhí ann, i lár an gheimhridh. Bhí an iascaireacht thart agus bhíomar ag dúil chun an bhaile le m'athair. Bhí sé féin agus Donnchadh Mór agus an chuid eile den fhoirinn istigh in Inis Fraoich le cupla seachtain roimhe sin.

Tamall beag i ndiaidh a ghabháil ó sholas dó chualamar tormán na rámhaí ag teacht aníos ag gob Rinn na mBroc. Agus i gceann leathuaire ina dhiaidh sin chualamar an comhrá agus coiscéim na bhfear ag tarraingt ar an doras. Tháinig m'athair isteach agus an chuid eile den fhoirinn sna sála aige. Eoghan Ó Baoill agus Donnchadh Rua, Seáinín Phádraig Duibh agus Donnchadh Dhónaill Phroinsís.

'Sé bhur mbeatha,' arsa mo mháthair, nuair a nocht siad ar bhun an urláir.

'Go raibh maith agat, a bhean mhodhúil, siúd is nach bhfuilimid fad na fáilte amuigh,' arsa Eoghan Ó Baoill.

Tháinig siad aníos agus shuigh siad thart fán tine. Bhí pota preátaí bruite ag mo mháthair ag fanacht leo. Tharraing sí amach moll d'aibhleoga dearga ar leic na tineadh agus chuir sí cúig nó sé de scadáin ar an iarann. Mothaím boladh

na scadán sin go fóill. Tím an t-úsc ag sileadh astu, agus
bladhairí ag éirí as de réir mar bhí sé ag titim ar na haibh-
leoga. Nuair a bhí na scadáin rósta cuireadh amach na
preátaí ar méis i lár an tabla. Fágadh gogán bainne ramhair
ag 'ach aon fhear agus shuigh siad isteach.

'Anois,' arsa mo mháthair, 'ithigí greim, nó tháinig sé de
mhitheas daoibh ocras a bheith oraibh.'

'Maise, nílimid saor,' arsa Donnchadh Rua, 'nó féadaim
a rá nach bhfuaireamar aon ghreim ó mhaidin.'

'Ó mhaidin!' arsa Eoghan Ó Baoill. 'A rún, ní bhfuair-
eamar aon ghreim le coicís a dtiocfadh leat greim a thabhairt
air. Lánúin ghortach Tadhg is Úna le bheith ar óstas acu.'

Chuaigh an chuid eile de na fir a gháirí. Ní raibh a fhios
agam féin san am sin goidé ábhar a ngáire. Ina dhiaidh sin a
fuair mé amach go raibh lánúin i dToraigh darbh ainm
Tadhg is Úna, gur theith siad as an oileán nuair a tháinig
Colm Cille i dtír ann, agus gur bhain siad fúthu seal tamaill
in Inis Fraoich.

'Ach,' arsa Eoghan, ar seisean, 'buíochas do Dhia, níl
'ach aon lánúin chomh hainniseach le Tadhg is le hÚna.
Má bhíomar ar an ghannchuid le coicís is furast dúinn ár
mbris a thabhairt isteach anocht. Míle altú do Dhia ar
shon an fhairsingigh agus ar shon na féile.'

'Sin preátaí chomh blasta agus hitheadh riamh,' arsa
Donnchadh Rua.

'Preátaí gainimh,' arsa m'athair.

'Is doiligh an gaineamh a bhualadh amach ag an phreáta,'
arsa Donnchadh Mór.

Nuair a bhí siad ar dheireadh a gcodach mhothaíomar an
coiscéim ar na leacacha ag giall íochtarach an tí, agus an
dara bomaite cuiridh an fear a cheann isteach ar an doras.
Cé bhí an ach John Phadaí. Fear beag déanfasach a bhí ann,
mar John. Bhí dornán blianta caite in Albain aige, agus
shíl sé féin go raibh sé dea-chainteach feasach. Shuigh sé ag
giall an bhalla bhig agus thug sé aghaidh ar na fir a bhí ina
suí fán tábla. Bhí léine air a raibh brollach geal inti, péire
de bhróga éadroma agus bearád de shíoda dhubh a raibh
curca ar a mhaoil. Ba é seo an chéad uair a bhí sé féin agus
Eoghan Ó Baoill i ndeabhaidh dea-chainte le chéile, agus an

uair dheireanach fosta. Agus, leoga, níor mhair an comhrac
i bhfad an oíche chéanna.

'Strainséir an bealach seo anois thú, 'John,' arsa m'athair.
'Is fada ó bhí tú sa bhaile.'

'Ní raibh le seacht mbliana,' arsa John, 'agus beidh sé
seacht gcinn eile acu sin sula gcaithe mé an dara geimh-
readh i Rinn na Feirste. Ní fhanfadh fear ar bith a mbeadh
spriolladh ann fá na creagacha loma seo.'

'Tá an fhírinne agat, a ghiolla so,' arsa Donnchadh Mór,
agus thoisigh an comhrá ag na hiascairí arís mar nach
mbeadh John sa láthair ar chor ar bith.

Sa deireadh, dar le John, tá an t-am agam mo chuid den
chomhrá bheith agam. Shíl sé féin go raibh sé greannmhar
dea-chainteach. Agus cá air ar chuir sé an chéad cheiliúr
magaidh ach ar Eoghan Ó Bhaoill, an fear ba dea-chaintí
agus ba ghreannmhaire a bhí ó Ghaoth Dobhair go Gaoth
Beara.

''Eoghain Uí Bhaoill,' ar seisean, 'an chéad uair a chasfar
fear léinn ort fiafraigh de goidé an chiall atá le *the abomin-
ation of desolation*.'

D'amharc Eoghan anall air agus rinne sé gnúsachtach
bheag mar níodh sé nuair a bheadh sé ag brath rud a rá a
mhairfeadh.

'H'm, a rún,' ar seisean, 'go dté ordóg an bháis ar mo
shúile ní chuirfidh mé lá tóraíochta fá do sheanchas.'

An scotbhach gáirí a tógadh chluinfeá thall ar an Bhráid
é. Rinne Eoghan é féin miongháire agus chuir a mhéar i
bpóca a veiste a chuartú scine a ghearrfadh a chuid tobaca.
Tháinig smúid ar John bhocht, agus níor fhan sé os cionn
ceathrú uaire gur éirigh sé is gur imigh sé.

'Maise, bliain mhaith agus neamhchorrach i do dhiaidh,
a gheabadáin,' arsa m'athair, nuair a d'imigh sé. 'Shíl mé
go gcuirfeadh sé ár n-oíche amudha orainn.'

'Agus chuirfeadh,' arsa Seáinín an Dálaigh, 'murab é an
dóigh a dearn Eoghan Ó Baoill cusach de leis an chéad
bhuille.'

'Ní raibh ann ach breith nó fág,' arsa Eoghan. 'Mura
gcuire tú gealtán acu sin ina thost leis an chéad smachladh
bí réidh leis.'

Dhearg siad na píopaí i ndiaidh a gcodach agus shuigh siad thart fán tine. Chuir Eoghan Ó Baoill lámh ina phóca ascaille agus tharraing sé amach spaga éadaigh ina raibh cibé airgead a shaothraigh siad ar an iascaireacht.

'Tá mise fada go leor ag iompar an chonamair seo,' ar seisean. 'Tá sé chomh maith a rann, má tá cuid na ranna ann.'

Bhain sé an t-airgead as an spaga agus d'fhág sé ar leic na tineadh é. Bhí nótaí agus airgead geal agus airgead rua ann. Thóg Eoghan pingin agus shín sé domh féin í. 'Seo dhuit, a rún,' ar seisean, 'deir siad go mbíonn fear na chéad chodach buíoch nó diomuíoch.' Thug sé pingin do 'ach aon duine de na páistí. Ansin thóg sé ceithre bhonn leath-chorónach as an mholl agus d'fhág sé i leataobh iad. Rann sé an chuid eile den airgead agus fuair 'ach aon fhear a raibh cosanta aige.

'Domhsa atá an chuid seo daite?' arsa mo mháthair, ag síneadh a méir ionsar na leathchorónacha a bhí ar leic na tineadh.

'Maise, dá mba duit,' arsa Eoghan Ó Baoill. 'Ach caith-fimid sínteanas a thabhairt do Mhánus Bheag an iarraidh seo. Tá sé ag achainí dúinn ó tháinig an bhliain leis an Rí an t-ádh a chur orainn. Agus bhí a shliocht orainn an iarraidh seo.'

'Tá Mánus sona,' arsa Donnchadh Mór. 'Is minic a hiascadh liom féin de thairbhe a chuid achainí.'

Bhí tuilleadh is mo sháith iontais orm féin nuair a chuala mé go raibh siad ag brath cuid de luach na scadán a thabhairt do Mhánus Bheag, fear nár fhliuch a ladhra san ócáid.

Sa deireadh thóg Eoghan na ceithre leathchorónacha agus d'amharc sé orthu ar a bhois.

'Leoga,' ar seisean, 'níl oiread ann is ba mhaith liom. Ach go gcreidim go gcaithfear a theacht leis an iarraidh seo.'

'Tá a sheacht sáith ann,' arsa m'athair.

'Bhail, is fairsing Dia sa chúnglach,' arsa Eoghan. 'Bhfuil *jar* ar bith fán teach?'

'Tá,' arsa m'athair. 'Tá sé amuigh sa scióból.'

'Bhail, siúil leat,' arsa Eoghan.

D'éirigh sé féin agus m'athair agus chuaigh siad amach. I gceann leathuaire ina dhiaidh sin tháinig siad ar ais agus aoibh bhreá orthu. D'fhág m'athair an *jar* ar cheann an tábla, agus ar seisean le mo mháthair, 'Cá bhfuil an gloine ba cheart a bheith sa teach seo?'

'Ansin, ar urlár an dreisiúir,' arsa mo mháthair.

Thug m'athair leis an gloine agus líon sé é. 'Seo bhur sláinte,' ar seisean.

'Sláinte mhór duit,' arsa an chuid eile as béal a chéile.

'Agus,' arsa Eoghan Ó Baoill, 'go mbuanaí Dia fairsing-each éisc inár gcuid eangach, agus fairsingeach eorna ag Mánus Beag.'

'Aiméan, a bhráthair,' arsa Seáinín an Dálaigh.

D'ól 'ach aon fhear gloine.

'M'anam gur blasta an braon a thig leis an fhear bheag a dhéanamh,' arsa Donnchadh Mór.

'Níl a leithéid eadar an dá fhearsaid,' arsa m'athair.

'Maise, is é an íocshláinte é,' arsa Eoghan Ó Baoill.

'Bhí siad a rá,' arsa Donnchadh Rua, 'gur cheart don tSagart Mhór Ó Dhónaill a rá le fear éigint go raibh sé ag cur tairne ina chónair 'ach aon ghloine dá raibh sé a ól.'

'Más amhlaidh,' arsa Seáinín an Dálaigh, 'beidh corr-ógánach nach scoitheann a chónair de dhíobháil tairní.'

'Agus ós linn a ghabháil i gcónair,' arsa Eoghan Ó Baoill, 'nach fearrde dúinn na cupla clár a bheas mar sciath dhídine againn a bheith fuaite sa dóigh nach scaoileann siad?'

'Beidh ceann eile agaibh, a fheara,' arsa m'athair.

'Tá ár sáith againn go fóill beag,' arsa Donnchadh Rua.

'Níl nó leath ár sáith,' arsa m'athair. ''Eoghain Uí Baoill, goidé deir tusa? an gcuirfidh mé tairne eile i do chónair?'

'Déana, a bhráthair,' arsa Eoghan, 'nuair atá an casúr i do láimh.'

D'ól 'ach aon fhear an dara gloine agus shuigh siad thart a chomhrá. Bhí craos breá tineadh thíos. Tine, dar leat, a raibh aoibh uirthi le lúcháir roimh an chuideachta shuáilc-each a bhí cruinn thart uirthi.

Thoisigh an comhrá agus an seanchas agus an scéalaíocht.

Tamall ag caint ar bhádaí agus ar iomramh agus ar sheol-
tóireacht. Tamall eile ag seanchas fá chuid fear maith na
Rosann, go dtí sa deireadh go dtángthas a fhad le Micheál
Rua agus gur dhúirt duine éigint nach raibh a leithéid ann
ó bhí Cúchulainn ann. Tharraing sin an seanchas ar an
Chraobhruaidh. Agus i bhfaiteadh na súl bhí Seáinín an
Dálaigh ar obair. Thoisigh sé gur inis sé fán oíche a rugadh
Cúchulainn, agus fána chuid éacht ina dhiaidh sin go dtí
an lá a dúirt sé gur chú a chéad éacht agus cú a éacht
deireanach.

'Ná raibh an fad sin de thinneas bliana ort, a Dhálaigh,'
arsa Eoghan Ó Baoill.'

'Níor chuala mé an scéal sin riamh taobh amuigh de
Rinn na Feirste,' arsa Donnchadh Rua.

'Níor chuala ná aon duine eile,' arsa Eoghan Ó Baoill,
'nó ní raibh an scéal sin ar an dara baile le cuimhne na
ndaoine.'

'An ea nach raibh?' arsa m'athair.

'Ní raibh,' arsa Eoghan. 'Agus seo an dóigh a bhfuil a
fhios agam. Bhí diúlach thiar anseo i gCró na Sealg a raibh
Mánus Ac Suibhne air, agus bhí sé ar an fhear seanchais
agus scéalaíochta ab fhear a bhí sna trí phobal. Bhí sé
oíche amháin thoir anseo tigh Mhicheáil Fheargail, oíche
aonaigh, agus bhí scaifte de mhuintir an bhaile s'againne
ann. Cibé nach raibh ann, bhí mé féin is Séamas Sheáin
Óig ann. Go ndéana mo Thiarna trócaire ar Shéamas bhocht.
Bhíomar inár suí thart fán tine ag comhrá agus gloine
beag measartha ólta againn. Thoisigh Mac Suibhne agus
d'inis sé scéal. Agus d'inis sé an dara ceann agus an tríú
ceann. Mholamar féin é, ar ndóigh, agus, an ceart choíche,
bhí sé inmholta.

' "Bhail,," ar seisean, "níor casadh aon fhear riamh orm
a bhí inscéalaíochta liom. Tá an chondae siúlta fiche uair
agam ó Chuan Dhoire go Cuan na gCeall. Agus ní raibh
mé in aon chuideachta riamh nár chuir mé leathghalún
nach raibh aon fhear sa teach a d'inseodh gach dara scéal
liom. Agus níor chaill mé an geall riamh go fóill."

' "Bhail, caillfidh tú anocht é," arsa Séamas Sheáin Óig.'

'Sheacht mh'anam Séamas,' arsa m'athair.

'Cluinfidh tú,' arsa Eoghan. 'Dar liom féin, náireoidh tú an baile, nó bhí a fhios agam nach raibh mórán scéalta uilig aige.

' "Líon na gloiní sula dtoisímid," arsa Séamas le Micheál Fheargail, "nó beidh tart orainn sula raibh an comhrac seo críochanta againn."

'Líon Micheál na gloiní.

' "Anois," arsa Mac Suibhne, "chan uirscéalta ná cumraíocht atá mé a mhaíomh, ach scéalta fá laochraí na hÉireann".

'Dar liom féin, a Shéamais, ní raibh tú san fhaopach go dtí seo.

' "Maith go leor," arsa Séamas agus, dar leat, tréan uchtaigh aige.

' "Bhail," arsa Mac Suibhne, "ós mise a d'fhuagair an comhrac inseoidh mé an chéad scéal. Cá háit a dtoiseoimid?"

' "In do rogha áit," arsa Séamas, agus bhí truaighe agam féin dó cionn is gur tharraing an duine gránna air rud nach raibh sé in inimh a chur de.

' "Cá fhad siar a rachaimid?" arsa Mac Suibhne.

' "Áit ar bith ar mian leat," arsa Séamas, "siar go dtí an t-am a deachaigh Cúchulainn chun sleanntrach."

'Ní dhearn Mac Suibhne ach lámh a chur ina phóca agus nóta punta a tharraingt amach. "Seo dhuit," ar seisean le Micheál Fheargail. "Ormsa an deoch. Níl seanchas ar bith agam fá Chúchulainn."

'Damnú gur cheart Séamas,' arsa m'athair.

'Agus gan leath an scéil sin aige féin,' arsa Seáinín an Dálaigh.

'Nach bhfuil a fhios agamsa nach raibh?' arsa Eoghan. 'Siúd is nach raibh a fhios sin agam an t-am sin, ná ar feadh na mblianta ina dhiaidh sin, go dtí an oíche a chuala mé thusa ar obair. An oíche a chuaigh Séamas tigh Mhicheáil Fheargail, ní raibh sé aige. Ach tháinig an tsiollóg úd leis, agus chuir sé oiread eagla ar fhear Chró na Sealg is go mb'fhearr leis a ghabháil lena thaobh ná a ghabháil ina dheabhaidh.'

'Tá sin inchurtha le scéal ar bith,' arsa m'athair.

'Níl, a rún, ná a shaothar air,' arsa Eoghan. 'Agus níor

cheart domh bheith ag cur na hoíche amudha le mo chuid
clabaireachta agus Seáinín an Dálagh ina shuí ina thost.
A Sheáinín, a mhic,' ar seisean le Seáinín, 'inis cupla scéal
eile dúinn.'

Thoisigh an Dálach. Ar an Fhiannaíocht a thoisigh sé an
iarraidh seo. Dúirt sé Laoi an Arrachta, agus Laoi an
Deirg, agus Lá dá raibh Pádraig i nDún, agus A bhean,
beir leat mo léine. Mhair siad tamall mór fada ag caint ar
na Fianna, mar bheadh aithne agus eolas acu orthu. Cuid
ag rá gurbh é Goll an fear ab fhearr. Cuid eile nárbh é ach
Oisín. Ansin thoisigh siad a chaint ar an chonairt. Bran
agus Sceolann, Fuad agus Fead, Rith fá Rinn agus an
Cú Mór, agus an dá árchoin go mbuaidh, Cú Cruaidh agus
Cnead. Agus mhair an comhrá agus an seanchas ag éirí ní
ba ghlinne go dtí sa deireadh gur shamhail tú go bhfaca tú
le do shúile cinn an eilit bheannach ar cosa in airde agus an
gadhar cluasleathan glóigeal ag tafann go géar ar a lorg.

Mharbh Bran an tArrachta. Chuaigh Goll i ndeabhaidh
leis an Dearg. Tháinig an Míogach mac Colgáin agus chuir
sé na Fianna fá gheasa i mBruín Chaorthainn. D'imigh
Oisín go Tír na hÓige le hainnir na n-órfholt. Sa deireadh
throid na Fianna iad féin le chéile. Títhear domh go bhfeicim
go fóill Seáinín an Dálaigh ag inse an scéil sin. É ina shuí
ar shúgán sa chlúdaigh agus a dhroim leis an bhalla. Píopa
fada cailce aige agus a cheann ina dhorn. Féasóg dhruidte
air agus craiceann solasta. Agus aoibh air a chuirfeadh
pléisiúr ort. Tím an seanchaí agus tím an mhuintir a raibh
sé ag scéalaíocht orthu lán chomh soiléir. Goll i dteagmháil
chruaidh agus a naoi mbráithre fichead marbh. É ag titim
ar an charraig agus é ina luí ansin eadar bás is beatha nuair
a tháinig a chéile mná ionsair. D'iarr sí air na coirp a ithe
agus a cíoch a dhiúl. Ach ní dhéanfadh an gaiscíoch fearúil
seo cleas cloíte ar bith, ní dhéanfadh dá sábháladh sé ar
sheacht mbás é:

'A iníon Chonaill, is ní bréag—
Is trua mar tharla an scéal—
Comhairle mná thuaidh nó theas
Ní dhearn mé agus ní dhéanfad.'

San am seo bhí a raibh istigh ina suí agus a súile sáite sa

tseanchaí acu. Bhí a ghlór le cluinstin againn mar bheadh
glór ann a thiocfadh aniar ón tseantsaol. Amanna shamh-
ólaí duit go raibh Seáinín an Dálaigh é féin sna Fianna
agus go raibh sé beo na céadta bliain ina ndiaidh.

Nuair a bhí an seanchaí ag tarraingt ar dheireadh an scéil
thug sé urróg aniar ar an tsúgán. Tháinig rinn ar a ghnúis
agus coinnle ar a shúile. Agus shílfeá gurbh iad a chuid
éacht féin a bhí sé a aithris leis a teann a chuir sé leis na
focla deireanacha:

> 'Mheascas sa laoch mo shleagh,
> Thugas iad fá bhrón, a bhean.'

'Maise, crann do shláinte leat agus fad saoil duit,' arsa
Eoghan Ó Baoill. 'Níor chuala mé a leithéid sin ó tháinig
meabhair chinn chugam.'

'Is mór an truaighe nach raibh sé tigh Mhicheáil Fheargail
an oíche a bhí fear Chró na Sealg ag cur na ngeallta,' arsa
m'athair.

'Ní raibh maith ann,' arsa Seáinín.

'Casadh ort é?' arsa m'athair.

'Casadh, leoga,' arsa an Dálach. 'Bhí mé féin is é féin le
chéile oíche amháin tigh Sheáin Uí Chonnacháin i nGleann
Domhain. Bhí Donnchadh Chathail as Leitir Catha thuas
anseo ann agus é ag déanamh breithiúnais eadrainn.
Mhaireamar ag scéalaíocht ó ghabháil ó sholas dó, oíche
gheimhridh, go dtí gur thoisigh na coiligh a scairtigh. Sa
deireadh dúirt Donnchadh Chathail go mb'fhearr mise ná é.
Mar dúirt mé, ní raibh maith ann. Bhí conamar mór scéalta
aige, ach ní raibh sé beacht sa teanga.'

'Sin go díreach an bharúil a bhí agam féin de an oíche a
bhí sé i Mín na Leice,' arsa Eoghan Ó Baoill . . . 'An
tairne eile sin atá tú ag brath a chur i mo chónair, 'Fheilimí?'
ar seisean le m'athair.

'Is fearrde di bheith fuaite go maith,' arsa m'athair. 'Tá
an tsíoraíocht fada.'

'Ach grásta Dé,' arsa Donnchadh Rua, ag breith ar an
ghloine nuair a tháinig sé a fhad leis, 'ní bhainfimid baile
ná áit amach anocht, agus an bealach achrannach atá
romhamsa.'

'Bainfidh, 'chailleach' arsa m'athair. 'Is tú rachas 'un an

bhaile go haigeantach.'

'Is é a dhíobháil atá orainn,' arsa Eoghan Ó Baoill.

'Níl dochar ar bith ann,' arsa m'athair, 'ach fanacht i mbun na measarthachta. Chan san ól atá an dochar ach sa mheisce.'

'Tá an fhírinne agat, a ghiolla so,' arsa Donnchadh Mór. 'Íocshláinte agus suáilce é ach gan craos a dhéanamh. Ach sin an áit a bhfuil an scéal. Tá daoine ann nach dtig leo fanacht i mbun na measarthachta agus b'fhearr dóibh sin stad ar fad de.'

'Níor stad mé riamh de ach nuair a stad sé díom,' arsa Eoghan Ó Baoill. Agus le sin réitigh sé a sceadamán agus thoisigh sé gur dhúirt sé Amhrán Chathail Bhuí. Agus dar leat go dtáinig tocht ar a raibh istigh ag smaoineamh ar an tórramh ag 'gabháil siar Baile an Teampaill agus galltrump leo, fideal is píob,' agus Cathal an drabhláis mhóir ina luí go híseal agus gan é ábalta bheith rannpháirteach sa tsuáilce.

Tharraing sin an comhrá ar Chathal Bhuí agus ar a chuid ceoil. Ansin an Dall Mac Cuarta agus Cearbhallán agus Dálaigh Rinn na Feirste.

Nuair a bhí sé ag teannadh anonn le ham luí thug mo mháthair gogán bainne ionsar 'ach aon fhear agus d'fhág sí pota an bhracháin ar leic na tineadh. Bhain 'ach aon fhear de a cheannbheart agus rinne siad a suipéar. Nuair a bhí an suipéar déanta acu agus na píopaí dearg chuaigh Donnchadh Rua amach go bhfeiceadh sé goidé an t-am de oíche a bhí ann.

'Caithfidh sé bheith i bhfad anonn, arsa Seáinín an Dálaigh, nuair a tháinig Donnchadh isteach ar ais.

'Tuairim is ar uair i ndiaidh an mheán oíche,' arsa Donnchadh. 'Tá sé go díreach ag tiontó a líonadh agus bhí an rabharta iomlán inné.'

'Níl am luí ar bith ann,' arsa mo mháthair.

'Níl,' arsa m'athair. 'Suígí ansin. Oíche dár saol é.'

'Tá a rún, chan do do bhréagnú é, am luí domhain ann,' arsa Eoghan Ó Baoill. 'Caithfimid tarraingt ar an bhaile, siúd is nárbh é ab ansa linn. Mar dúirt fear an cheoil:

A Rí na gcarad, nár lách ár n-ealaín

Murab é nach mairfeadh sí choíche?'
D'éirigh siad agus d'imigh siad. Chuaigh mé féin amach
go tóin an tí. Tá cuimhne agam go fóill ar an oíche a bhí ann.
Oíche réabghealaí agus gan a fhios agat cé an aird a raibh
an ghaoth ann. D'imigh siad suas ag Tom na hAiteannaí
agus as m'amharc ag giall an aird.

'Goidé bheir thusa i do shuí go dtí an t-am seo dh'oíche?'
arsa m'athair liom féin nuair a tháinig mé chun an tí.

''Gheall ar a chuid den chomhrá bheith aige chomh
maith le duine,' arsa mo mháthair.

'Maise, bhí sin ann,' arsa m'athair, 'comhrá arbh fhiú do
dhuine ar bith a chuid de bheith aige. Ní fhaca mé aoibh
ar Eoghan Ó Bhaoill riamh mar a bhí anocht air.'

'Nó níor chuala tú Seáinín an Dálaigh riamh ina scéalaí
mar chuala tú anocht é,' arsa mo mháthair.

'Bhail, go díreach, ó dúirt tú é,' arsa m'athair. 'Bhí sé
thar a bheith maith. Ní iarrfainn de phléisiúr ach ag
éisteacht leis.'

I ndiaidh a ghabháil a luí smaoinigh mé ar na cupla líne
a dúirt Eoghan Ó Baoill sular imigh sé. 'Murab é nach
mairfeadh sí choíche.' Ach, dar liom féin, mairfidh sí fada
go leor domhsa. Is fada an lá go raibh mise aosta. Ní
bheidh go raibh sé deas do dheireadh an tsaoil!

Ar maidin an lá arna mhárach, nuair a d'éirigh mé, bhí
m'athair agus Eoghan Ó Baoill agus an chuid eile den
fhoirinn thíos ar an Léana Bhán agus iad ag spréadh na
n-eangach. Níor fhan mé le aon ghreim a ithe ach imeacht
i mo rith síos chucu go gcluininn ag comhrá iad. Ach nuair
a chuaigh mé a fhad leo ní raibh comhrá ar bith acu ach
corrfhocal fán obair a bhí eadar lámha acu. Réitigh siad na
heangacha agus spréigh siad ar an léana iad. Bhain siad
díobh na bullaí agus bhreathnaigh siad thall is abhus orthu.

'Caithfear an eangach sin agamsa a chur le droim as úire
sula bhfliuchtar arís í,' arsa m'athair.

'Tá an t-iomlán acu smolchaite,' arsa Donnchadh Mór.

'Má tá féin,' arsa Eoghan Ó Baoill, 'níl aon phingin le
héileamh orthu, glóir do Dhia.'

Bhí iascaireacht na bliana thart:
Agus a Rí na gcarad, nár lách ár n-ealaín
Murab é nach mairfeadh sí choíche?

Tá neart cuimhne agam ar Chonall Néill Óig. Bhí mé i mo leathghasúr mhaith mhór nuair a fuair sé bás. Agus, ar ndóigh, chuala mé iomrá air ó bhí airde do ghlúin ionam. Nó b'annamh fear nó bean ar an bhaile a dhéanfadh tamall comhráidh gan Conall Néill Óig a bheith leo ar thús nó ar dheireadh an tseanchais.

Fear a bhí ann a bhí tuigseach greannmhar dea-chainteach. Fear fial fiúntach. Fear feasach filiúnta. Bhí a chuid Gaeilge saillte le natháin agus le dea-chaint agus le ranntaíocht. Agus na scéalta a bhí aige! Chuirfeadh sé ceo ar do chluasa ag scéalaíocht oícheanna fada geimhridh. Gheofá daoine a déarfadh nach bhfanadh sé i mbun na fírinne. Nuair a d'inseadh Conall go bhfaca sé lena shúile cinn marcshlua Ailigh ag teacht isteach bearn na Mucaise an oíche a bhí na péas is na saighdiúirí sa tóir ar an tSagart Ac Pháidín, nuair a d'inseadh sé an scéal seo is iomaí duine a déarfadh nach raibh ann ach cumraíocht. Ach, os a choinne sin, is iomaí duine eile a chuir ceist cad chuige nár beireadh ar an tsagart an oíche sin agus fáinne cruach is tineadh thart air. Agus ansin bhí daoine ann a raibh an dearcadh acu ar chuid aislingí Chonaill atá agam féin. Daoine a déarfadh go mbíonn an chomhchosúlacht ann agus go bhfeiceann duine amháin rud nach bhfeiceann duine eile.

Ar scor ar bith, ba bhreá amach an chuideachta Conall oíche airneáil. Is maith is cuimhin liom oíche amháin a bhí sé tigh s'againne, nuair nach raibh mé ach i mo ghasúr bheag, agus rinne sé oíche sheanchais ar thaiseanna agus ar chróchnaidí agus ar an tslua sí nach ndéanfainn dearmad di dá mbeinn beo go ceann chéad míle bliain. Tím go fóill an caisleán geal fána mhíle fuinneog a chonaic sé ar thóin na Reann Liath oíche fhómhair agus é amuigh ag tógáil eangach. Oíche dheas chiúin i ndeireadh an fhómhair tamall roimh an lá. An caisleán ar aon bharr amháin solais. Ceol dá sheinm ann a dhéanfadh an marbh beo. An bád ag teacht isteach de réir a chéile go raibh sí fá chupla céad slat de bhun na mbeann. Ansin sámhán codlata ag teacht ar an fhoirinn. Agus nuair a mhuscail siad bhí an lá leath-

ghlan agus gan le feiceáil acu ach beanna liatha na Rosann,
nó le cluinstin acu ach an tonn a bhí ag criongán go cianach
i mbéal na trá.

Bhí Conall beo bocht fad is mhair sé. Fuair sé saol mór
fada agus chaith sé a bhunús faoi amplá agus faoi anás. Nó,
cár bith ba chiall dó, ní raibh sé féin agus an t-ádh ar na
hóí le chéile ach go fíorannamh. Gheofá daoine a déar-
fadh gur neamartach a bhí sé, gur lig sé a mhaidí le sruth
agus gurbh é sin an fáth nár éirigh an saol leis. Ach deireadh
sé féin gur ag siúl leis a bhí sé, gur rugadh é faoin chinniúint
nach dtiocfadh a thabhairt in éifeacht.

Bhí sé bliain amháin agus fuair sé oiread airgid agus a
cheannaigh eangach dó. Agus an chéad uair a fhliuch sé í
tháinig oíche gaoithe móire a rois ón droim í féin agus a
raibh curtha ina cuideachta, go dtí nach raibh snáithe di le
fáil ar maidin. Tráthnóna an lá arna mhárach bhí Conall ina
shuí ar charraig sa chladach agus é ag amharc amach ar an
fharraige. Tháinig fear de chuid an bhaile thart agus bheann-
aigh sé dó.

'Níl a fhios agam,' arsa Conall, 'ar ordaigh ár nDia
beag dúinn a bheith mar seo?'

'Ach níor ordaigh,' ar seisean ar an dara focal. Sin an
chaint a thigeadh leis i gcónaí nuair a bhíodh sé i gcruachás.
Más ag cuartú oibre in Albain é agus gan í le fáil aige, nó ag
tarraingt in éadan sruth trá ó Bhoilg Chonaill go tóin Rinn
na Feirste, más ag amharc ar a chuibhreann preátaí dóite
ina ngualach ag an aicíd i lár an tsamhraidh é, sin an cheist
a chuireadh Conall air féin i gcónaí:

'Níl a fhios agam ar ordaigh ár nDia beag dúinn a
bheith mar seo?' Agus an freagra a bheireadh sé uirthi ar
an dara focal, 'Ach níor ordaigh.'

Níor phós sé riamh. Mar a dúirt duine éigint, chaith sé a
shaol ag tógáil 'ach aon teaghlach ach a theaghlach féin.
Báitheadh deartháir dó agus d'fhág sé seisear páistí ina
dhiaidh. Thug Conall an bhaintreach agus na dílleachtaí
isteach chuige féin. Cupla bliain ina dhiaidh sin fuair
deirfiúr dó bás agus d'fhág sí scaifte eile ina diaidh, agus
thug Conall leis an t-iomlán acu. Agus is iomaí uair, nuair
a bhí an saol ag teannadh go cruaidh cadránta air agus é ag

iarraidh greim a shaothrú do na dílleachtaí, is iomaí uair
a dúirt sé, 'Níl a fhios agam ar ordaigh ár nDia beag dúinn
a bheith mar seo? . . . Ach níor ordaigh.'

Ach an gasúr ar thrácht mé i dteideal an scéil air? Fear
de na dílleachtaí, arbh ea? Níorbh ea, ach gasúr de chuid na
comharsan nach raibh gaol ná páirt le Conall aige. Tógadh
an gasúr seo sa doras ag Conall agus, cár bith ba chiall dó,
bhí siad chomh geallmhar ar a chéile agus thiocfadh le
athair is le mac a bheith. Tá mé ag déanamh gurbh iad cuid
scéalta Chonaill a mheall an gasúr ar tús. Agus thug Conall
spéis don ghasúr cionn is go bhfacthas dó gur gasúr ar leith
a bhí ann. Chuireadh sé ceisteanna ar Chonall mar chuir-
feadh duine a bheadh i mbun a mhéide is a stuaime. Sean-
aimseartha a deireadh an mhórchuid de mhuintir an bhaile
a bhí sé. Ach bhí a athrach sin de bharúil ag Conall.

'Chan seanaimseartha ar chor ar bith atá sé,' a deireadh
Conall, 'ach thug Dia dearcadh agus eagna chinn dó nach
dtugann Sé ach do chorrdhuine. Gearr marc ar mo chuid
cainte-sa, cluinfear iomrá ar an ghasúr sin lá is faide anonn
ná inniu.'

Oíche amháin le clapsholas tháinig an gasúr isteach ionsar
Chonall. Bhí duine de na dílleachtaí tinn agus é ag iarraidh
deoch bhainne. Agus gan aon deor bhainne le fáil aige, ach
Conall bocht ag tabhairt braon de shú mine dó agus ag rá
leis go mb'fhearr sin ná bainne. Níor bhain an tachrán as
ach bolgam. Ní bhlaisfeadh sé an dara deor de. Shuigh
Conall ar shúgán agus rinne sé osna. sgh

'Níl a fhios agam ar ordaigh ár nDia beag dúinn a bheith
mar seo?' Agus thost sé bomaite mar bheadh sé ag dúil le
glór éigint freagra a thabhairt air agus a inse dó cé acu bhí
Dia ciontach ina anás nó nach raibh.

'Ach níor ordaigh,' ar seiseann sa deireadh, agus tharraing
sé dúdóg phíopa aniar as poll an bhac agus thoisigh sé á
mhothachtáil le barr a mhéir, féacháil an raibh aon ghríodán
tobaca ann a bhéarfadh toit dó. Tharraing sé sifín as an
leaba agus thug sé iarraidh an píopa a dheargadh. Ach ní
raibh ann ach luaith. Sháigh sé siar i bpoll an bhac ar ais
é agus d'amharc sé in airde ar na creataí.

'Á, níor ordaigh,' ar seisean. 'Is É féin nár ordaigh.'

D'éirigh gasúr na comharsan agus chuaigh sé amach. Chuaigh sé amach agus rún gadaíochta aige. Agus chuir sé an rún sin i ngníomh. Ní raibh gadaíocht ar bith le déanamh aige i ngnoithe an bhainne. Ní raibh aige le déanamh ach an scéal a inse dá mháthair. Agus d'éirigh sí agus chuir sí an deor dheireanach dá raibh sa teach isteach i ngogán agus thug dó é le tabhairt síos ionsar Chonall. Ach ní raibh tobaca ar bith aici. Bhí fear an tí in Albain agus ní raibh aon duine eile ag caitheamh.

D'fhág an gasúr gogán an bhainne thíos ag Conall agus níor fhan sé le buíochas ná le beannachtaí ach a ghabháil de léim amach ar an doras ar ais. Soir leis go raibh sé thoir tigh Shéimí Néillín. Agus bhí sé ag greafadaigh thart fá phrios a bhí i gcúl an bhalla bhig go bhfuair sé a theacht ar fheadán tobaca a bhí ag Séimí. Ghearr sé cupla orlach dá cheann agus d'imigh sé.

Ar a theacht ar ais dó bhí an tachrán a bhí tinn ina chodladh agus Conall ina shuí ar an tsúgán agus é ag glan- adh preátaí brúite fá choinne an tsuipéara. Tharraing an gasúr amach an tobaca agus shín sé dó é.

'Is minic a chualamar gur dheise cabhair Dé ná an doras,' arsa Conall, ag tarraingt air a phíopa.

'Cá bhfuair tú é?' ar seisean ar an dara focal.

'Tá, a ghoid,' arsa an gasúr.

'Cha raibh agamsa ach ag déanamh gur cabhair Dé a bhí ann,' arsa Conall.

'Cabhair Dé atá ann, fosta,' arsa an gasúr.

Líon Conall an píopa agus dhearg sé é. Chaith sé go cíocrach ar feadh tamaill, mar bheadh fear ann a mbeadh troscadh fada déanta aige. Sa deireadh chaith sé amach seileog agus thoisigh sé a chomhrá leis an ghasúr. Agus mhair an seanchas agus an scéalaíocht go ham luí.

Cupla bliain ina dhiaidh sin chuaigh an gasúr chun an Lagáin fá Bhealtaine, agus go leor eile dá chineál ina chuideachta. Shiúil sé go Baile na Finne an lá roimh Aonach an tSratha Báin. Chuaigh sé síos ar an traen tráthnóna, agus ar maidin an lá arna mhárach rinne sé fostó le feirmeoir as taobh thoir den Ómaigh. Ní raibh de

ghléas marcaíochta leo ach seanghearrán a raibh crupán
ann agus carr a bhí ina ghliogar scoite as a chéile. Bhain sé
bunús lae astu an bealach a chur tharstu as an tSrath Bán
chun na hÓmaí. Tráthnóna claibeach ceobháistí a bhí ann.
Fliuchadh an gasúr go craiceann agus d'éirigh na cnámha
stuifeáilte aige ina shuí ar an tseancharr. Le coim na hoíche
tháinig siad go bun an astair. Tugadh dornán preátaí
fuarbhruite agus braon bláiche don ghasúr. Agus nuair a
bhí a dhóthain bainte astu aige taispeánadh a leaba dó—
soipeachán cocháin amuigh ar lafta an sciobóil agus cupla
mála agus ciumhais seanphlaincéid.

Chuaigh an gasúr a luí agus chuach sé é féin sna bratóga
chomh maith is tháinig leis, agus a chár á ghreadadh ar a
chéile leis an fhuacht. Agus a chroí á bhriseadh le cumha.
Nár bhocht an áit ar casadh é? Nárbh iontach an dream
daoine ar tharla ina measc é? Nár léanmhar an rud a bheith
ag éisteacht leo agus gan a fhios aige leath an ama goidé
bhí siad a rá? Nár thrua é? Nárbh fhada go dtigeadh an
tSamhain agus go mbeadh cead a chinn aige? An dtiocfadh
an tSamhain choíche?

'Níl a fhios agam ar ordaigh ár nDia beag dúinn a bheith
mar seo? . . . Ach níor ordaigh!'

Ní raibh ag an ghasúr ach a chuid den chumha. Bhí
cumha ar a athair agus ar a mháthair sa bhaile ina dhiaidh.
Agus bhí a lánoiread ar Chonall Néill Óig. An mhaidin a
d'imigh an gasúr tháinig Conall isteach i dteach de chuid na
comharsan agus na deora lena shúile.

'Tá sé ar shiúl inniu,' ar seisean, 'agus chan 'un an Lagáin
ba cheart a chur, dá mbeadh ceart le fáil. Éireoidh sé ar
maidin Dé Céadaoine agus an codladh ina shúile agus
cuirfear amach a bhuachailleacht ina throscadh é. Tifidh sé
barr an Eargail chomh gorm le smál amuigh thíos uaidh
agus caoinfidh sé go bog binn . . . Ach,' ar seisean, agus
glór urrúsach ag teacht chuige, 'ní chaithfidh an gasúr sin a
shaol ag úspaireacht ag cuid mangairí an Lagáin. Tiocfaidh
sé isteach Bun an Eargail go fóill—tá dúil agam go mbeimid
uilig beo—agus beidh na bailte amuigh ag cur fáilte roimhe.
Tá rud mór ag Dia fá choinne an ghasúra sin. Is fada fios
air sin agamsa.'

Chuathas a gháirí faoi Chonall nuair a d'imigh sé.

'Is mór an fear as gasúr Shéamais Ruaidh é,' arsa bean an tí. 'Ach oiread is dá mbíodh sé a dhath ní b'fhearr ná gasúraí na tíre le himeacht is a chuid a shaothrú mar rinne a athair roimhe. Shílfeá gur mac duine uasail é ar mhór an peacadh tabhairt air a lámha a shalú. Ní fhaca mise éifeacht ar bith ar leith sa ghasúr ach seancheann a gcaithfeá fuath a thabhairt dó.'

Chuala mé an seanchas sin uilig nuair a bhí mé ag éirí aníos i mo ghasúr. Is fianaise mé féin leis an méid den scéal atá le hinse.

Oíche dheas shamhraidh a bhí ann agus tine ar cheann 'ach aon aird. Níorbh í oíche Fhéile Eoin a bhí ann. Ní rabhamar fá choicís don Fhéile Eoin san am. Ach ní raibh aon ard ó thóin Rinn na Feirste go mullaí Mhín Doire na Slua nach raibh craos tineadh air. Agus bhí an druma mór amuigh, agus an tuargan a bhíothas a bhaint as chluinfeá thall ar an Bhráid é. Bhí gasúr Chonaill Néill Óig ag teacht chun an bhaile ina shagart.

Tháinig sé agus chaith sé cupla seachtain sa bhaile. Chruinnigh na bailte dh'amharc air agus an dú-lúcháir ar an mhórchuid acu roimhe. Agus na corrdhuine nach raibh lúcháir ar bith orthu roimhe lig siad orthu féin go raibh. An bhean úd a dúirt nach bhfaca sí éifeacht ar bith ann ach seancheann a gcaithfeá fuath a thabhairt dó, agus an bhean úd eile a raibh a clann 'a fhad is thiocfadh leis an mháistir a gcur,' agus an bhean a dúirt anuraidh roimhe sin go raibh fuíoll seanmhallacht ar an dream agus nach mbeadh aon fhear acu choíche ina shagart, tháinig an t-iomlán acu agus naprúin gheala orthu. Agus thug siad altú do Dhia go bhfaca siad an lá a raibh fear de mhuintir an bhaile ina shagart. Ach bhí lúcháir ar an mhórchuid acu, lúcháir amach óna gcroí.

Agus cibé nach raibh lúcháir air, bhí lúcháir ar Chonall Néill Óig. Agus b'aige a chaith an sagart bunús an ama. Bhíodh sé chomh minic sin ag Conall is gur dhúirt a mháthair lá amháin, agus mothú feirge uirthi, gur chosúil gur athraigh an saol nuair ab fhearr le duine an coimhthíoch ná a athair is a mháthair.

Ach lig an sagart amach ar ghreann é.

'Caithfidh mé bheith ag cuartaíocht aige,' ar seisean, 'go socraí mé féin is é féin fá aisíoc a dhéanamh sa tobaca a ghoid mé fada ó shin chuige.'

Ar ndóigh, bhíothas ag caint ar feadh míosa ar an tsagart. Agus 'ach aon duine is a scéal féin aige. Cuid ag rá go raibh sé i ndán dó. Cuid eile ag rá go raibh sé ar fostó ag feirmeoir tacúil a raibh deartháir dó ina shagart. Cuid ag rá gur fostó a rinne sé i gcoláiste agus go dtug na huachtaráin fá dear gurbh ábhar pearsa eaglasaigh é agus gur chuir siad chun tosaigh é. Agus ní labhradh Conall Néill Óig ach a cheann a chroitheadh agus draothadh gáire a dhéanamh, ionann is a rá, 'Ní chreidfeadh sibh go raibh sé ina shagart murab é go bhfaca sibh ar an altóir in Anagaire é. Ach chonaic mise ar an altóir sin é agus culaith an Aifrinn air, chonaic mé sin nuair nach raibh sé ach ina lupadán gasúra.'

Níor fhan an sagart i bhfad sa bhaile gur imigh sé ar ais. Ba é an dara scéala a chualamar go deachaigh sé sna haithreacha naofa, agus go mb'fhéidir go mb'fhada arís go bhfeicfí sna Rosa é. An bhliain sin a bhí chugainn chualamar gur amuigh sna tíortha cúil a bhí sé. Agus i gceann tamaill stadadh de chaint air.

Ar an scoil a chuala mé go raibh misean le bheith in Anagaire. Níorbh é sin an chéad mhisean a bhí sna Rosa le mo chuimhne. Bhí misean i gCionn Caslach cupla bliain roimhe sin agus théadh scaifte de mhuintir an bhaile s'againne siar 'ach aon oíche. Agus, ar a mbealach aniar, an té a raibh beagán Béarla aige ag míniú na seanmóra don chuid eile.

Ní raibh sagart na paróiste sásta leis an chéad mhisean seo. Bhí aithreacha naofa ansin a dtiocfadh leo seanmóirí cráifeacha a dhéanamh, ach bhí cuid mhór dá gcuid cainte ag gabháil le sruth. Bhí a fhios sin ag sagart na paróiste agus bhí sé faoi smúid i rith na míosa. Is minic a shuigh sé dh'éisteacht le seanmóir ghalánta agus dreach brónach air, mar bheadh sé ag smaoineamh ar an chéad Chincís, an lá a canadh briathra beannaithe Dé sa dóigh ar thuig 'ach aon duine iad, ba chuma goidé an teanga a bhí cleachta aige. Bhí sagart paróiste na Rosann faoi smúid nuair a smaoinigh sé gur mhinic na briathra sin ceilte ar an chine ar chuala a sinsear ar Chnoc Sláine iad cúig chéad déag bliain roimhe sin. An cine sin ar mhair an creideamh beo ina gcroí agus ina n-intinn riamh anall, d'ainneoin ansmachta agus géarleanúna agus gorta agus imirce. Agus ba é an deireadh a bhí ar a chuid smaointe, cupla bliain ina dhiaidh sin, gur chuir sé faisnéis go fada leitheadach an raibh aithreacha naofa ar bith ann a raibh Gaeilge acu. Agus fuair sé amach go raibh.

Domhnach amháin i dtús an Mhárta d'aithneofá aoibh air nuair a thiontóigh sé thart a labhairt leis an phobal i ndiaidh an tAifreann a bheith léite aige. D'fhuagair sé go raibh aithreacha naofa ag teacht a leithéid seo de lá agus go raibh Gaeilge acu. Thaobh sé leis an iomlán againn a theacht chuig an mhisean. Dúirt sé linn go gcluinfimis seanmóirí a thuigfimis.

'B'fhéidir,' ar seisean, 'gurb é seo an chéad áiméar a fuair cuid agaibh le bhur síochaimh mar ba cheart a dhéanamh le Dia. Agus,' ar seisean, 'b'fhéidir gurb é an ceann deireanach é.'

An oíche a thoisigh an misean bhí teach an phobail lán
ó chúl go doras. Bhí mé féin le m'athair an oíche sin agus
fuaireamar áit thuas in aice na haltóra. Thoisigh na daoine
a phlódú isteach go dtí go raibh na suíocháin uilig lán agus
an phasáid pacáilte agus, sa deireadh, nach raibh áit linbh
folamh ó choirnéal go coirnéal an tí.

Tháinig sagart na paróiste amach agus dúirt sé an Paidrín.
Ansin chuaigh sé anonn agus shuigh sé i gcathaoir a bhí
thall i leataobh, taobh istigh de réalacha na haltóra.
D'aithneofá an oíche sin go raibh áthas air. Agus, ar
ndóigh, bhí. Bhí sé ansin agus an pobal cruinn thart air ó
dhuine liath go leanbh. Daoine nach raibh mórán acu ach
Gaeilge agus nar chuala aon seanmóir riamh ag misean ach
ceann nár thuig siad a leath.

Sa deireadh seo chugainn an t-athair naofa. Fear tanaí
a bhí ann a raibh aghaidh dhóighiúil air agus ceann dubh
gruaige. Rinne sé mionchasachtach mar bheadh sé ag
réitiú a sceadamáin agus thoisigh sé:

'I gyown desna hepistiliv doh scree Pole, Abstal naifay,
hun na Riv*awn*ack, doh yin shay taggirt dosna cuss*poar*ee
ahaw reektanack hun shinnay doh lawnoo. Iss shay an
ched rud iss aigin doon a yeinoo egg tossnoo yoon ar an
mishoon so naw . . . naw . . . naw kest a hur orring feinig
caw veel ar dreel . . .'

Sin an méid den tseanmóir atá liom. Ní bheadh an méid
sin féin agam—nó níor thuig mé focal di—murab é stócach
a bhí i ndiaidh a theacht as Baile átha Cliath ina mháistir
scoile. Eisean a thug na cupla focal sin domh fiche bliain
is corradh ina dhiaidh sin.

Mar dúirt mé, bhí sagart na paróiste ina shuí i leataobh
ag feitheamh leis an tseanmóir toiseacht. Tháinig coinnle
ar a shúile le lúcháir nuair a chonaic sé an t-athair naofa
ag teacht amach ar an altóir. Ansin tháinig mar thiocfadh
iontas agus uafás air. Mar scanródh sé gur taom thobann
a tháinig air a bhain éisteacht na gcluas de. Chrom sé chun
tosaigh agus rinne sé leathdhrud ar a shúile mar dhéanfadh
duine a bheadh ag cur cruaidh air féin ag iarraidh toirt a
aithne eadar é is léas i ndiaidh luí gréine. D'fhan sé mar sin
crom chun tosaigh tuairim is ar dheich mbomaite. Ansin

lig sé é féin siar sa chathaoir agus tháinig an ghruaim sin air a thig ar dhuine nuair a bhaintear mealladh trom as agus nach bhfaigheann sé aige in áit na haislinge a chum sé dó féin ach saol fann folamh.

D'fhan an pobal ansin go foighdeach ar feadh leathuaire agus iad ag feitheamh le go dtoisíodh sé i nGaeilge. D'aithin an t-athair naofa nach rabhthas á thuigbheáil rómhaith. Ach níor shamhail sé go raibh an scéal chomh holc is a bhí go deachaigh sé chun cainte le sagart na paróiste i ndiaidh an pobal imeacht.

Ar an bhealach chun an bhaile chuaigh m'athair agus cupla fear eile isteach tigh Chonaill Néill Óig a dheargadh a bpíopa. Bhí Conall ina luí sa leaba agus bheannaigh sé go lagbhríoch don mhuintir a tháinig chun an tí.

'Tá mé ag guí Dé go dúthrachtach,' ar seisean, 'ó chuala mé go raibh aithreacha naofa a raibh Gaeilge acu ag teacht; ag iarraidh ar Dhia a oiread de lúth na gcnámh a thabhairt domh agus go dtiocfadh liom an siúl a dhéanamh go teach an phobail go gcluininn aon seanmóir amháin i nGaeilge sula bhfaighinn bás. Ach,' ar seisean, agus tocht le haithne air, 'ní bhfuair mé m'achaine . . . Ár dtoil le toil Dé,' ar seisean, bomaite beag ina dhiaidh sin. 'Creidim go gcuala sibh seanmóir ar dóigh anocht?'

'Ní raibh seanmóir ar bith ann,' arsa Conall Shéarlais. 'Is é rud a chaith sé an oíche ag léamh os ár gcionn.'

'B'fhéidir,' arsa Dónall Catach, 'gur beannacht an Phápa a bhí sé a thabhairt dúinn.'

'Ní hé ar chor ar bith,' arsa duine eile. 'Ag deireadh an mhisin a bheir siad beannacht an Phápa uathu agus ní bhíonn sé leath nó trian nó an ceathrú cuid déag chomh fada leis an rud a bhí anocht ann.'

''Mhánuis,' arsa m'athair le Mánus Tharlaigh Thuathail, 'tusa a shiúil agus a chuala, goidé bhí sé a rá?'

'Níl a fhios agam,' arsa Mánus, 'ach mo bharúil gur Laidin a bhí ann.'

'Shíl mé féin go mb'fhéidir gur Béarla a bhí ann,' arsa Éamonn Ó Dochartaigh. 'Dar liom go gcuala mé "naw" go minic aige. Ach creidim dá mba Béarla a bheadh ann go dtuigfeadh duine éigint a bheagán nó a mhórán de.'

Agus sin go díreach, nó a leathbhreac, an rud a dúirt sagart na paróiste leis an athair naofa an oíche sin i ndiaidh an pobal imeacht. Agus rinne siad amach go mb'fhearr a déanamh i mBéarla ó sin amach. Ar feadh coicíse ina dhiaidh sin bhí seanmóir Bhéarla 'ach aon oíche ann, agus an t-aos óg ag iarraidh a bheith á míniú do na seandaoine chomh maith is tháinig leo.

Bhí go maith agus ní raibh go holc go dtí an oíche dheireanach. Tráthnóna Dé Domhnaigh a bhí ann, fá chupla lá de Lá Fhéil' Pádraig. Bhí an aimsir maith agus an talamh tirim. Agus le luí na gréine bhí na bealtaí dubh le daoine ag tarraingt go teach an phobail.

Bhí mé féin sa tsiúl an oíche sin chomh maith le duine, nó bhínn suas le m'athair 'ach aon oíche. Nuair a thángamar go seanteach na scoile cé bhí ansin romhainn ach Conall Néill Óig agus é ina shuí ar chloich ag déanamh a scíste. É tuirseach i ndiaidh an bealach a chur thairis aníos.

'Is ceart thú, 'Chonaill,' arsa m'athair leis. 'Tá an geimhreadh tharat go cróga agat.'

'An méid a d'fhág an geimhreadh ina dhiaidh díom,' arsa Conall, 'bhéarfaidh an t-earrach leis é.'

'Ní thabharfaidh ná doisín acu,' arsa m'athair.

'Ó, faraor,' arsa Conall, 'tá na laetha caite. Ach go bhfaigheann duine urradh is aigneadh beag ó Dhia corruair, tamall beag roimh a bhás.'

'Níor labhair sé an dara focal, ach éirí go hanacrach agus siúl isteach ar gheafta teach an phobail agus coiscéim trom malltriallach leis.

Nuair a bhí an pobal cruinn dúirt sagart na paróiste an Paidrín. Agus nuair a bhí sé ráite aige tháinig sé anuas den altóir agus shuigh sé thall i leataobh mar ba ghnách leis. Bhí doras an tsacraistí foscailte, agus ba é an chéad rud a thug mé féin fá dear an mhuintir a bhí os a choinne ag cogarnaigh le chéile agus cuma ar chuid acu go raibh iontas an tsaoil orthu.

'Is é atá ann gan bhréig,' arsa bean amháin le bean eile. 'Aithním taobh a leicinn ar a mháthair.'

'Ní hé ar chor ar bith,' arsa an dara bean. 'Nó níl sé ach seachtain ó bhí mé tigh Shéamais Ruaidh agus ní raibh iomrá ar bith acu go raibh sé in Éirinn ar chor ar bith.'

Le sin féin seo amach ar an altóir é. Bhí sé bricliath sa ghruaig agus a aghaidh daite ag an aimsir, mar bheadh fear ann a mbeadh tamall fada caite sna tíortha teo aige. Tháinig an dubhiontas ar an phobal nuair a chonaic siad é. Bhí cuid mhór den mhuintir óg nár aithin ar chor ar bith é, nach bhfaca riamh é. Ach an chéad fhocal a labhair sé d'aithin an t-iomlán acu é.

D'amharc sé anuas ar an phobal bomaite beag. Agus ansin thoisigh sé:

'Níl a fhios agam ar ordaigh ár nDia beag dúinn a bheith mar seo? Ar ordaigh Sé dúinn seal beag dona a chaitheamh ar an tsaol seo faoi léan is leatrom agus gan i ndán dúinn i ndeireadh an lae ach an bás agus an uaigh agus dorchadas síoraí? Ar ordaigh Dia dúinn a ghabháil i gceann an tsaoil mar rachadh fear agaibhse amach i mbád lá a mbeadh roisteacha gaoithe móire ann agus an fharraige ag éirí ar an fhéar?

'Dearcaigí ar an bhád sin bomaite beag. An fhoireann ag troid go cróga leis an mhórtas. An bád á croitheadh ar bharr toinne mar bheadh blaosc ruacain ann. A cuid crann ag criongán agus an casadhmad ag gliúrascnaigh le tréan na doininne . . .'

Na seaniascairí a raibh a saol caite ar an fharraige acu, shuigh siad suas díreach ar na suíocháin agus tháinig coinnle ar a súile. Rinne bean osna throm thíos in aice an dorais— bean ar báitheadh a fear fá Nollaig roimhe sin.

'Rollóga farraige ag teacht ar bord uirthi agus í ag éagaoin mar bheadh leanbh ann a bheadh i bpianaigh. Agus gan cladach ar bith le tarraingt air. Gan rompu ach an fharraige mhór agus an duibheagán. Gan i ndán dóibh ach an báthadh is cuma cá fhad a seolfaidh siad . . . An ordódh aon duine a mbeadh trócaire dá laghad ann do fhoirinn ar bith imeacht ar a leithéid de astar? Agus an síleann sibh go n-ordódh Dia na trócaire dúinn ár saol a chaitheamh faoi léan agus faoi leatrom agus gan ionainn ach bia cnumhóg i ndiaidh ár mbáis?

'Síleann daoine corruair go bhfuil dearmad déanta ag Dia díobh. Nach bhfeiceann Sé i ngéibheann iad, nach

gcluin Sé ag éagaoin iad. Ach ní hamhlaidh atá. Ligeann
Dia dúinn pian agus anró agus brón a fhulaingt ar an tsaol
seo de gheall ar an bealach a réiteach dúinn go ríocht na
glóire.

'Ar ordaigh ár nDia beag dúinn a bheith mar seo, a
bhráithre? An dearn sé gráinnín na créafóige beo le pian an
tsaoil a fhulaingt agus an bás a shaothrú, agus éirí ina
ghráinnín créafóige ar ais arís? Síleann daoine in amanna
gur bocht an saol a gheall Dia dóibh. Ach an raibh aon
duine riamh ann a fuair saol chomh cruaidh agus a fuair
Sé féin?'

Ansin thoisigh sé gur inis sé dúinn fá shaol an tSlán-
aitheora. Agus bhí an cuntas sin chomh glinn agus go
bhfacthas domh go raibh mé ag amharc Air le mo shúile
cinn. Oíche pholltach shneachta agus gan áit ag an Mhaigh-
dean Muire lena ceann a leagan. An chathair isteach uathu
fána cuid solas is calláin is ollghairdis. Agus an naíonán ar
dhual dó Síol Éabha a shlánú ag teacht chun an tsaoil i
gcró eadar dhá cheann eallaigh . . . Ansin tharraing sé air
an pháis agus an bás ar an chroich . . . 'Go dtí go raibh
coim na hoíche ann,' ar seisean, 'a chuid fola tarraingthe,
a lámha agus a chosa pollta, a chloigeann stróctha agus a
chliabhlach roiste . . . Go dtí sa deireadh gur thit a chloig-
eann anall ar a ghualainn agus gur éag Sé.'

Ní raibh aon ghrua thirim i dteach an phobail an t-am
seo. Agus chluinfeá cuid de na mná ag smeacharnaigh.

'Ansin,' arsa an t-athair naofa, 'tháinig an dorchadas agus
an duibheagán. Tháinig eagla ar na haspail féin. Bhí
Críost marbh agus dúirt daoine saolta nach raibh ann ach
duine gan chéill. Níorbh é Dia a bhí ann ar chor ar bith,
dar leo, nuair nár smol Sé lucht a chéasta an lá sin ar
Shliabh Cealbharaí. Ach níor smol. Chan le daoine a
smoladh a tháinig sé as na flaithis, ach lena sábháil ar
thinte síoraí ifrinn. Lig Sé dóibh a chur chun báis tráthnóna
Dé hAoine, agus maidin Dé Domhnaigh ina dhiaidh sin
d'éirigh Sé ó mharbh.

'Bhí an saol dorcha Aoine an Chéasta. Ach tháinig
loinnir ann maidin Domhnach Cásca. Loinnir a mhair ó
shin agus a mhairfeas ar feadh na síoraíochta. Mar sin de

níor ordaigh ár nDia dúinn a theacht chun an tsaoil fá choinne buartha agus anróidh. Ach d'ordaigh Sé dúinn a theacht le sinn féin a ullmhú fá choinne na glóire síoraí. Ní daoine dearmad de sin corruair, nuair a bhíos siad cloíte amach ag buaireamh an tsaoil. Tá siad mar bheadh an fhoireann ann a bheadh ag imeacht leis an ghaoth mhóir agus nach bhfeicfeadh a dhath rompu ach an duibheagán agus an fharraige bhorb chraosach amach go bun na spéire. Ach dearcaigí go géar amach fríd an cháitheadh agus tífidh sibh an ciúnas agus an cuan anonn uaibh. Tránna geala gainimh agus dealramh maiseach ar muir agus ar tír. Tá an cuan sin ann, a chairde. Agus ní chaillfear aon duine den fhoirinn ach an té ar ciontaí é féin leis. Is treise le grásta Dé ar chathuithe an diabhail. Agus an té a iarrfas grásta gheobhaidh sé í. Tá sin geallta dúinn ó bhéal Dé.

'Ach,' ar seisean, 'tá coinníoll amháin riachtanach leis an ghlóir shíoraí a fháil . . . Bás a fháil ar staid na ngrást. Nuair a rachas an t-anam i láthair an bhreithiúnais, má tá sé saor ó pheacadh tá sé sa ghlóir ar feadh na síoraíochta. Ach má tá peacadh marfa air níl fána choinne ach ifreann fad is bheas Dia ina Dhia.

'Ach ar ordaigh ár nDia beag dúinn a bheith dár ndódh in Ifreann ar feadh na síoraíochta? Cinnte níor ordaigh. Is é féin nár ordaigh. D'fhág Sé toil shaor againn, ar ndóigh. Agus ansin gheall Sé a ghrásta agus a thrócaire dúinn le cuidiú linn ár long a stiúradh go cuan na glóire. Níl rud ar bith dá múineann an eaglais dúinn is mó a bheir sólás do dhuine amanna ná trócaire Dé.

'Ní dhearnadh aon pheacadh riamh nach maitheoidh Dia, ach faoiside agus aithreachas a dhéanamh, agus rún daingean a bheith ag duine gan na hAitheanta a bhriseadh go brách arís. Is deas an rud anam nár salaíodh riamh le smál pheacaidh. Is gile míle uair é ná sneachta na haon oíche. Tá sé chomh hálainn i láthair Dé is nach bhfuil léamh ná scríobh ná inse béil air. Ach tá rud amháin eile atá chóir a bheith chomh hálainn leis, mar atá an t-anam a ghlanadh le hurnaí agus le haithrí, agus le tinte Phurgadóra ina dhiaidh sin, go dtí nach bhfuil smál air ach oiread leis an leanbh a rugadh aréir . . .

'Tá dúil as Dia agam, a chairde, go mbeidh mise agus
sibhse agus an uile dhuine dár muintir ar dheasláimh an
tSlánaitheora Lá an Bhreithiúnais. Ní ligfidh mé aon lá
thart fad is bheidh mé beo gan an achaine sin a iarraidh
daoibh. Agus má tá aon duine agaibh anseo anocht a bhfuil
imní ar bith fána anam air, cuimhnígí ar thrócaire Dé.
Cuimhnígí ar an rud a dúirt Sé féin leis an ghadaí a bhí ag
fáil bháis ar an chroich ag a thaobh. "Beidh tú i bParthas
inniu in éineacht liomsa." Beidh an t-iomlán agaibh sa
ghlóir ach aithreachas a dhéanamh. Ach cuimnígí nach
ceart do dhuine an t-aithreachas sin a chur ar gcúl go ceann
bliana, nó go ceann míosa, nó go maidin amárach. Tugaimis
ár n-aghaidh ar ár leas anocht agus ár gcúl lenár n-aimhleas,
agus le cuidiú Dé beidh mise agus sibhse i bParthas in
éineacht leis i ndiaidh ár mbáis.'

San am seo bhí na céadta cruinn taobh amuigh den doras.
An chuid nach raibh bealach isteach acu chuala siad ón
mhuintir a bhí in aice an dorais gurbh é athair naofa an
bhaile s'againne a bhí ann. Chuaigh an scéala ó dhuine
go duine agus ó theach go teach. Agus nuair a bhí an tsean-
móir thart bhí na céadta cruinn fá theach an phobail. Bhí a
fhios sin ag an athair naofa agus d'iarr sé ar a raibh istigh
a ghabháil amach, sa chruth is go mbeadh an t-iomlán
rannpháirteach i ndrud an mhisin.

Nuair a bhí an t-iomlán againn amuigh, dar leat go raibh
lucht thrí bpobal cruinn i gcuideachta a chéile ann. Bhí
oíche ann chomh deas agus a tháinig le cuimhne na ndaoine.
Oíche smúidghealaí, é barr láin mhara agus gan a fhios agat
cé an taobh a raibh an ghaoth.

Tá teach an phobail ina shuí ar laftán os cionn na caslach.
An reilig ar an leathmhala suas uaidh. Ná cnoic ina bhfáinne
thart ar do chúl. Agus gaoth na Brád ina luí romhat amach
síos go dumhchanna geala na Maol Fionn.

Tháinig an t-athair naofa amach agus sheasaigh sé ag
doras theach an phobail. D'iarr sé orainn ár gcuid coinneal
a lasadh go dtugaimis móide ár mbaiste. I gceann bomaite
bhí dhá mhíle solas ar thaobh na malacha os cionn an
chladaigh, agus a oiread eile amuigh thíos fút i ndoimh-

neacht na farraige. Ins na solais a bhí san fharraige ba mhó
a chuirfeá iontas. Bhí siad mar bheadh siad a fhad uait leis
na réaltaí, agus iad le feiceáil go soiléir agat san am chéanna.
Chonacthas domh féin nár sholais shaolta iad ar chor ar
bith ach solais na bhflaitheas. Chonaic mé scáile theach an
phobail fósta thíos fúm. Agus an reilig fána coill chros.
Ach ní chuirfeadh reilig eagla ná uaigneas ar bith an oíche
sin orm. Chonacthas domh nach raibh ann ach áit ar fhág
daoine dorn beag créafóige mar chuimhneachán nuair a
bhí siad ag imeacht go Ríocht na Glóire.

Thug an t-athair naofa beannacht an Phápa dúinn, agus
a bheannacht féin. Ansin thóg sé a lámh os ár gcionn agus
d'éalaigh sé isteach ar lorg chúl a chinn go deachaigh sé
as ár n-amharc i ndoiléireacht an dorais.

Cupla lá ina dhiaidh sin a fuair Conall Néill Óig bás. Bhí
an t-athair naofa ag colbha na leapa aige gur fhág an anál é.
Aimsir dheas earraigh a bhí ann, samharcáin ag gobadh
aníos fá bhruach na mbeann agus an fharraige chomh ciúin
le clár amach go bun na spéire. Ní dhearnadh obair ar bith ar
an bhaile an dá lá a bhí Conall ar lár. Agus níor thráigh
teach na faire, ach é lán ó chúl go doras i rith an ama sin.
Bhí an t-athair naofa ansin bunús an dá lá agus é ag caint
is ag comhrá le seanfhondúirí an bhaile.

Dá mba am ar bith eile a gheobhadh Conall Néill Óig
bás bheadh croí cráite ag óg is ag aosta i Rinn na Feirste
ina dhiaidh. Ach ní raibh cumha ná buaireamh orainn na
laetha sin. Chonacthas dúinn nach raibh ann ach gur imigh
sé anonn tamall beag romhainn, agus nach raibh ann ach
seal beag gearr go mbeimis in éineacht leis i bParthas.

Filíocht an chéad rud a tháinig liom. Is é sin mura bhfuil sé tréasúil agam filíocht a thabhairt air. Ach cér bith ainm a bhéarfaidh tú ar mo chuid ramás bhí mé ar obair orthu na blianta sular smaoinigh mé go scríobhfainn aon líne próis choíche. Bhí, sula dtiocfadh liom Gaeilge a léamh nó a scríobh ar chor ar bith.

I mBéarla a scríobh mé an chéad cheathrú. Ba é an rud a chuir i gceann an Bhéarla mé gan mé bheith ábalta Gaeilge a scríobh san am. Agus ba mhaith liom an t-amhrán seo a scríobh, sa chruth is go dtiocfadh liom cóip de a thabhairt do 'ach aon ghasúr de dhá chloigeann déag a bhí ar an scoil i mo chuideachta. Agus sin ábhar mo scéil.

Bhí na céadta agus na céadta amhrán ag muintir Rinn na Feirste nuair a bhí mé ag éirí aníos i mo ghasúr. Agus bhí a mbunús agamsa ar mo theanga. Ach níorbh é sin an rud a thug orm toiseacht a dhéanamh ceoil go hóg sa tsaol. Níorbh é ach an dúchas a bhí ionam. An mhuintir a tháinig romham ar thaobh mo mháthara, rinne siad amhráin agus dánta chomh maith is a rinneadh in Éirinn lena linn. Ceithre líne roimhe sin bhí Dálaigh Rinn na Feirste ann agus iad ag déanamh ceoil. Séamas ag mairgnigh fána mhac a báitheadh ar 'bhruach an chladaigh seo thíos.' Aodh agus an slua sí ag tabhairt na Crúbaí as Toraigh. Peadar ag magadh ar an Bhoc Ó Chanann nuair a thoisigh an scaoll 'fán chogadh is gan baol dá gcomhair.' Ar amanna, an seanduine ag cur comhrac ranntaíochta ar an iomlán acu fá losaid phreátaí. Amanna eile, 'ach aon bheirt acu i ndeabhaidh filíochta le chéile fá shean-Nioclás Mhaol na mbróg, nó fá fhallaing an tsaighdiúra a bhí le Pádraig as Caisleán an Bharraigh bliain na bhFrancach. Tháinig ceithre ghlún ina ndiaidh agus ní raibh aon ghlún acu nach dtug iarraidh ceol a dhéanamh. Má thug féin ní raibh ann ach an iarraidh. Ní dhearn siad dada a raibh maith ann. Ach bhí mar bheadh an drithleog ag cráinghuail i rith an ama agus 'ach aon duine ag súil gur dó féin ba dual a séideadh agus bladhaire a chur uirthi a chuirfeadh loinnir i gcuanta agus i sléibhte na Rosann. Shíl mé féin aon uair amháin go bhfaca mé dealramh sa spéir. Ach ní bhfuair mé air ach aon amharc amháin go deachaigh sé as arís. Ní raibh ann ach mar bheadh réalta ag bléascadh oíche shiocáin.

> *So may perchance a meteor glance at midnight o'er*
> *Some ruined pile, a little while, and then no more.*

Ach bhí sé istigh ina gcroí ar fad gur cheart dóibh ceol a dhéanamh. Agus mura dtéadh ach dhá mhadadh a throid i Rinn na Feirste bhí daoine ar an bhaile a déarfadh gur cheart 'cupla ceathrú a dhéanamh daofa.' Bhí mar a bheadh dóchas ag an iomlán acu go dtiocfadh an fhilíocht ar ais. Agus ní raibh aon fhear ná aon bhean ar an bhaile a raibh aon deor ina gcolainn de 'fhuil uasal na nDálach' nach raibh ag súil gurbh iad a bpáistí féin a bheadh mar oidhrí ar chlann Phádraig Duibh Uí Dhónaill.

Agus, ar ndóigh, bhí mo mháthair amhlaidh chomh maith le duine. Agus cad chuige nach mbeadh? Ba ise iníon Eibhlíne; ó Néillín; agus fionnó Shéamais. Ba é athair mór a máthara a rinne an caoineadh coscrach udaí fán tubaiste a d'fhág é 'gan mhisnigh gan stuaim ach mar uaill bhoicht ag imeacht le gaoith.' Ba é a bhí i ndeabhaidh cheoil le Máire Chonnachtach fá na héadálacha. Agus ba é a rinne eala mhagaidh den 'chat sin a tháinig as Dobhar agus a dtáinig den phór anall.' Ba é a garathair a rinne na ceolta seo, agus b'fhéidir le Dia gur dá clainn féin ba dual aithris a dhéanamh air. Bhí a shliocht orm féin: bhí mé ar obair ag crónán ó bhí airde do ghlúin ionam. Agus is minic, nuair a bhínn ag drandán ar bhun an urláir oíche gheimhridh agus mo mháthair ag sníomhachán, is minic a sheasaíodh sí ag ceann an tsnáithe agus d'éisteadh sí bomaite beag féacháil an raibh glórtha a sinsear le cluinstin i mo chuid cnúdáin.

Mar sin de bhí mé ar obair ag ranntaíocht ó tháinig ann domh na focla a chur i ndiaidh a chéile. Agus is iomaí sin ramás gan chéill a rinne mé ar feadh chupla bliain. Ach tá an mhórchuid acu ligthe chun dearmaid agam. Ní raibh mé ábalta an Ghaeilge a scríobh san am. Agus, ar ndóigh, ní raibh mo chuid ceoil chomh maith agus go mairfeadh sé gan scríobh, mar a mhair An Chrúbach agus An Chéad Mháirt de Fhómhar agus Mac sin Néill na Carraige. Sa deireadh, dar liom féin dhéanfaidh mé amhrán Béarla sa chruth is go dtig liom a scríobh.

Simple proportion a sheol ar an bhealach go Parnassus mé an iarraidh seo. Ní thiocfadh liom an *proportion* a thuigbheáil. Ar feadh tamaill ar tús shíl mé go raibh sé agam, nach raibh ann ach *'put the greater in the first place.'* Ach níorbh fhada go bhfuair mé amach go n-abóraí amanna *'put the greater in the second place.'* Agus, ach oireadh leis an fhear a bhí sa ghealaigh, ní raibh a fhios agam cá huair ba cheart an Macán Mór a chur ar thoiseach an tslóigh, nó cá huair ba chóir a chur san iargharda. Bhí scaifte gasúr sa rang i mo chuideachta, ach bhí an t-iomlán acu chomh dall liom féin ar an áit ar cheart an *greater* a chur. Bhíomar in achrann agus bhíothas ár ngreadadh lá i ndiaidh an lae eile. Bhíomar mar a chonaic Dia sinn.

Sa deireadh, arsa Sonaí Néill, lá amháin, ar seisean, 'Tá seo ag gabháil thar thaomadh, a ghasúraí. Ní thig liom féin a fhuilstean níos faide. Ba cheart dúinn a ghabháil i bhfolach in Uamhach an Fhir Mhóir. Beimid ann 'ach aon lá go ceann ráithe agus ní bheidh a fhios ag ár muintir nach ar an scoil atáimid.'

Bhí a fhios ag Sonaí go maith nach mbeimis ráithe ná mí ná seachtain 'ar scoil' in Uamhach an Fhir Mhóir go bhfaighfí amach orainn é. Bhí a fhios aige gurbh é an chéad lá an lá deireanach againn. Ach bhí an diabhal ina sheasamh ann, agus ba chuma leis ach an chuid eile againn a mhealladh leis agus lá bheith againn nach raibh a leithéid riamh roimhe i Rinn na Feirste.

Ar maidin Déardaoin a thoisigh Sonaí a liostáil a chuid fear. Leis an fhírinne a dhéanamh, níorbh é rud a liostáil an t-iomlán acu. Bhí cupla gasúr critheaglach ann agus b'éigean a bpriosáil. Ach, eadar lom is lamairne, chuaigh againn trí cloiginn déag a fháil. Sin iomlán a raibh sa cheathrú rang agus sa chúigiú ceann. Agus nuair a bhí sin socair bhí rudaí eile le réiteach againn. Is beag duine againn nach raibh deirfiúr nó deartháir ar an scoil aige. Agus b'éigean iadsan a chur fá rún agus bríb a thabhairt do chuid acu. B'éigean domh féin mo scian phóca agus mo *slingball* a thabhairt do Dhónall sular gheall sé nach ndéanfadh sé scéala orm. Agus, an ceart choíche, chan dúil ar bith a bhí sa spíodóireacht aige. Ní raibh ann ach gur imir sé mo chleas féin orm. Nó ní raibh sé ach seachtain roimhe sin ó thug mise air an dá airteagal úd a thabhairt domh ar acht gan mé a inse air gurbh é a bhris leathdoisín na n-uibheacha a d'fhág mo mháthair ar urlár an dreisiúir.

Ach nuair a bhí an uile rud socair againn rinneamar amach go dtiocfaimis go Gleann Mhuiris tamall roimh am scoile an lá arna mhárach, agus go n-éalóimis soir ar scáth na mbeann go hUamhach an Fhir Mhóir.

Ar maidin an lá arna mhárach bhí mé féin i mo shuí go luath agus mo chuid déanta agam, agus mé ag broslú Dhónaill ag iarraidh air deifre a dhéanamh.

'Nach mór an deifre atá inniu ort?' arsa mo mháthair. 'Maidineacha eile agus níl ann ach go dtig do chur as an leaba. Is cosúil go bhfuair tú buaidh ar an *simple proportion*.'

'Is furast a dhéanamh,' arsa mise. 'Níl ann ach an *greater in the first place* amanna, agus amanna eile *in the second place*.'

'Tá sé chomh furast is a bhí an fhidiléireacht ag an fhear a dúirt nach raibh le déanamh agat ach cur chugat is uait,' arsa m'athair.

Ach sa deireadh d'imigh mé féin agus Dónall. Scar mé leis ag seanteach Aodha lá den tsaol, agus chuaigh seisean go teach na scoile agus mise síos go Gleann Mhuiris. Bhí cuid de na gasúraí ansin romham agus cuid eile ag tarraingt orainn. Clann Aodha John ag teacht aniar an Chloigeann. Peadar Mhuiris agus Dónall Mhéabha ag teacht anoir ó thaobh na Reannacha. Nuair a bhí an t-iomlán cruinn, bhog linn soir ar scáth na mbeann go rabhamar ag Uamhach an Fhir Mhóir.

Ní thiocfadh áit a fháil ab fhearr ná an uamhach seo ag gasúraí a bheadh ar a seachnadh ón scoil. Béinleac mhór fhada fhairsing agus poll thiar ina ceann ag déanamh ionad simléara. Chuireamar asair de raithneach thirim ar an urlár agus chuireamar síos craos breá tineadh. Nuair a bhí sin déanta againn chuaigh cupla fear againn ar ár gceithre boinn suas go barr na mbeann ar eagla go raibh tóir ar bith ag teacht orainn. Bhí teach na scoile thall ar an ard agus sreangán caol toite ag éirí as an tsimléir. Bhí an máistir ina sheasamh amuigh ag tóin an tí agus é ag amharc uaidh sna ceithre hairde fichead.

'Tá an t-am ann an *roll* a scairteadh,' arsa Sonaí Néill, 'agus níl *Fourth* ná *Fifth* ar bith aige.'

'Níl aon duine aige le *proportion* a dhéanamh,' arsa fear eile.

Ba ghairid go deachaigh an máistir isteach agus philleamar féin ar an uamhaigh. Bhí cupla píopa cailce againn agus grabhar mónadh in ionad tobaca. Agus, a dheartháir a bhfuil m'anam ionat, sin an toit a raibh an sult inti. Is iomaí cineál tobaca a chaith mé ó shin. Ach níor chaith mé aon toit riamh a bhfuair mé an tsuáilce aisti a fuair mé as grabhar mónadh i bpíopa faire an lá sin in Uamhach an Fhir Mhóir.

Thoisigh an comhrá agus an chleasaíocht.

'Tá sé ag tarraingt ar am an *simple proportion*', arsa Johnny Aodha, ag amharc ar an lán mhara.

'Féadaidh sé an *greater* a chur ina rogha áit inniu,' arsa Sonaí Néill.

San am seo bhí mé féin sínte ar mo leaslui agus mé ag scríobh.

'Goidé an diabhal atá Jimmy Fheilimí a dhéanamh?' arsa Padaí Sheáin Néill.

'*Simple proportion*,' arsa Dónall Mhéabha.

'Tá,' arsa Tarlach, 'ar eagla go ligfeadh sé aon lá amháin thart gan Dia a ghuí go dúthrachtach.'

'Ag déanamh ceoil atá mé,' arsa mise. 'Amhrán fán lá inniu. Beidh ár n-ainmneacha uilig ann. Agus beidh sé againn fá cheann chupla bliain eile, nuair nach mbíonn binn againn ar an scoil ná ar an mháistir.'

'Abair é, 'Jimmy, abair é,' arsa an t-iomlán acu, agus chruinnigh siad thart orm.

'Suígí as mo bhéal,' arsa mise. 'Níl a leath déanta go fóill agam.'

Shuigh siad thart arís.

'Cuir anall an tobaca sin chugam,' arsa Johnny Aodha le Sonaí Néill.

Shín Sonaí fód mónadh ionsair agus líon Johnny a phíopa.

'John Gallagher,' arsa mé féin go leathíseal. 'Níl dul agam áit a fháil dó . . . Goidé an Béarla atá ar Sheán an tSeoltóra?' arsa mise, tamall ina dhiaidh sin.

'Jack the Sailor a bheir Albanaigh an Phointe i gcónaí ar m'athair,' arsa Johnny Sheáin an tSeoltóra.

'Dar Dia, tá sé liom,' arsa mise. Agus thoisigh mé agus níor stad mé gur chríochnaigh mé 'an t-amhrán.' Agus léigh mé dóibh é:

> There was Jimmy Greene and Peter Coll
> and Pat O'Donnell Barney,
> Dan Magee and Paddy Boyle
> and John and Hugh McGarvey,
> Niall O'Donnell from the Glen
> and Charlie Tom the Tailor,
> Neddy Boyle and Micky Coyle
> and Johnny Jack the Sailor.

'Dar Dia, is ceart thú,' arsa Johnny Aodha.

'Léigh arís é,' arsa Peadar Mhuiris.

'Beimid á rá i dtithe na bhfidléirí nuair a bheimid mór,' arsa Sonaí Néill.

'Diabhal sin a dhéanfainn ach oiread is d'íosfainn é,' arsa Dónall Mhéabha.

'Ní raibh do leithéid ann ó d'imigh Patrick Sheehan,' arsa Tarlach Bhraighní Óig.

Trí cloiginn déag a bhíomar ann agus ní raibh áit san amhrán ach do dhá chloigeann déag. Bhí gasúr amháin ann, Párthalán Shéarlais Úna, agus bhí leathcheal déanta ar an duine bhocht. Agus chan de dheoin an fhile a fágadh Parthalán gránna ar an tráigh fhoilimh. Ach an t-ainm a bhí air i mBéarla—Bartholomew McCafferty—ba deacair áit a dhéanamh dó gan an t-amhrán a roiseadh óna thús go dtína dheireadh. Agus i ndiaidh sin féin a dhéanamh bhí sé chomh cnapánach speahcach is nárbh fhurast a chur i gcuibhreann.

'Cad chuige nár chuir tú mise ann?' arsa Párthalán.

'Ní thiocfadh liom d'ainm a chur leis an cheol,' arsa mise.

'Thiocfadh leat, ach níor iarr tú é,' arsa Párthalán.

'Dhéanfaidh sé amhrán duit féin,' arsa Dónall Mhéabha.

'Nach bhfuil d'ainm sna *twelve apostles* agus nach bhfuil

do sháith ansin?' arsa Sonaí Néill.

'Ar ndóigh,' arsa Tarlach Bhraighní Óig, 'murab é an streachlán de ainm shonraíoch atá ort d'fhéadfaí coirnéal a fháil duit in áit éigint.'

'Inseoidh mise gnoithe an lae inniu ar an iomlán agaibh mura gcuirtear m'ainm sa cheol chomh maith le duine,' arsa Párthalán.

'Má inseann inseoidh tú ort féin é,' arsa Padaí Sheáin Néill.

'Ní bhainfidh an máistir don té a inseos é,' arsa Párthalán.

'Ag brath a ghabháil a spíodóireacht?' arsa Sonaí Néill.

'Bhail, go díreach, cuireadh sé m'ainm sa cheol,' arsa Párthalán.

Bhí mé féin mar a chonaic an Rí mé. Bhí eagla orm go n-inseodh sé an t-iomlán agus go mbeadh dhá dtrian mioscaise ar fhear fuagartha, go bhfaighinnse céasadh dúbailte as siocair an amhráin. Thairg mé mo phíopa do Phárthalán, agus thairg fear eile fideog dó, ar chuantar ár ngnoithe a choinneáil ceilte. Ach ní raibh gar ann.

'Caithfidh tú m'ainm a chur sa cheol,' ar seisean, ag éirí ina sheasamh, 'nó rachaidh mé caol díreach go teach na scoile go n-inse mé an t-iomlán.'

'Á, scrios Dé ort, a Chéaraí an tochais,' arsa Pat O'Donnell. 'Suigh fút ansin, nó brisfidh mise an smut maol agat má labhrann tú focal.'

'Sheacht mh'anam thú, 'Dhálaigh,' arsa Tarlach Bhraighní Óig.

'Siúd a rud a dhéanfainnse leis,' arsa an Dálach. 'Agus an rud a dhéanfas, lá ar bith go bliain ó inniu a bhfoscólaidh sé a bhéal air.'

Scanraigh Párthalán go mbuailfí é agus thoiligh sé ar ár ngnoithe a choinneáil ceilte. Ansin tugadh an fhideog agus an píopa dó. Ach, má tugadh féin, ní thug sin cúiteamh dó sa leithcheal a rinneadh air. Bhí sé ina shuí ansin agus smúid air ag amharc ar na gasúraí eile ag scríobh an amhráin ina gcuid *jotters*. Bhí an duine bocht ina éan chorr inár measc. Dá dtigeadh leis scaradh lena ainm, is é a déarfadh go fonnmhar, '*Henceforth I never will be Romeo . . . My name, dear saint, is hateful to myself*,' nó a mhacasamhail

eile sa teanga a bhí aige. Bhí sé ina shuí ansin agus a bhos
lena leiceann agus dreach brúite air ag amharc ar an chuid
eile de na gasúraí ag scríobh an amhráin. Agus an fhideog
agus an píopa a tugadh dó, le sólás a thabhairt dó, caite
ansin sa raithneach ag a chosa. Ní raibh úil ar bith aige
orthu. Nó, mar dúirt Niall Sheimisín cupla lá ina dhiaidh
sin:

    'Ba bheag an chabhair an fhideog dó ná an dúdóg a bhí
      ag Séamas,
    Nuair a baisteadh é faoin chinniúint nach dtiocfadh
      a thabhairt in éifeacht.'

Tráthnóna, nuair a mheasamar go raibh na scoláirí ar
bhord a theacht amach, thugamar ár n-aghaidh ar an bhaile.
Tháinig mé féin is Dónall a fhad lena chéile ag Beanna na
Lochlannach.

'Goidé an ghnúis a bhí ar an mháistir ó mhaidin?' arsa
mise.

'Bhí sé ar deargmhire,' arsa Dónall. 'Bhí an t-*inspector*
againn. Agus chuir sé ceist ar chuid againn an raibh aon
duine sa *Fourth* nó sa *Fifth* inné nó lá ar bith le seachtain.'

'Ná trácht air sin sa bhaile,' arsa mise. 'Ach inis 'ach aon
rud domh. Ar chuir sé *geography* ar bith ar na scoláirí
móra?'

'Cá bhfuil mar chuirfeadh,' arsa Dónall, 'agus nach raibh
aon duine sa *Fourth* ná sa *Fifth*?'

'Bhail, inis 'ach aon rud eile domh,' arsa mise, 'sa chruth
is go dtig liom a bheith ag caint air sa bhaile. Cá huair a
tháinig sé? Goidé an cineál cóta mhóir a bhí air? An raibh
hata cruaidh nó spéaclóirí air?'

'Ní inseoidh mé a dhath duit,' arsa Dónall.

'Á, 'Dhónaill bhig!' arsa mise, 'beidh mé go maith
choíche duit.'

'Caithfidh tú rud éigint a thabhairt domh,' arsa Dónall.

'Níl a dhath agam le tabhairt duit,' arsa mise. 'Thug mé
a raibh ar an tsaol agam duit ar maidin inniu.'

'Nach bhfuil píopa agat?'

'Chan fhuil. B'éigean domh a thabhairt do Phárthalán
Shéarlais Úna,' arsa mise, ag toiseacht is ag inse dó fán
amhrán a rinne mé.

'An scríobhfaidh tú ceann domhsa?' ar seisean.

'Scríobhfaidh, cinnte,' arsa mise, 'agus an chéad phíopa a gheobhaidh mé bhéarfaidh mé duit é.'

'Ach níl a fhios cá huair a gheobhaidh tú píopa,' arsa Dónall.

'Gheobhaidh mé píopa Dé Domhnoigh i dteach an phobail,' arsa mise. 'Gheall gasúr as an Diarach ceann domh Dé Domhnaigh s' chuaigh thart.'

'Sin an gasúr a dtug tú do chuid cnaipí dó?'

'Is é,' arsa mise. 'Agus tá píopa deas úr aige agus bhéarfaidh mise duitse é. Ach inis 'ach aon rud domh fán scoil is fán *inspector*.'

'Bhail,' arsa Dónall, 'i dtrátha an haon déag a tháinig sé. Bhí cóta mór dubh air agus hata cruaidh. Ní raibh spéaclóirí ar bith air. Chuir sé *long division* agus *dictation* agus *The Shannon Stream* orm féin. Agus thug mé freagra ar 'ach aon cheist dár chuir sé orm. Beidh mé sa *Fourth* fá cheann seachtaine eile.'

Dar liom féin, beidh agus beidh mise ansin i do chuideachta. Agus sin an tríú bliain agam. Muirfidh mo mháthair mé!

Bhaineamar an baile amach agus shuíomar a chois na tineadh dh'ithe preátaí is scadán.

'Bhí an t-*inspector* inniu againn,' arsa Dónall.

'Ó, 'raibh sé agaibh inniu?' arsa mo mháthair. 'Tá dúil agam go dearn sibh gnoithe maithe.'

'Thug mé féin freagra ar 'ach aon cheist dár chuir sé orm,' arsa Dónall.

'Cinnte le Dia rinne tusa gnoithe maithe, a Jimmy,' arsa mo mháthair liom féin, 'agus dhá bhliain caite sa *Fourth* agat.'

Tháinig cnap i mbéal mo ghoile agus ní raibh a fhios agam goidé déarfainn. Sa deireadh arsa mise, 'Ní choinneofaí dhá bhliain sa *Fourth* mé dá mbeinn ar an scoil anuraidh an lá a bhí an t-*inspector* ann. Ach bhí an bhruicíneach orm.'

'Ní raibh neart air sin agat,' arsa mo mháthair, 'ach níl leithscéal ar bith an iarraidh seo agat . . . Ní chuala mé aon duine a chonaic ag teacht é. Isteach an bealach thiar a tháinig sé?'

'Sea,' arsa mise.

'An bealach thoir a tháinig sé,' arsa Dónall.

'An bealach thoir ba mhian liom a rá, ach d'imigh an focal orm,' arsa mise. Agus ní raibh mo léan ar aon duine riamh. Ar ndóigh, dá gcuireadh sí ceist goidé an cineál cóta mhóir a bhí air nó an raibh spéaclóirí air bheadh rud éigint le rá agam.

''Raibh sé cruaidh oraibh?' ar sise.

'Cruaidh go leor,' arsa mise.

'Thug mé féin freagra ar 'ach aon rud,' arsa Dónall.

'Goidé a chuir sé ort?' arsa mo mháthair.

'*Long division* agus *dictation* agus *The Shannon Stream*,' arsa Dónall, 'agus bhí siad uilig agam.'

'Goidé na ceisteanna a chuir sé ortsa?' ar sise liom féin.

'Cá háit a raibh Majorca agus Minorca,' arsa mise.

'Agus goidé eile?'

'Ó, cuid mhór rudaí fá *Whang the Miller* agus fá na *nine parts of speech*,' arsa mise, agus an chéad áiméar a fuair mé d'éirigh mé agus chuaigh mé amach.

Dar liom féin, nach trua mé? Muirfidh mo mháthair mé. Nach orm a bhí an mí-ádh ar maidin? Ar ndóigh, dá dtigeadh an *t-inspector* lá ar bith eile ach an lá corr cointinneach a tháinig sé . . .

Eadar sin is tráthas cé a tháinig isteach ach Aodh John. Dhearg sé an píopa agus shuigh sé a chomhrá.

'Bhí an *t-inspector* i dteach na scoile inniu acu,' arsa mo mháthair.

'Maise, níor chuala mé iomrá ar bith ag na gasúraí s'againne air,' arsa Aodh. ''Raibh sé cruaidh oraibh?' ar seisean liom féin.

'Ní raibh coir air,' arsa mise. 'A mháthair, an dtabharfaidh mé isteach móin?'

Ar a theacht isteach leis an mhóin domh bhí Dónall ag inse fán *dictation* a cuireadh air féin. Dar liom féin, cíb ort nach mbíonn i do thost!

'A mháthair,' arsa mise, 'bhéarfaidh mé aníos bucaeid uisce ghlain as Tobar an Mhéile?'

'Nach mór an fonn timireachta atá anocht ort?' arsa mo mháthair.

'An *t-inspector* is cúis leis,' arsa m'athair.

'Más é,' arsa mo mháthair, 'is mór an truaighe nach dtig sé go minic.'

Bhí mé féin mar chonaic Dia mé go dtí gur stadadh de chaint ar an scoil. Bhí eagla orm go gcuirfí gron ionam dá mbeinn i mo thost. Agus ní thiocfadh liom mórán a rá, nó ní raibh a fhios agam goidé déarfainn.

Bhí an Satharn an lá arna mhárach ann, agus tráthnóna fuair an máistir amach goidé mar bhí. Seo mar tharla sé. Bhí Eibhlín Shéarlais ag teacht ar an Fhearsaid agus chonaic sí na gasúraí ag gabháil isteach san uamhaigh. Agus d'inis sí i modh rúin é don chéad bhean a casadh uirthi. Ní thiocfadh le hEibhlín bhocht a dhath a cheilt. Dá mbeadh bás duine de gheall air chaithfeadh sí a scileadh.

'Á! á! scoil ghreannmhar ag gasúraí an bhaile seo,' ar sise. 'Thíos in Uamhach an Fhir Mhóir ag caitheamh tobaca is ag feadalaigh leis an té atá ag gabháil lena ghnoithe. Ach nach bhfuil baint ag aon duine daofa! Ná labhradh aon duine orthu. Tá sáith 'ach aon duine ina ghnoithe féin. Tá, tá; níl baint againn daofa, níl sin. Ach is maith an tógáil atá siad a fháil. Ach ná labhradh aon duine orthu. Tá sáith 'ach aon duine ina ghnoithe féin.'

Ach níl sáith 'ach aon duine ina ghnoithe féin agus ní raibh riamh. Dá mbeadh, ní bheadh an saol baol ar chomh corrach is atá sé. An bhean ar inis Eibhlín an scéal di chuaigh sí caol díreach go dtí an teach a raibh an máistir ar lóistín ann agus scil sí an t-iomlán. Bhain an máistir an sagart amach sa bhomaite agus d'inis sé dó goidé tharla.

Thost an sagart tamall. Sa deireadh, ar seisean:

'Caithfear leithscéal de chineál éigint a chur chuig an Bhord agus b'fhéidir go gcuirfeadh siad an cigire ar ais chugainn. Rachaidh mise síos Dé Luain go labhra mé leis na gasúraí sin. Níl gar duitse bheith ag caint leo: ní thuigfidh siad thú. Agus ná buail iad. Ní dhéanfadh an bualadh ach fuath na scoile a chur fúthu.'

Dúirt an máistir leis an tsagart nach mbeadh maith ar bith dó a ghabháil síos Dé Luain, nó nach mbeadh aon fhear acu ar an scoil, go raibh barraíocht eagla orthu.

'Fág agamsa iad,' arsa an sagart, 'agus rachaidh mé faoi duit go mbeidh an uile mhac máthara acu ar an scoil ar maidin Dé Luain. Dhéanfaidh mise seanmóir amárach a chuirfeas an t-iomlán léir acu chun na scoile.'

Ní raibh a fhios ag mórán de mhuintir Rinn na Feirste a dhath gur chuala siad é ó bhéala na haltóra Dé Domhnaigh. Bhí mé féin ag an Aifreann an Domhnach sin chomh maith le duine.

Nuair a bhí an tAifreann léite ag an tsagart rinne sé seanmóir ghairid. Ansin dúirt sé go raibh scoil Mhín na Leice agus scoil Chnoc Átha Caocháin á bhfoscladh an lá arna mhárach.

'Agus anois,' ar seisean, 'tá cupla focal agam le rá fá scoil Rinn na Feirste.'

'Scoil Rinn na Feirste!' ar seisean, 'má tá scoil ar bith ann. Ach tá,' ar seisean, 'dhá scoil ann. Ar scor ar bith bhí dhá scoil ann Dé hAoine s' chuaigh thart. Scoil acu ag bun an bhealaigh mhóir agus an scoil eile thoir fá bheanna an chladaigh. Ach is gairid a bheas ceachtar acu ann. Is

rómhór m'eagla go gcuirfidh an Bord deireadh le ceann acu.
Agus scéal cinnte go gcuirfidh mise deireadh leis an cheann
eile . . . Dé hAoine s' chuaigh thart bhí an t-*inspector* i
Rinn na Feirste agus ní raibh os cionn leath na scolárí ar
an scoil, ach iad i bhfolach in uamhaigh sa chladach. Ach,
le cuidiú Dé, is luath ar maidin amárach a bheas mise thíos
i Rinn na Feirste. Agus tá súil agam go mbeidh na gasúraí
ansin romham agus nach dtugann siad orm imeacht á
gcuartú fá bheanna an chladaigh. Tá sé chomh maith acu a
ghabháil chun na scoile. Nó chan imeacht orm a ní siad.'

Is cuimhin liom lá ciúin fada ó shin a chonaic mé bád faoi
iomlán éadaigh taobh amuigh de Phort an Churaigh. Bhí
na seolta crochta ina luideoga marbhánta leis na crainn. An
fhoireann ina suí thart ag comhrá agus ag caitheamh tobaca,
agus gan oiread siúil leis an bhád agus a bhrisfeadh snáithe
síoda. Le sin féin, mar bhuailfeá do dhá bhois ar a chéile,
tháinig séideán tobann den chineál a thig i ndeireadh
earraigh agus bhuail sé slat a béil thíos ar an uisce. Lig fear
na stiúrach le scód an tseoil mhóir, agus i bhfaiteadh na súl
thug fear dá raibh i dtoiseach faoiseamh don éadach cinn.
Agus bhí an bád ansin tamall beag ag lúbarnaigh mar
bheadh sí i bpianaigh agus gan a fhios cé an bomaite a
rachadh sí thar a corp, go dtí sa deireadh go dtáinig siúl
beag uirthi. Ansin d'éirigh sí as agus lig fear na stiúrach
thart faoi í agus thug rith cladaigh di.

Agus sin mar d'éirigh do mhuintir Rinn na Feirste nuair
a tháinig an stoirm seo ó bhéala na haltóra orthu amach as
lár an chiúnais. Ar feadh tamaill bhig ní raibh a fhios acu
cá raibh siad ina suí nó ina seasamh. Ach as a chéile tháinig
siad chucu féin. Agus cé gur ghoill sé orthu an scainnir a
fuair a mbaile fiúntach i láthair an phobail, thug 'ach aon
athair agus 'ach aon mháthair buíochas do Dhia go raibh
a gclann féin saor air.

I ndiaidh am Aifrinn tháinig muintir Rinn na Feirste
anall an droichead agus trasna an chlocháin faoi theach
Mhicí Phádraig Óig; iad ag siúl le chéile ina scaiftí agus
gan as béal 'ach aon duine ach an ghairt a thug an sagart
dóibh fá na páistí. Agus iad uilig ag rá gur droch-ghasúraí

a bhí iontu agus gur mhaith an airí orthu griosáil mhaith
a bhualadh orthu.

'Is maith a ní siad é nuair a ligeas an eagla daofa,' arsa
mo mháthair. 'Is furast a aithne nach bhfuil mórán binne
ar athair ná ar mháthair ag gasúr ar bith a chuirfear chun
na scoile agus chaithfeas an lá i bhfolach sa chladach. Ach,
dá mba liomsa iad, deirimsa leatsa gurbh é an chéad lá an
lá deireanach acu. Na smugacháin shalacha, tá an baile
náirithe acu.'

'Bhail, tá,' arsa Neilí Phadaí. 'Níl i mbéal an bhig is
an mhóir sa dá phobal inniu ach baile Rinn na Feirste. Ní
bhfuair aon bhaile sna Rosa a leithéid de scainnir ó bhéala
na haltóra ón bhliain a thug an Sagart Ac Niallais amach
muintir Chró na Madadh as a bheith ag goid mhónadh.'

'Sea,' arsa bean eile, 'nó an bhliain a tugadh amach
muintir Bhaile an Chladaigh as déanamh póitín.'

Le sin tháinig Niall Sheimisín a fhad leo.

'Níl a fhios agam,' arsa mo mháthair, 'cé na gasúraí a
chuaigh i bholach fá na beanna Dé hAoine in áit a ghabháil
'un na scoile?'

'Tá a fhios agam féin beirt acu,' arsa Niall, 'mar atá, mo
mhacsa is do mhacsa.'

'Goidé dúirt tú?' arsa mo mháthair.

'Siúd an rud a dúirt mé,' arsa Niall.

'Chluin Dia féin seo!' arsa mo mháthair.

'Bhail, cuirfidh mé mo rogha geall go raibh mo chlannsa
fosta ann,' arsa Neilí Phadaí. 'Nó ní raibh cuma orthu
tráthnóna Dé hAoine go raibh a fhios acu an t-*inspector* a
bheith i dteach na scoile ar chor ar bith.'

'Bhí siad sa tsiúl chomh maith le duine,' arsa Niall.

'Tím,' arsa Neilí. 'Scéal a chluinfeas tír is cheilfeas
muintir. 'Ach aon duine ag déanamh go raibh a chuid
féin saor air.'

'Bhail,' arsa mo mháthair, 'ach mise a ghabháil 'un an
bhaile buailfidh mé oiread ar m'fhear féin agus nach dtéid
sé i bhfolach a fhad is bheas Jimmy mar ainm air.'

'Maise, ná leag barr méire air ar an tséala,' arsa Niall.

'Leagfad agus barr chúig méar,' arsa mo mháthair.

'Beir ar do chéill anois,' arsa Niall. 'Sin an rud a thug

ormsa a inse duit. Ní labharfainn ar chor ar bith air, ach
bhí a fhios agam go gcluinfeá ar an chluais is bodhaire agat
é roimh chupla lá, agus gurb é an chéad rud a dhéanfá
toiseacht á smíochtáil gan ghrásta. Agus ná buail thusa aon
bhuille ar do chuid féin,' ar seisean le Neilí Phadaí. 'Níl
maith sa bhualadh. Nuair a bheir gasúraí fuath don scoil
tá sé chomh maith cead a gcinn a thabhairt daofa.'

Ach ní thug mo mháthair mórán airde ar a chuid cainte.
Tháinig sí an chuid eile den bhealach chun an bhaile agus
rún daingean aici oiread a bhualadh orm agus nár buaileadh
riamh orm. Bhí mé sa bhaile roimpi, agus chomh luath agus
tháinig sí isteach ar an doras d'aithin mé ar a gnúis go raibh
mo chéasadh fá mo choinne.

Bhain sí di an seál agus chroch sí ar an bhalla é. 'Gabh
anall anseo, 'Jimmy,' ar sise.

Tháinig mé féin ionsuirthi.

'Rinne tú rud Dé hAoine,' ar sise, 'nach dearn aon duine
clainne dár thóg mé riamh. Tá dhá bhliain caite sa *Fourth*
agat, agus anois bliain eile le caitheamh agat inti. Agus nár
chuma liom, i dtaca le holc, dá n-insteá domh é agus gan
mé amaid a dhéanamh díom féin ar mo bhealach 'un an
bhaile? Ach,' ar sise, 'nuair a bheidh mise réidh leat bíodh
geall air nach gcaitheann tú an dara lá ar scoil in Uamhach
an Fhir Mhóir.'

Agus chuir sí méar thiar i lúbóg mo ghealas agus scaoil
sí í.

Le sin isteach le m'athair agus, ar ndóigh, bhí a fhios aige
goidé bhí ar cois. Níor bhuail seisean aon bhuille ar aon
duine againn riamh. D'fhágadh sé an bualadh le déanamh
ag mo mháthair gan dada a ligean air. Ach dá bhfeiceadh
sé barraíocht feirge uirthi bhéarfadh sé iarraidh cleas éigint
a imirt a chuideodh leis an té a bhí san fhaopach. Deir siad,
nuair a théid an fásach le thine sa taobh chúil de Mheiriceá
agus mhoitheoidh tú an bhúireach ag tarraingt ort, deir
siad nach bhfuil dóigh ar bith le himeacht uirthi ach aon
dóigh amháin. Sponc a lasadh agus a chaitheamh ag do
chosa agus a ghabháil de léim isteach i lár an bhladhaire.
Dófaidh an féar ina fháinne thart ort. Beidh an fáinne ag
éirí mór agus ag éirí mór ar fad agus, nuair a thiocfas an

tine mhór an fad sin, rachaidh sí thart leat gan dochar a
dhéanamh. Is minic a thug m'athair leis slat, ag ligean air
go raibh sé ag brath duine againn a bhualadh, nuair a
tíodh sé barraíocht feirge ar mo mháthair. Amanna eile
bhagradh sé go mbrisfeadh sé an droim ag duine againn.
Corruair bhroslaíodh sé í, ag iarraidh uirthi ár mbualadh
agus ár mbualadh go maith. Agus gan san iomlán de na
cleasa seo ach bladhaire beag a chuirfeadh an tine mhór
tharainn.

'Bhéarfaidh mise ort, a mharla an gheadáin . . .' ar sise.
'Ní rachainnse ar chor ar bith murab é gur iarr Sonaí
Néill orm a bheith leo,' arsa mise, agus 'ach aon smeach
agam.
'Nuair a bheidh mise réidh leat,' arsa mo mháthair,
'beidh a fhios agat cé acu is fearr duit a bheith ar mo
chomhairlesa nó ar chomhairle Sonaí Néill.'
'Bhail, d'iarr sé orm a bheith leo go ndéanainn amhrán
daofa,' arsa mise.
Baineadh stad as mo mháthair. Amhrán a dhéanamh! A
mac ag déanamh ceoil! File! An rud a rabhthas ag feith-
eamh leis ó d'imigh Dálaigh Rinn na Feirste!
'Bíonn file i gcónaí le scaifte acu le cian a thógáil daofa
agus lena n-éachtaí a chur i míotar,' arsa m'athair.
'Agus an dearn tú an t-amhrán?' arsa mo mháthair.
'Rinne,' arsa mise.
'Abair domh é,' ar sise.
Thoisigh mé féin agus dúirt mé an t-amhrán. Agus d'imir
m'athair a chluiche go galánta.
'Níl coir air,' arsa mo mháthair, agus ní dhéanfaidh mé
dearmad choíche den athrach a tháinig ar a dreach. Mar
thiocfadh ga gréine trasna ar thaobh cnoic tráthnóna
gruama agus chuirfeadh dealramh óir sa fhraoch a bhí
dorcha ó mhaidin roimhe sin.
'Is leor dó é,' ar sise ag amharc ar m'athair, agus thoisigh
eatarthu.
'Ar ndóigh, níl ansin ach stiall den *roll book.*'
'Tá níos mó ná sin ann.'
'Níl a dhath, ach gur chuir sé gliogar ann.'
'Sa ghliogar atá an ceol.'

'Bhail, b'fhéidir gur ann. Ach, más amhlaidh, tá an t-am
againn stad de mhagadh ar an fhear a rinne "curda bhéara
buill Jack".'

Thoisigh an fhearg a theacht ar mo mháthair. Bhí an
imirt ag gabháil ina héadan.

'Bhail,' ar sise go míshásta, 'tabhair thusa leat stiall eile
den *roll book* go bhfeicimid an dtig leat gliogar a chur ann.'

'Caithfidh mé a ghabháil go teach na scoile amárach,' ar
seisean, 'go bhfaighe mé oiread ainmneacha is dhéanfas
amhrán domh.'

'Beidh sé déanta.'

'Is olc a bheidh sé nó beidh sé chomh maith leis an cheann
a rinne do mhac.'

'Is leor i gceart dó é san aois a bhfuil sé ann. Dhéanfaidh
sé ceol maith nuair a thiocfas ann dó.'

'Dhéanfaidh, má bhíonn an *roll book* fada go leor. Agus
nuair a bheidh sí reaite tá neart ainmneacha ar na bailte,
daoine nach bhfuil ar an scoil ar chor ar bith. Sin thíos
baile, an Pointe, a bhfuil neart de ainmneacha filiúnta ann.
Tá, oiread is choinneodh fear ag déanamh ceoil ar feadh
na mblianta.'

'Dá leanadh sé thusa.' arsa mo mháthair, 'ní bheadh a
dhath aige ach tarcaisne.'

D'aithin m'athair go raibh an fhearg ag fáil buaidhe
uirthi. Agus chaith sé an tsaighead dheireanach.

'Bhí dream ar an bhaile seo fada ó shin,' ar seisean, 'a
shíl go dtiocfadh leo ceol a dhéanamh. Agus nach fada a
ritheas an dúchas? Tá sé ag briseadh amach i mo chlannsa
anois, nuair a shíleamar go raibh an amaidí sin marbh le
céad bliain.'

Chuir seo mo mháthair i mbarr a céille. Daoine amaid-
eacha a shíl go dtiocfadh leo ceol a dhéanamh? Séamas Ó
Dónaill agus Aodh agus Peadar Gréasaí? Ar chuala aon
duine riamh a leithéid de bhréig agus de mhíchliú ar na
mairbh?

'Ná tabhair aird air, a leanbh,' ar sise, agus d'éirigh sí
dh'amharc an raibh na preátaí bruite.

'Gabh amach, a Jimmy, agus amharc ar eagla go mbeadh
an t-eallach sa mhuirínigh,' arsa m'athair liom féin. 'Agus

caith an amaidí as do cheann, nó buailfidh mise leithead
do chraicinn ort.'

Chuaigh mé féin amach agus cheangail mé mo ghealas,
agus obair agam a chreidbheáil go raibh mo choir maite
domh.

Bhí mo mháthair faoi smúid ó sin go dtí an oíche.
Tráthnóna d'imigh m'athair go barr an bhaile a chuar-
taíocht. Bhí mé féin thíos ag an chladach agus níorbh fhada
go gcuala mé mo mháthair ag scairtigh orm ag giall an tí.
Dar liom féin, cad chuige a bhfuil tú díom? Agus aníos
liom. Ní raibh istigh ach í féin agus an leanbh a bhí ina
chodladh sa chliabhán.

D'éirigh sí agus tháinig sí chugam le ceapaire mór aráin
bháin.

'Suigh ansin, a leanbh, agus ith sin,' ar sise, agus shuigh
sí ar stól ag mo thaobh a chois na tineadh. Nuair a bhí an
ceapaire ite agam d'fhiafraigh sí díom an raibh mo sháith
agam. Dúirt mé féin go raibh.

'Anois,' ar sise, 'abair an t-amhrán sin arís domh.'

Dúirt mé féin é.

'M'anam isteach i mo leanbh,' ar sise, agus tharraing sí
ionsuirthi mé agus d'fháisc sí lena croí mé. Agus nuair a
d'amharc mé uirthi bhí dhá dheoir mhóra i gceann a cuid
súl.

Tháinig maidin Dé Luain agus chuaigh an t-iomlán
againn chun na scoile. Shuíomar inár gcuid áiteach agus
smúid orainn. An té a tífeadh an scaifte gasúr sin in Uamh-
ach an Fhir Mhóir Dé hAoine agus a tífeadh arís i dteach
na scoile iad ar maidin Dé Luain, déarfadh sé gur mhór an
t-athrach a tháinig orthu.

Níorbh fhada gur nocht an sagart sa doras. Bheannaigh
sé don mháistir agus shiúil sé suas go dtí an tine. Sheasaigh
sé ansin tamall agus é ag amharc anuas orainn féin. Sa
deireadh, thug sé leis an rolla agus d'fhoscail sé í. Scairt sé
ionsair ar ghasúr amháin agus ar an dara fear agus ar an
tríú fear, agus ar an chuid eile go dtí go raibh dhá chloigeann
déag againn cruinn thart air.

'Fan go bhfeice mé an bhfuil an t-iomlán agaibh agam,'

ar seisean, ag cur méir ina phóca agus ag tarraingt amach
giota de pháipéar. 'Seo,' ar seisean, 'an mhuintir a bhí i
bhfolach sa chladach Dé hAoine:

> There was Jimmy Greene and Peter Coll
>   and Pat O'Donnell Barney,
> Dan Magee and Paddy Boyle
>   and John and Hugh McGarvey,
> Niall O'Donnell from the Glen
>   and Charlie Tom the Tailor,
> Neddy Boyle and Mickey Coyle
>   and Johnny Jack the Sailor.

'An tusa a rinne an ceol?' ar seisean liom féin.

'Chuidigh John Gallagher liom,' arsa mise.

'Níor chuidigh, 'shagairt,' arsa an fear eile. 'D'fhiafraigh
sé díomsa cá hainm Béarla a bhí ar Sheán an tSeoltóra agus
d'inis mé dó. Ach ní raibh a fhios agam gur ag déanamh
ceoil a bhí sé.'

'Dá mbeadh a fhios,' arsa an sagart, 'ní inseofá dó é?'

'Ní inseoinn,' arsa an gasúr.

'Rud is maith a dhéanfá,' arsa an sagart.

Dar liom féin, tá mo sháith féin fá mo choinne-sa.

'Bhail,' arsa an sagart, 'an dara huair a rachaidh sibh i
bhfolach in áit a theacht chun na scoile rachaidh mise caol
díreach chun na beairice go n-inse mé oraibh é. Ansin
tiocfaidh na péas agus tógfaidh siad amach ó na leapacha
sibh san oíche. Bhéarfar síos go Doire sibh agus isteach i
dteach an dlí. Beidh breitheamh mór ina shuí ansin agus
fallaing dhearg air agus bhuig gheal bhán. Fiafóraidh sé cé
na gasúraí a bhí i bhfolach in Uamhach an Fhir Mhóir.
Déarfaidh an cléireach go bhfuil siad anseo agus ainm-
neoidh sé an t-iomlán agaibh: *Jimmy Greene and Peter
Coll . . . and Johnny Jack the Sailor.* Cuirfear ar bord
loinge sibh agus bhéarfar amach go Botany Bay sibh. Beidh
fear ar an chladach romhaibh agus fuip leis. Cuirfidh sé
ceist ar an chaiptín an bhfuil príosúnaigh ar bith ansin fána
choinnesean. Déarfaidh an caiptín go bhfuil: *Jimmy
Greene and Peter Coll . . . and Johnny Jack the Sailor.*

Beidh sibh ansin ar feadh sheacht mblian faoi léan agus
faoi leatrom. Agus is cuma goidé dhéanfar as cosán
oraibhse a fhágfar é. "Cé rinne seo?" a déarfas máistir an
oileáin lena ghiolla. *"Jimmy Greene and Peter Coll . . . and
Johnny Jack the Sailor"* a déarfas an giolla.'

Chuir sé thairis tamall mór fada ar an téad seo, agus sa
deireadh d'imigh sé. Bhí iontas orainn féin nár buaileadh
sinn. Agus, ar ndóigh, bhí lúcháir orainn. Nó ba mhó an
eagla a bhí orainn roimh an tslait ná roimh Botany Bay.

Déarfaidh daoine nach bhfuil sa tsaol seo ach buaireamh
óna thús go dtína dheireadh. Ach ní fíor sin dóibh. Bíonn
aoibhneas Dé ar an tsaol seo corruair. Agus má abrann
duine ar bith liomsa nach mbíonn déarfaidh mise leis go
mbíonn, gan bhréig, gan áibhéil. Agus go dtig liom scaifte
a ainmniú dó a tháinig ar choirnéal bheag de na flaithis in
Uamhach an Fhir Mhóir. Agus, ar ndóigh, thig liom:

> *There was Jimmy Greene and Peter Coll
>   and Pat O'Donnell Barney,
> Dan Magee and Paddy Boyle
>   and John and Hugh McGarvey,
> Niall O'Donnell from the Glen
>   and Charlie Tom the Tailor,
> Neddy Boyle and Micky Coyle
>   and Johnny Jack the Sailor.*

OÍCHE THAIBHSEOIREACHTA

Nuair a théim chun an bhaile seal mo chuarta go fóill bíonn uaigneas orm i ndiaidh na hoíche. Shiúlfainn an chuid eile de Éirinn am ar bith ó mheán oíche go maidin agus ní bheadh uaigneas orm. Ní hionann sin is a rá nach bhfuil taibhsí in áiteacha diomaite de na Rosa. Tá na mílte acu, is dóiche. Ach níl eagla ar bith ormsa rompu. Níor chuala mé iomrá riamh orthu. Agus ní aithneoinn ceann acu dá gcastaí orm i lár an bhealaigh mhóir é. Ach bheadh mo sháith uaignis go fóill orm dá mbeireadh an oíche orm fá Phort an Churaigh, an áit a dtáinig an taibhse ar an fhear a bhí ag teacht as Tráigh na gCorr. Bheadh tuilleadh is mo sháith uaignis orm ag gabháil thart leis na Beanna Dearga. Agus ar ór na cruinne ní rachainn anonn Clochar an Fhir Mhóir liom féin ó luí gréine go maidin. Chuala mé barraíocht scéalta taibhsí fá na háiteacha seo nuair a bhí mé i mo ghasúr. Bhí mo chroí ag gabháil amach ar mo bhéal leis an uaigneas. Agus, ina dhiaidh sin, bhí dúil mhillteanach sna scéalta agam.

Bhí a fhios ag mo mháthair go raibh mé *telling* uallach. Bhí eagla uirthi dá bhfeicinn a dhath a scranródh mé nach raibh a fhios goidé mar rachadh sé domh. Agus ba mhian léithi a chur in úil domh nach raibh taibhsí ar bith ann. Bhí dornán scéalta aici le sin a chruthú. An oíche a bhí sí féin ag teacht thar an Fhearsaid, agus ar a theacht isteach Oitir na Cloiche Duibhe di, chonaic sí an fear ina sheasamh ar bharr binne os a cionn. Agus leis sin féin rinne sé anghlór uafásach. Goidé a bhí ann ach caora a raibh a huan caillte aici. Ansin, an oíche a bhí Micheál Rua ag gabháil chun an bhaile ón airneál agus tháinig an diabhal amach roimhe i Log an Aird Bháin. Tharraing Micheál amach scian agus sháith sé sa diabhal go cuid a dhoirn í. Chuir an diabhal scread léanmhar as féin agus thit sé. D'fhág Micheál ina luí ansin é agus d'imigh leis amach an bealach mór, agus 'ach aon duine dár casadh dó go raibh sé sa bhaile d'inis sé dóibh fán éacht a bhí déanta aige. Agus ar maidin an lá arna mhárach bhí Conall Bán istigh aige ag iarraidh luach na hasaile agus ní thug sé iarraidh de scin ar aon diabhal dér casadh dó ní ba mhó.

'Sin mar níthear na taibhsí,' a deireadh mo mháthair, agus b'fhéidir cuid mhaith den cheart aici. Ach ní raibh dúil ar bith agamsa sna scéalta sin. Ní raibh dúil ar bith agam sa diabhal a d'éireodh ina asal nuair a sháithfí scian ann. B'fhearr liom seacht n-uaire an diabhal a casadh ar Thomás Sheonaí ar Thráigh na Cruite—an diabhal a d'éirigh ina chnap tineadh in airde sa spéir agus a thit san fharraige armuigh ag ceann Árann.

Bhí dúil mhór ag clann Aodha sa taibhseoireacht, fosta. Bhíodh Séamas Pháidín ag airneál acu corruair, agus ní raibh aon fhear taibhseoireachta sna Rosa a bhí inchurtha le Séamas. Bhí sé tamall i Meiriceá i dtús a shaoil. Bhí sé tamall eile in Albain, agus tamall ar shiúl ar na soithigh. Agus lena chois sin bhí deis a labhartha agus eagna chinn aige. An mhuintir nach gcreideadh sna taibhsí féin d'éistfeadh siad leis go fonnmhar. Nó níor dhúirt Séamas riamh, 'Chuala mé . . .' Ní scéal scéil a bhí aige air. Chonaic sé féin an t-iomlán lena shúile cinn. Agus bhí sin chomh creidte agamsa is dá mbeadh sé ar a mhionna.

Ar scor ar bith, d'imigh mé féin is clann Aodha suas tigh Shéamais an oíche seo. Ní raibh istigh ach Sorcha agus bean de chuid na comharsan.

'Cá bhfuil Séamas?'

'Tá sé thall i dtigh Sheáin Thuathail.'

'Rachaimid anonn,' arsa Johnny Aodha.

'Suígí go ndéana mé bolgam tae daoibh agus sibh i ndiaidh siúl as Rinn na Feirste,' arsa Sorcha.

Dúirt mé féin nach raibh ocras ar bith orainn, agus d'imíomar.

Teach mór airneáil a bhí i dteach Sheáin Thuathail. Is ann a bhí máistir scoile Mhín na Craoibhe ar lóistín, agus bhíodh sé ag léamh na bpáipéar agus ag inse fá *Home Rule*. B'as an taobh ó dheas den chondae é agus ní raibh sé ach cupla bliain roimhe sin ó tháinig sé amach as an choléiste. Bhíodh sé i gcónaí ag léamh agus ag foghlaim as na leabhra, agus é ag iarraidh an méid eolais a bhí aige a thabhairt do mhuintir na háite. Ach an mhórchuid den am bhí a chuid cainte ag gabháil le sruth, nó ní rabhthas ag tabhairt mórán airde air. An t-eolas a bhíodh an máistir a bhaint as na leabhra, ní raibh sé ag teacht leis an dearcadh a bhí ag muintir na háite. Nuair a mholfadh sé dóibh an 'steall' a chur ar na preátaí déarfadh Pádraig Dubh gur chuir sé féin amach cúig bhairille de bliain amháin agus go mbeadh sé chomh maith aige steall uisce a chaitheamh orthu, nó gur thit an aicíd orthu go díreach mar thit sí ar an chuid eile de phreátaí an bhaile. Nuair a d'iarrfadh sé orthu pór úr cearc a fháil déarfadh Máire Bhán go bhfuair sí féin éillín 'bramaí-fútars' isteach as an Lagán bliain agus nach raibh air ach aon eireog amháin. Agus, ansin, nuair a rachadh siadsan a chaint ar thaibhsí déarfadh an máistir nach raibh ina ngnoithe ach pisreoga.

Ach, ar scor ar bith, siúd anonn tigh Sheáin Thuathail mé féin is clann Aodha. Bhí scaifte istigh ag airneál, agus cibé nach raibh ann bhí Donnchadh Mór ann. Tháinig an dúlúcháir orainn féin nuair a chonaiceamar Donnchadh, nó bhí a fhios againn go mbeadh sé linn chun an bhaile in am luí agus nach mbeadh uaigneas orainn, ba chuma goidé an méid scéalta taibhsí a chluinfimis. Bhí tine bhreá thíos ag Seán Thuathail agus an scaifte ina suí thart agus iad ag comhrá is ag caitheamh tobaca. Bhí an máistir ina shuí ag ceann an tábla agus leabhar mór aige, agus gan cuma air go raibh cluas ar bith aige don chomhrá a bhí fán tine.

Is maith mo chuimhne ar an oíche sin. Bhí géarbhach cruaidh ann agus an glór éagnach sin ag an ghaoth a bhíos aici nuair a bhíos sí ag tuar fearthanna. Chuirfeadh an ghaoth féin uaigneas ort, dá mbeadh gan aon duine sa teach labhairt ar thaibhsí.

Seán Thuathail a chuir tús ar an tseanchas. D'inis sé trí nó ceathair de scéalta agus an t-iomlán acu gearrscéal. Ach níor dhúirt Séamas Pháidín, 'Tá tú ag caint', nó 'Níl.' Bhí sé ina shuí ansin ag caitheamh tobaca mar nach mbeadh ábhar iontais ar bith sa chomhrá aige.

Sa deireadh chuir an máistir béal an leabhair fúithi ar an tábla agus thug sé aghaidh aniar bealach na tineadh.

'Níl taibhsí ar bith ann,' ar seisean. 'Níl ann ach cainteanna daoine.'

'Mura bhfuil,' arsa Seán Thuathail, 'tá an saol mór ag

inse bréag riamh anall.'

Níor labhair Séamas Pháidín.

'Níl ann ach rud a shamhailtear do dhaoine,' arsa an máistir. 'Rud millteanach an tsamhlaíocht. Ní fheiceann an tsúil mórán le taobh an méid a shamhailtear di.' Agus tharraing sé air an leabhar agus thaispeáin sé pioctúir dúinn: súil duine agus fear giota taobh thall di. Dhá líne crosach ar a chéile eadar an dá phioctúir agus an fear ina sheasamh ar mhullach a chinn:

'Sin mar tíos an tsúil 'ach aon rud,' arsa an máistir. 'Ar mhullach bhur gcinn a tímsa an t-iomlán agaibhse anois, ach go samhailtear domh nach amhlaidh atá. Bíodh geall nach raibh a fhios sin agaibh,' ar seisean, agus tháinig aoibh air, ag déanamh go raibh an lá leis.

'Is fearr dúinne iarraidh a thabhairt ar an bhaile, a ghasúraí,' arsa Donnchadh Mór, ag éirí ina sheasamh.

'Suigh ansin is déan tamall airneáil ó b'annamh linn d'fheiceáil,' arsa bean an tí.

'Is réidh agat é,' arsa Donnchadh. 'Ach má chaithimid siúl ó seo go tóin Rinn na Feirste ar mhullach ár gcinn, beidh am luí domhain ann nuair a bheimid sa bhaile.'

Chuaigh a raibh fán tine a gháirí agus tháinig mothú feirge ar an mháistir.

'Níl,' arsa an máistir go colgach, 'níl ann ach, mar dúirt mé, rud a shamhailtear do dhaoine. Tá an t-iomlán sa leabhar seo. Ní hé rud a imíos duine ina rith ar chor ar bith cionn is go bhfuil eagla air, ach thig an eagla air cionn is gur rith sé. Ní hé rud a chuireas na taibhsí uaigneas ar dhuine ar chor ar bith, ach cuireann an t-uaigneas na taibhsí i do bhealach.'

Níor labhair Séamas Pháidín.

'Nach breá bí a fhios ag na taibhsí go bhfuil uaigneas ort?' arsa Seán Tuathail.

'Ní thuigeann tú mo scéal,' arsa an máistir. 'Sin an rud ar a dtugann siad *reflex action*.'

'C'ainm a thug tú air?' arsa Donnchadh Mór.

'*Reflex action*,' arsa an máistir.

'Bhail, cuirim scrios Dé air,' arsa Donnchadh.

D'éirigh scotbhach gáirí fán tine agus tháinig tuilleadh

feirge ar an mháistir. Dhruid sé an leabhar go míshásta agus, ar seisean:

'Níl maith a bheith ag caint libh ar *psychology*. Ní thuigeann sibh é, agus ní labharfaimid air feasta. Ach, anois, ceist agam oraibh: cad chuige gur san oíche a bhíos uaigneas ar dhuine nuair is deacair rud ar bith a fheiceáil? Agus ní bhíonn uaigneas ar bith sa lá air nuair ba léir dó an taibhse a bheadh ina shuí ar bharr an Eargail.'

'Go ndearca Dia ar do chéill, a rún,' arsa Seán Thuathail, 'má shíleann tú gur solas saolta atá a dhíobháil ort le neach neamhshaolta a fheiceáil.'

Níor labhair Séamas Pháidín.

'Bhail,' arsa an máistir, 'ní chuala mise aon duine riamh á rá go bhfaca sé féin taibhse. Níl ann ach, "Táthar á rá go bhfacthas," nó, "Dúirt a leithéid seo liom gur dhúirt a leithéid siúd leis". Ach níor casadh aon duine go fóill orm a dúirt, "Chonaic mise taibhse".'

Bhain Séamas Pháidín an píopa as a bhéal agus chaith sé seileog isteach sa tine. Bhí an uair ann a raibh sé ag fanacht léithi ó thoisigh an díospóireacht.

'Chonaic mise taibhsí agus go leor acu,' ar seisean. 'Chonaic mé iad i ngach cearn den domhan dár shiúil mé. Chonaic mé ar farraige is ar talamh iad. Bhíomar oíche amháin ag gabháil thart Ceann na hAdhairce. Oíche ghealaí a bhí ann agus roisteacha gaoithe móire ann. Bhí bratóga de cheo liathbhán á siabadh trasna na spéire, agus an fheadalach a bhí an ghaoth a bhaint as an rigín bhí sé uafásach go deo. Tuairim is ar uair i ndiaidh an mheán oíche a bhí ann, agus bhí mé féin sa chrannóig. Le sin féin tím an fear ag éirí go dtína dhá ascaill aníos as an fharraige roimh thoiseach an tsoithigh. Shín sé a lámh in airde mar bheadh sé ag breith ar rud éigint. Ansin thoisigh sé a shuncáil, go dtí nach raibh ris ach a chloigeann. Níor léir domh rómhaith é go dtí sin. Ach le sin féin tháinig an ghealach amach as faoi néal agus chonaic mé a aghaidh chomh soiléir agus a tím aon duine agaibhse anois. An chéad scéala a fuair mé as an bhaile gur báitheadh é an oíche cheanann chéanna sin, dó féin a hinstear é.'

'Dia go gcumhdaí an méid is ceist orainn,' arsa bean an tí.

'Chonaic mé fiche cróchnaid i mo shaol, má chonaic mé aon cheann amháin,' arsa Séamas. 'Chonaic mé taibhsí daoine beo agus taibhsí daoine marbha. Agus, b'fhéidir, rud nach bhfaca mórán ach mé féin, chonaic mé taibhse beathaigh chapaill aon uair amháin.'

'Taibhse beathaigh chapaill!' arsa Donnchadh Mór.

'Chonaic,' arsa Séamas, 'agus i lár an lae ghil, fosta. Bhí mé ag teacht as an Chlochán Liath agus, ag teacht aniar Droim na Ceárta domh, mhothaigh mé an dúthormán aniar an bealach mór i mo dhiaidh. D'amharc mé thart agus tím an beathach capaill chugam ar stealladh cos in airde. D'aithin mé sa bhomaite é: gearrán a bhí ag Seán Dhiarmada a bhí thíos anseo. Dar liom, is é rud a d'imigh tú ón aonach agus pillfidh mé thú. Chuaigh mé amach i lár an bhealaigh mhóir roimhe. Ach, in áit seasamh, léim sé in airde sa spéir thar mhulla mo chinn agus síos an bealach mór leis mar bheadh an ghaoth Mhárta ann. Síos Mala an Ridealaigh, trasna an Murlach agus soir ag tarraingt ar ghualainn an Diaraigh. Nuair a tháinig sé go bun na binne móire sheasaigh sé. Dar liom féin, tá do neart cloíte anois agus ní bheidh moill orm do thiomáint 'un an bhaile. Sheasaigh sé ansin ag bun na binne go dtí go raibh mé féin fá chéad slat dó. Ansin thoisigh sé a sheitrigh. Shiúil mé féin liom go raibh mé fá chupla coiscéim dó. Agus le sin féin d'fhoscail an bhinn. Agus an dealramh solais a tháinig chugam amach bhain sé an t-amharc as an tsúil agam ar feadh bomaite. Ansin chonaic mé radharc nach ndéanaim dearmad go deo de. Stábla ba deise agus ba ghile ná caisleán rí, amach soir fad m'amhairc uaim faoi bhun an chnoic. Bhí pasáid fholamh i lár báire. Agus eachraí slime sleamhna ina seasamh ar gach taobh, na céadta agus na mílte acu. Chuaigh gearrán Sheáin Dhiarmada isteach, agus dhruid an bhinn ar ais. Tháinig mé féin 'un an bhaile agus an dubh-iontas orm. Shuigh mé dh'ithe cupla preáta. Agus ní raibh leath mo chodach déanta nuair a bhí teachtaire istigh ag iarraidh orm an cladach a bhaint amach chomh tiubh géar is thiocfadh liom. "Thit an gearrán le Binn an Chrainn Mhóir ar ball," ar seisean. "Tá sé sáite istigh i scealpaigh agus níl a fhios againn cé acu atá sé beo nó

marbh" . . . Thugamar aníos an bhinn le rópaí é le coim na
hoíche. Ach bhí sé marbh.'

'Tá an teach ag éirí fuar, a Nóra,' arsa Seán Thuathail
lena mhnaoi. 'Is fearr duit dornán mónadh a chur ar an
tine.'

'Siúlaigí libh amach, a ghasúraí, fa choinne mónadh,'
arsa Nóra, ag breith ar bhascaeid.

'Fan,' arsa Padaí Shéarlais, 'bhéarfaidh mise isteach móin
chugat.'

'An fíor,' arsa Donnchadh Mór, tamall ina dhiaidh sin,
'má chuireann tú foirteagal ar an diabhal go gcaithfidh sé
a ghabháil fá chónaí?'

'Diúltaimid dó, an gadaí!' arsa bean an tí.

'Chuala mé iomrá ar dhaoine ar casadh orthu é agus a
chuir fá chónaí é,' arsa Séamas. 'Ach, an oíche a chonaic
mise é, ní bheadh mórán maith domh iarraidh a thabhairt
a chur fá chónaí. Hobair gur threise leis orm.'

'Ag déanamh go bhfaca tú é, 'Shéamais?'

'Chonaic,' arsa Séamas. 'Is cuimhin libh an seanchapall
bán a bhí agam?'

'Sin an ceann ar thit an ruball di?' arsa Seán Thuathail.

'Ní hé rud a thit sé di ar chor ar bith,' arsa Séamas. 'Ach
cluinfidh tú. Bhí mé ag déanamh póitín san am agus á
dhíol i Leitir Ceanainn. Théinn amach i gcónaí ar shiúl
oíche agus isteach ar ais an oíche arna mhárach. Nó bhí an
tóir go géar orm an t-am sin. Chuaigh mé amach oíche
amháin le mo cheig agus dhíol mé i dtigh Thomáis Uí
Earcáin é. Chodail mé néal an lá arna mhárach agus bhí mé
ag brath imeacht ag tarraingt ar an bhaile i dtrátha am luí.

Tamall i ndiaidh a ghabháil ó sholas dó thoisigh an ghaoth
mhór is an bháisteach. Bhí mé féin i mo shuí sa chistinigh i
dtigh Thomáis, agus mé ag dúil go socóradh sé roimh am
luí. Le sin féin cé tháinig isteach ach Mánus Ó Súileachán,
gréasaí a bhí ina chónaí abhus ar an tSeanbhaile. Bhí mé
féin is Mánus go maith i gceart dá chéile, nó duine lách
greannmhar a bhí ann agus comhráiteach breá. Buaileadh
an bord agus tháinig an deoch isteach. Thoisigh an t-ól is
an comhrá is an seanchas. Agus, in áit an oíche socrú is é
rud a bhí sé ag cur air 'ach aon bhomaite. Bhí roisteacha

gaoithe móire ann a bhí ag cur na mballaí ar crith agus fearthainn a rachadh fríd chlár darach. Ach diabhal a raibh de bhinn againn ar an doininn. Bhí dídean an tí againn agus tine mhaith agus an saol mar d'iarrfadh do bhéal a bheith.

'Bhíomar ansin go raibh sé i dtrátha an mheán oíche agus dúirt Mánus go raibh an t-am a ghabháil fá chónaí. Agus d'iarr sé ormsa bheith leis. Dúirt mé féin go rachainn 'un an bhaile.

' "Ní bhainfidh tú na Rosa amach choíche má bheir tú d'aghaidh siar anocht," ar seisean.

' "Bainfead, a chailleach, ná bíodh eagla ort," arsa mise. Bhí mé móruchtúil as siocair braon a bheith ar bord agam.

'Ach le scéal fada a dhéanamh gairid, tugadh amach an capall bán agus chuaigh mé féin a mharcaíocht, agus d'imigh liom. Níor mhothaigh mé meáchan na doininne mar ba cheart gur thóg mé mala Chnoc na hAiteannaí. Tháinig aon séideán amhain ansin orm agus ní raibh ann ach nár shiab sé amach as an diallaid mé. Agus tháinig splanc a d'fhoscail an spéir ó cheann go ceann agus, sa bhomaite, rois toirní a chuir an talamh ar crith fúm. Deirimsa libhse, dá mbeinn i Leitir Ceanainn an uair sin go mbeinn ann. Ach ba náir liom pilleadh i ndiaidh an mhórtais a bhí déanta agam.

'Shín linn gur thiontóigh mé an coradh mór ag portaigh na Loiste, agus ansin bhí bord den ghaoth linn agus thoisigh uchtach a theacht chugam. Tá seanreilig ghallta ansin agus ballóg teampaill, mar thiocfas tú isteach ag tarraingt ar lúbacha Mhín an Draighin. Agus ar theacht aníos an droim domh goidé a tím ach an bhallóg ar aon bharr amháin solais. Baineadh léim amach as mo chroí agus fágadh i mo sheasamh ansin mé ar feadh bomaite. Ach ní raibh an dara suí sa bhuaile ann. Bhroslaigh mé an capall chun tosaigh agus shín linn anuas an Ailt Riabhach ag tarraingt ar an bhallóig. Bhí sí ansin romham agus, dar leat, í ar fad ar scoite lasrach. Ach nuair a tháinig mé fá ghiota bheag dí goidé a chuala mé ach ceol na bpíob. D'amharc mé anonn, agus goidé do bharúil a tím ach lán an tí de thaibhsí agus iad ag damhsa, agus an diabhal ina shuí thuas san fhuinneoig agus é ag seinm daofa.

'Thoisigh an ceol a éirí ní b'airde agus an damhsa a éirí ní b'aigeantaí, go dtí sa deireadh go raibh siad ag éirí a n-airde féin ón talamh. Bhí aon bhean amháin ann agus diabhal a leithéid a chonaic mé ar urlár riamh. Chuirfeadh sí aoibhneas ar do shúile cinn. Agus damnú go raibh mé féin chomh tógtha sin ag coimhéad orthu is gur lig mé mo sheanscairt asam féin. "Maith sibh, 'chailleachaí," arsa mise. Agus sa bhomaite, mar bhuailfeá do dhá bhois ar a chéile, chuaigh na solais as agus amach leis an scaoth. Ba mhaith an mhaise don chapall bhán é, d'imigh sí an méid a bhí ina cnámha agus mé féin ar a droim. Agus d'imigh an tóir i mo dhiaidh agus an diabhal agus 'ach aon scread aige á mbroslú, ag iarraidh orthu breith orm go gasta agus gan mo ligean a fhad le droichead na Leanainne. Bhí an droichead tuairim is ar mhíle síos uaim, agus bhí a fhios agam dá dtéadh agam a ghabháil anonn an droichead go raibh liom. Nó níl cead acu do leanstan thar abhainn. Shíl mé go raibh mé á scoitheadh, nó bhí an callán ag druidim uaim. Ach goidé a bhí ach ceann acu fá ghiota bheag domh i rith an ama.

'Nuair a bhí mé fá chéad slat den droichead d'amharc mé thar mo ghualainn. Bhí an taibhse ag teannadh aníos orm. Bhí sé fá chupla coiscéim domh nuair a bhí mé ag tarraingt isteach ar cheann an droichid. Ní raibh ann ach na cupla léim. Agus dar leat gur chuir an capall bán iomlán a cuid urraidh sna cupla léim sin. Bhí sí go díreach i lár an droichid agus, leis sin féin, baineadh stad aisti mar bhuailfí in éadan binne í agus ní raibh ann ach nár caitheadh mé féin as an diallaid. Bhí greim rubaill ag an taibhse uirthi. Ach leis sin féin thug an capall aon urróg amháin chun tosaigh agus chuaigh sí trasna an droichid de léim. Agus d'fhág sí an ruball ina diaidh i nglac an taibhse . . . Sin rud a d'éirigh domhsa.'

'Bhail, a Shéamais,' arsa Seán Thuathail, 'sin an scéal is millteanaí a chuala mé riamh.'

'Bhail, d'éirigh siúd domhsa,' arsa Séamas, ag deargadh an phíopa. 'Shíl daoine gur aicíd an rubaill a tháinig ar an chapall bhán agus gurbh é sin an fáth nár dhíol mé riamh í,

nó nach gceannódh aon duine í as siocair an mhíghnaoi a
bhí uirthi. Ach níorbh amhlaidh. Siúd an rud a tháinig
uirthi. Choinnigh mé í go bhfuair sí bás agam. Ní dhíolfainn
í ar ór na Fódla, ní dhíolfainn sin. Nó thug sí mise slán
thar an Leanainn an oíche úd d'ainneoin an deamhain is
an diabhail.'

Bhí mo chroí amuigh ar mo bhéal le huaigneas an oíche
sin, agus má ba taise le clann Aodha. Murab é go raibh
Donnchadh Mór linn ní thiocfaimis chun an bhaile go dtéadh
cuartú orainn. I ndiaidh a theacht chun an bhaile féin bhí
uaigneas orm. Agus nuair a chuaigh mé a luí chuir mé mo
cheann faoin éadach. Ní ligfeadh an eagla domh amharc
ar an fhuinneoig, ar eagla go bhfeicfinn an taibhse ina
sheasamh taobh amuigh agus ruball an chapaill bháin ina
láimh aige.

'Bhail, tomhais cá raibh na hógánaigh aréir,' arsa Neilí
Mhór, an lá arna mhárach. 'M'anam go raibh thuas tigh
Sheáin Thuathail agus Séamas Pháidín ag taibhseoireacht
daofa. B'éigean domh solas a fhágáil lasta i rith na hoíche
go maidin ag mo bheirt féin, bhí an oiread sin uaignis
orthu.'

'A gheosadáin,' arsa mo mháthair liom féin, nuair a
tháinig mé chun an tí, 'b'fhearr duit cromadh ar do chuid
leabhar agus rud beag léinn a fhoghlaim, b'fhearr duit sin
ná a bheith ar shiúl fríd na bailte ag éisteacht le taibh-
seoireacht.'

'Tá a sháith léinn aige,' arsa m'athair.

'Tá,' arsa mo mháthair, 'ó chuaigh sé 'un na scoile chuig
Séamas Pháidín.'

'B'fhéidir,' arsa m'athair, 'gurab é sin an scoil is fearr dó.'

Agus ní raibh a fhios againn cé acu ag magadh nó
dáiríribh a bhí sé.

AN LÁ A BHUAIL M'ATHAIR MÉ

Agus chan mo bhualadh féin a rinne sé. Ní dhearna sé ach greim gualann a bhreith orm agus mo chroitheadh. Ach ba leor sin. Ghoill sé a oiread orm is dá dtugadh sé bogmharbhadh orm. Shíl mé gur chuir sé a mhéara fríd na cnámha agam. Agus go dtí an lá inniu títhear domh amanna go mothaím greim na láimhe sin ar mo ghualainn.

Is iomaí léabhairt a thug mo mháthair domh nuair a bhí mé i mo ghasúr. Agus creidim gur mhaith an airí orm é. Nó bhí mé ar ghasúraí diabhalta na Rosann. Bhínn ag snámh an áit a raibh sroite a chartfadh long amach béal an Bharra. Bhínn ag goid úll as garraí Néill Óig agus ag caitheamh chloch ar chuid lachan Anna Bige nuair a bhíodh siad ag snámh ag Leac na Luatha. Ní théadh seachtain ar bith thart gan duine éigint a bheith istigh le casaoid orm. Bhí a shliocht orm, bhíothas do mo shúisteáil. Agus is iomaí liosún a chuir mo mháthair thairsti cionn is nach gcuirfeadh m'athair múineadh orm. Ach bhí sé chomh maith aici bheith ag caint le Cloch Mhór Léim an tSionnaigh. Ní bhuailfeadh m'athair mé mura ndéanainn rud éigint éagsamhalta. Ba é an bharúil a bhí agam féin gur chuma goidé dhéanfainn nach leagfadh sé méar orm. Agus nuair a bhí an bharúil sin agam ghoill sé go dtí an croí orm é greim gualann a bhreith orm agus mo chroitheadh. Agus rud ba mheasa ná sin arís, an fhearg a tháinig air liom, an chuil a chuir sé air féin agus an glór searbh nimhneach a bhí aige. Agus de bharr ar an iomlán na hainmneacha tarcaisneacha a thug sé orm Domhnach Aifrinn i láthair pobail.

Domhnach geimhridh a bhí ann, amach i ndiaidh na Nollag. Bhí teach an phobail i bhfad róchúng san am agus chaithfeadh trian an phobail an tAifreann a éisteacht taobh amuigh den doras. Ar a theacht domh féin go teach an phobail an Domhnach seo bhí an dúscaifte taobh amuigh den doras, agus chuaigh mé ar mo ghlúine i gcuideachta na cuideachta nuair a thoisigh an tAifreann. Bhí clann Aodha agus clann Néill Sheimisín ann agus cuid eile de ghasúraí an bhaile.

Ní raibh mórán úil ar m'urnaí agam an lá sin, ná ag aon

fhear de na gasúraí a bhí i mo chuideachta. Tá dúil agam
nach mbíonn Dia ina dhiaidh orainn, nó ní raibh an taobh
amuigh den chéill againn san am. Tá cuimhne agam go
fóill ar an Domhnach sin. Na daoine a bhí i mbun a méide
ag urnaí go stuama. Na seandaoine agus glór cráifeach acu
agus teann acu leis na focla mar bheadh siad ag agra Dé go
dúthrachtach. Tormán cos istigh i dteach an phobail nuair
a bhí na daoine ag éirí óna nglúine ag an tSoiscéal. Agus,
an rud is glinne atá i mo chuimhne, an gliogar a bhí ag
clog an Aifrinn. An crith a thigeadh air agus é ag imeacht as
do chluasa, dar leat, go raibh sé a fhad uait leis an tsíoraíocht.

Bhí seanduine beag ag teacht chun an phobail an t-am
sin a raibh na gasúraí tugtha do bheith ag bobaireacht air,
mar a bhí Paidí Thomáis Úna. Ag bobaireacht ar an duine
ghránna a bhíothas an lá ab fhearr a bhí sé. Nó ní raibh
ann ach créatúr beag fágtha nach raibh a chosnamh féin
ann. Thigeadh sé chun an phobail sa gheimhreadh agus
seál beag dearg fána cheann. Bhí blagad air go dtí na
cluasa agus bhíodh an fuacht ag goilleadh air. Mura mbeadh
rud ar bith eile ann ach an filléad dearg seo ba leor é le
tabhairt ar ghasúraí diabhalta ceann corr a thógail dó. Bhí
a shliocht ar an duine bhocht, is iomaí cith méaróg a
caitheadh air agus é ar a ghlúine taobh amuigh de theach
an phobail.

Ach an Domhnach seo ní raibh Paidí amuigh ar an bhlár
agus ní raibh aon duine ag na gasúraí le bheith ag caitheamh
méaróg air. Sa deireadh tímid chugainn aníos ón gheafta
thiar seanduine mór toirteach agus é ag siúl le bata, agus é
creapalta mar bheadh duine ann a bheadh ag doras an bháis
le pian chnámh. Shiúil sé leis aníos go hanacrach agus é
ag tarraingt na mbróg ina dhiaidh fríd an scaineagán a bhí
ar an chabhsa, mar nach mbeadh sé ábalta na cosa a scoith-
eadh ón talamh. Aníos a fhad linn leis agus suas tharainn.
Ansin chuaigh sé ar a ghlúine, bhain de seanhata bog a bhí
air, tharraing amach Coróin Mhuire agus thoisigh dh'urnaí.
Bhreathnaigh mé ar feadh tamaill é agus chonacthas domh,
ina sheanduine is mar bhí sé, gur mhillteanach an fear é.
Bhí droim air mar bheadh curach ann agus muineál mar
bheadh bun crainn, mar bheadh bun seanchrainn ann thar

a bhfaca tú riamh. Nó bhí seanchraiceann caite roicneach air. Nuair a bhain sé de a hata nocht an bhlagad mhór gheal sin chugainn. Ní raibh aon ribe gruaige ar a chloigeann ach sciúnach chaite liath os cionn na gcluas.

Nuair a bhí mé tamall ag amharc ar an tseanduine thoirteach seo, agus deireadh iontais déanta agam de, d'amharc mé thart féacháil an raibh Paidí Thomáis Úna sa phobal. Ach ní raibh sé le feiceáil thall ná abhus, thíos ná thuas.

Goidé bhí le déanamh againn? Bhí neart geaftairí fán láimh againn agus gan aon duine againn lena gcaitheamh air. Bhíothas i ndiaidh gaineamh sligeán a chur ar na cabhsaí cupla lá roimhe sin. Agus na faochóga beaga geala a bhíos i ngaineamh sligeán, is iad ab fhóirsteanaí a chonaic tú riamh le caitheamh ar sheanduine a mbeadh bratóg dhearg fána cheann. Sligeáin bheaga chruinne a thiocfadh leat a chaitheamh mar chaithfeá méaróg. Gan iad a dhath ní ba mhó ná ceann do mhéir agus iad chomh héadrom is nach ndéanfadh siad loit do naíonán.

Ach ní raibh bratóg dhearg ar bith ar na gaobhair. Ní raibh, ná duine ar bith eile a ligfeadh an eagla dúinn tois-eacht a chaitheamh méaróg air. Ní raibh ann ach fir óga agus stócaigh, daoine a mbeadh eagla ar ghasúraí rompu. Bhíomar ansin mar chonaic Dia sinn. Neart faochóg agus gan gléas orainn a gcur chun an chaite. Faochóga beaga coimire geala ina mollta ar gach taobh dínn agus gan aon chloigeann dhearg sa phobal lena gcaitheamh uirthi. Gan duine ar bith ann chomh fágtha agus go mbeadh uchtach againn a ghabháil a bhobaireacht air.

Sa deireadh d'amharc mé ar an tseanduine mhór. Bhí sé ar a leathghlún cúig nó sé de shlata romham agus é crom ag urnaí. Dar liom féin, is ar do bhlagaid atá áit na méaróige. Agus má éiríonn tú agus iarraidh den bhata a thabhairt orainn, ní bheidh moill orainn teitheadh romhat. Is é Dia a chuir chugainn thú Domhnach uaigneach nuair nach bhfuil an bhratóg dhearg againn le bheith ag caitheamh uirthi.

Ach arbh fhéidir go raibh mé ar amharc m'athara? Dá mbeadh a fhios agam go raibh bheinn i mo ghasúr mhaith, ar eagla gur inse do mo mháthair orm a dhéanfadh sé. Nó níor mhaith leis mé bheith dímúinte am ar bith, agus go háirid nuair ba cheart domh bheith ag déanamh m'anama. D'amharc mé thar mo ghualainn cupla uair ach ní raibh m'athair le feiceáil agam. Ansin smaoinigh mé gur fhág sé an baile tamall maith romham ar maidin. D'fhág. Bhí sé istigh i dteach an phobail. Istigh ba minice a bhíodh sé, nó b'annamh a bhíodh sé mall.

D'amharc mé síos ar an ghaineamh. Bhí faochóg bheag gheal fá chupla orlach do mo ghlún. Ceann beag deas cruinn a rachadh fríd an aer mar bheadh saighead ann. Thóg mé eadar mo mhéara í agus choinnigh mé tamall beag í. Sa deireadh chaith mé ar an tseanduine mhór í, agus bhuail sí i mbun na cluaise é. Chuir sé suas a lámh agus thochais sé an chluas. Ach sin a dearn sé.

Ní raibh ansin ach tús. Níorbh fhada gur chaith Hiúdaí Aodha an dara ceann air agus bhuail sí i bhfíormhullach na cloigne é. Chaith Sonaí Néill an tríú ceann. As sin a tháinig. I gceann bomaite bhí siad ag éirí dena bhlagaid mar tífeá gráinníneacha síl ag léimnigh as faoin tsúiste ar urlár buailte.

D'fhulaing an duine bocht cith na bhfaochóg go foighdeach ar feadh tamaill. Ach ní raibh ann ach tamall. Nuair a rinne sé amach nach raibh cuma ar bith air stad d'éirigh sé agus shiúil sé anuas tharainn agus coiscéim trom creapalta leis. Síos leis go raibh sé ag giall theach an phobail, taobh amuigh de na daoine. Agus chuaigh sé ar a ghlúine ansin, an áit nach raibh foscadh toir nó toim aige, ach séideán polltach geimhridh ag teacht anuas air ó ghualainn an Diaraigh.

Ní raibh ann ach go raibh sé socair thíos ar an bhlár fholamh seo nuair a d'éirigh fear a bhí ar a ghlúine ar imeall an phobail agus chuaigh síos a fhad leis. Ba é an dara rud a chuala mé féin tormán anásta na mbróg ag tarraingt orainn aníos ar ais. D'amharc mé thar mo ghualainn agus tím an seanduine mór aníos chugam agus fear eile ag siúl lena thaobh.

Cé bhí leis ach m'athair?

Dar liom féin, tá mo ghnoithe déanta. Inseoidh sé do mo

mháthair orm é ach sinn a ghabháil chun an bhaile, agus
gheobhaidh mise mo ghreidimín má fuair mé riamh é. Bhí
mé ansin ar mo ghlúine ag a thaobh agus mé mar chonaic
Dia mé. Ní raibh úil ar bith ag m'athair orm. Bhí a Choróin
Mhuire ar a mhéara aige agus é ag urnaí go cráifeach . . .
Níl a fhios agam an bhfuil sé chomh cráifeach agus go
mbeadh trócaire ann? An bhfuil sé chomh cráifeach agus go
gceilfidh sé mo chuid diabhlaíochta ar mo mháthair?

Nuair a bhí an tAifreann thart rinne an sagart seanmóir.
Bhí a ghlór le cluinstin againn mar bheadh sé i bhfad uainn.
Sa deireadh mhothaigh mé tormán na gcos ar an urlár.
Agus seo chugainn amach an mhuintir a bhí in aice an
dorais. Choisreac m'athair é féin, chuir air a bhearád agus
d'éirigh óna ghlúine. D'éirigh mé féin ina chuideachta agus
mé ag brath a agra sa talamh a raibh sé ina sheasamh ann
gan mo ghnoithe a inse do mo mháthair orm. Ach sula
bhfuair mé faill labhairt dhruid sé anall liom agus fuair
greim gualann orm. Agus shíl mé gur chuir sé barra a chuid
méar fríd chnámh an smiolgadáin agam.

'A sheanmharla bhruite,' ar seisean, 'bhéarfaidh mise
ort nach ag caitheamh méaróg ar sheandaoine in am Aifrinn
a bheidh tú.' Agus theann sé orm gur baineadh foscladh as
mo bhéal le pianaigh. 'Ach,' ar seisean, 'is maith duit féin
go raibh an tAifreann ar obair san am. Murab é go raibh
bhéarfainn liom síos chun na Pollaide thú agus chuirfinn
siar faoin fharraige go dtí an dá shúil thú. A ghadaí nach
dtáinig i gcrann agus nach dtig! Nach mór an croí a fuair tú
toiseacht a chaitheamh méaróg ar sheanduine? Agus nár
chuma liom i dtaca le holc . . .'

Agus ní raibh a fhios agam goidé ba chuma leis i dtaca le
holc. Ní raibh faill aige an scéal a chur ní b'fhaide gur
labhair an seanduine ag ár dtaobh.

'Lig don ghasúr, 'Fheilimí,' ar seisean. 'Ní bhíonn ciall
acu, agus sin an lá is fearr atá siad. Bhíomar féin óg, agus
iomlatach fosta.'

Lig m'athair amach an greim agus, chomh luath agus a
lig, d'imigh mé féin ag tarraingt ar an bhaile agus mé ar
ghasúraí cráite dá bhfaca tú riamh. Bhí mearbhlán i mo
cheann. Amanna chuirinn ceist orm féin an ag brionglóidigh

a bhí mé. Nó arbh fhéidir gur bhuail m'athair mé? Gur
bhuail sé mise, an gasúr a bhí chomh cúramach aige leis an
tsúil a bhí ina cheann? Agus na rudaí a dúirt sé liom!
Marla bruite nach dtáinig i gcrann agus nach dtiocfadh.
Na rudaí céanna a dúirt mo mháthair go minic liom. Agus,
a Dhia, an bior nimhe a chuaigh fríd mo chroí nuair a
smaoinigh mé gurbh é sin an bharúil a bhí ag m'athair
riamh domh. Bhí sé creidte aige nach raibh ionam ach
marla nár dhual dó a theacht in éifeacht. Ach níor dhúirt sé
riamh é go dtí seo. Choinnigh sé a rún aige féin le truaighe
domh. Choinnigh go dtí gur chuir mé oiread feirge air
agus a bhain as é. Ansin scil sé an fhírinne a choinnigh sé
ceilte orm go dtí sin. Níor bheo domh mo bheo feasta.
'Ach aon uair a dtiocfaidh fearg ar mo mháthair liom
déarfaidh sí nach bhfuil ionam ach marla nach dtáinig i
gcrann agus nach dtig. Agus ní labharfaidh m'athair. Ach
nach beag an sólás sin domh? Tá sé creidte aige nach bhfuil
ionam ach fágálach ar leag Dia lámh air!

Bhain mé an baile amach. Tháinig m'athair tamall beag i
mo dhiaidh. Dúirt mo mháthair rud éigint leis agus thug sé
freagra uirthi fríd a fhiacla. Rinne sé a dhinnéar gan focal a
labhairt. Ansin dhearg sé a phíopa agus shuigh sé ansin ag
caitheamh tobaca agus ag amharc isteach sa tine.

Liom féin a labhair sé an chéad fhocal eadar sin is
tráthas.

'A leanbh,' ar seisean, 'bain díot na bróga sin. Tá do
chuid stocaí tais.'

'Tá,' arsa mo mháthair, 'nó dá mbeadh céad greallach
ar an chosán ó seo go hAnagaire bheadh sé go dtí na glúine
san iomlán acu.'

'Níl fiachadh air a ghabháil i ngreallaigh ar bith lena chosa
a fhliuchadh sna bróga sin,' arsa m'athair.

'Maise, ní hé a fhad is tá siad aige,' arsa mo mháthair.

'Ní raibh maith iontu,' arsa m'athair. 'Caithfidh mé péire
úr a cheannacht dó an chéad lá a bheidh mé ar an Bhun
Bheag.'

Ansin thost sé ar feadh tamaill. Sa deireadh d'éirigh sé
agus chuaigh amach. Chuaigh sé síos go dtí an cladach
agus d'amharc sé ar an bhád. Ansin d'imigh sé leis amach

go hOileán Muiríní. Ó sin síos go Carraig Bhéal an tSrotha agus aníos a chois an deáin go gob na Báinseadh.

'Tá imní éigint ar d'athair inniu, cár bith atá air,' arsa mo mháthair le bean de na girseachaí. ''Bhfeiceann tú an coiscéim marbh atá leis aníos an tráigh?'

'Ag breathnú chlocha na srathóg atá sé,' arsa an bhean eile.

'Ní hea,' arsa mo mháthair, 'nó níl sé ag amharc orthu, ná ar a dhath eile. Tá gruaim inniu air nach bhfaca mise riamh air, cár bith a tharla eadar a ghabháil chun an Aifrinn agus a theacht ar ais.'

Le clapsholas tháinig m'athair chun an tí agus shuigh sé a chois na tineadh arís. Ní raibh duine ar bith ag labhairt. Bhí gruaim ar 'ach aon duine, dar leat. Sa deireadh, cé a tháinig chugainn a dh'airneál ach Niall Shéimisín, agus fuair m'athair an chaint. D'éirigh sé agus líon sé píopa tobaca agus shín sé do Niall é. Dhearg Niall an píopa agus dúirt sé go raibh geimhreadh doineanta ann.

'Is millteanach,' ar seisean, 'an méid fearthanna atá leagtha aige ó bhí Samhain s' chuaigh thart ann.'

'Ó bhí Lúnasa s' chuaigh thart ann a d'fhéad tú a rá,' arsa mo mháthair, 'tá sé ag cur bunús an ama ó shin.'

'A Néill,' arsa m'athair, 'an bhfuil a fhios agat cá hair a raibh mé ag smaoineamh tráthnóna agus mé thíos ansin ag an chladach? Tá, nach raibh aon fhear sna Rosa le cuimhne na ndaoine a bhí ina fhear ag Déiní Mór Ac an Bhaird.'

'Ag déanamh go mb'fhearr an fear é ná Micheál Rua is ná d'athair mór?' arsa Niall.

'B'fhearr é ná ceachtar acu,' arsa m'athair. 'Bhí siadsan tugtha don troid. Agus is iomaí iaróg a tharraing siad orthu nach raibh ag teacht dá gcomhair ar chor ar bith dá mbeadh ciall acu. Ach níorbh é sin do Dhéiní Mhór é. Níor bhuail sé aon dorn riamh ach nuair a baineadh as é.'

'Ceart go leor, ní raibh sé tograch,' arsa Niall.

'Is é féin nach raibh,' arsa m'athair. 'Ach nuair a thiocfadh air agus chaithfeadh sé troid, deirimsa leatsa gur leis a thiocfadh a dhéanamh. Bhí scaifte againn bliain amháin i gCealsaí i dtús an fhómhair. Bhí mé féin agus Cormac thuas anseo ann agus Frainc Ac Gairbheath agus Micí

Fheilimí, go ndéana mo Thiarna trócaire ar Mhicí bhocht. Bhí scaifte mór de mhuintir na dtránna seo ann ag dúil le fómhar. Agus cibé nach raibh ann bhí Peadar Sheáin Shéarlais as Bun na mBeann thall anseo ann, agus consaeit bulaí fir aige. Ní bhfuair fear as an deichniúr againn fómhar, nó ní raibh sé chun tosaigh san am. Agus nuair nach bhfuair chuaigh muid fá thithe na tábhairne, nó bhí lá marfach te ann. Eadar sin is tráthnóna chuaigh cuid againn fán ghraoin a dh'amharc uainn. Goidé bhí ansin ach scaifte tincléirí. Agus bhí aon fhear amháin ann a raibh Geordie Ritchison air, de dhiúlach chruaidh lom. Agus ní raibh aon fhear sa taobh sin de Albain a mbeadh maith dó a ghabháil sna lámha leis. Ó, caor thineadh fear! Nó chonaic mise ag bocsáil cupla uair é. Ach, ar scor ar bith, casadh é féin agus Peadar Seáin Shéarlais ar a chéile agus chuir Peadar troid air. Bhí sé ag déanamh go raibh an tincléir ar lag-chuidiú, agus mura mbuailfeadh fear amháin é go mbuail-feadh beirt nó triúr é. Agus go mbeadh sé féin ag déanamh mórtais as ina dhiaidh sin, gur bhuail sé Geordie Ritchison, an fear ab fhearr a bhí in Íochtar na hAlban. Bhí Déiní Mór ina sheasamh taobh thiar de nuair a chuir sé chun tosaigh ar an tincléir é.

' "Pheadair," arsa Déiní i nGaeilge le Peadar, "is fearr duit an bealach a thabhairt dó, nó níl aon fhear fá leathchéad míle duit ina fhear ag an fhear sin."

' "Beidh le féacháil," arsa Peadar.

' "Maith go leor," arsa Déiní Mór. "Ach ní rachaidh an dara fear air, nó an fear a rachas beidh sé aige féin is agamsa."

'Dia, scanraigh Peadar nuair a chuala sé seo. Ach ina dhiaidh sin ba náir leis a ghabháil ar a chúl ann ó bhí an bagar déanta aige.

'Goidé a shíl an tincléir ach gur ag broslú Pheadair a bhí Déiní nuair a chuala sé an bheirt acu ag caint i nGaeilge, agus chuir sé aon bhúir amháin as féin ag iarraidh ar Pheadar a theacht amach. Ba é an míniú is réiteach a bhí air gur chaith an bheirt daofa agus chuaigh le chéile. Ach caor thineadh! Ní raibh a fhios ag Peadar cá raibh sé ina sheasamh go raibh an dá shúil druidte aige. Thug an tincléir an tríú ceann i mbéal an ghoile dó. Lúb Peadar mar lúbfadh slat shaileoige. Thit sé ina spairt ar an talamh agus luigh ansin.

' "Ar mhaith le fear ar bith eile agaibh a lámh a fhéacháil?" arsa an tincléir.

'Níor labhair aon duine.

' "Diabhal fear a d'fhág Éirinn le fiche bliain," ar seisean, "nach mbuailfinn le mo leathláimh."

'Níor labair aon duine.

'Le sin féin tháinig sé anall a fhad le Déiní agus bhuail sé bos sa tslinneán air. "Nár chóir," ar seisean, "fear chomh breá leatsa, go mbeadh uchtach agat cliú do thíre a sheasamh?"

' "An chuid is lú den troid an chuid is fearr," arsa Déiní.

' "Dá bhfaigheadh scaifte agaibh fear leis féin i gcoirneál uaigneach oíche dhorcha," arsa an tincléir, "níorbh í an chuid ba lú den troid an chuid ab fhearr." Agus le sin buailidh sé le bois ar fhad an leicinn é.

'Ach ní dheachaigh leis. Bhuail Déiní i mbun an ghéill é agus shín sé ar a fhad ar an talamh é. A mhic na n-anam, d'éirigh an tincléir agus thoisigh an bhocsáil. Agus ar feadh chúig mbomaite ní aithneodh súil dá deachaigh i gcloiginn cé acu ab fhearr. Ansin thoisigh Déiní a bhocléimnigh agus tífeá doirn an fhir eile ag sleamhnú thart lena chluasa agus gan buille ar bith ag teacht air. Mhair sin tamall nó go bhfuair Déiní an áiméar a bhí sé a iarraidh. Sa deireadh bhuail sé an tincléir i mbun an ghéill agus shín sé ar an fhéar é mar bheadh bradán ann. Agus luigh sé ansin mar nach mbeadh bogadh ann.

' "Éirigh," arsa Déiní leis.

' "Éireod," arsa an tincléir, "nuair imeos an mearbhlán as mo cheann, ach má éirím chan a throid. Tá mo sháith agam an iarraidh seo."

' "Maith go leor," arsa Déiní, ag tiontó ar a sháil is ag imeacht.

Agus ní raibh ansin ach an chéad scéal. Níor stad m'athair ó sin go ham luí ach ag scéalaíocht ar Déiní Mhór. An lá a bhuail sé an blaic ar bord loinge in Inis Mhic an Duirn.

An lá sin ar Thráigh Mhachaire Gáthlán a thug sé dúshlán phobal Ghaoth Dobhair, an áit a dtug fear acu iarraidh éagóir a dhéanamh ar fhoireann as na Rosa a bhí amuigh i rása iomartha. An lá a bhaiceáil sé sac na heorna i mBaile an Teampaill. An lá a shnámh sé béal Thor Uí Argáin agus stócach faoina ascaill leis. Agus an chuid eile de na laetha éifeachtacha a bhí ann. Go dtí sa deireadh nach raibh lá oirirc an Átha Bhuí ná lá an Corrshléibhe iar gcloí na nGall, ná lá ar bith eile dá bhfuil luaite i seanchas Chúige Uladh, inchurtha leis na laetha seo. Nach raibh a dhath ar an domhan inchurtha le Déiní Mór Ac an Bhaird agus na catha a cuireadh leis ag cosnamh críoch Éireann.

'Caithfidh aois Mhór a bheith anois aige,' arsa Niall Sheimisín, ag cur dealáin ar a phíopa.

'Tá na ceithre scór cnagtha aige,' arsa m'athair.

'Is ceart é,' arsa Niall. 'Agus thig sé 'un an Aifrinn thuas ansin go minic.'

'Inniu féin a bhí sé ann,' arsa m'athair. 'Bhí an duine bocht ar a ghlúine taobh amuigh de theach an phobail. Agus an é do bharúil nach raibh gasúraí ag caitheamh méaróg air?'

'Ní bhacfadh an dímúineadh sin daofa,' arsa mo mháthair. 'Tá gnoithe mór 'un an Aifrinn acu.'

'Bhí siad ag caitheamh air,' arsa m'athair. 'Agus bhí an t-óganach ag caitheamh air,' ar seisean, ag amharc anall orm féin.

'Bhail, bainfear sin as a gheadán sula síne sé ar leaba anocht,' arsa mo mháthair.

'Ní bhainfear,' arsa m'athair. 'Ní bhuailfear aon bhuille ar an tséala air.'

'Bhail, is maith a ní sé é,' arsa mo mháthair, 'ó tharla an uchtach aige. Féadaidh sé a rogha rud a dhéanamh feasta, nuair a déarfas a athair nach mbuailtear aon bhuille air ar an tséala.'

'Bhail, buaileadh inniu cheana féin é fá sin,' arsa m'athair. 'Agus is leor sin an iarraidh seo.'

'Cé bhuail é?' arsa mo mháthair.

'Bhuail mise é,' arsa m'athair. Agus nuair a d'amharc

mé air bhí linn uisce ar a dhá shúil. 'Bhuaileas,' ar seisean,
'rud nach dearn mé riamh roimhe agus nach rún domh a
dhéanamh choíche arís. Ach bhain sé mo mhíthapadh asam.
Nuair a chonaic mé an seanduine bocht ag éirí agus ag
gabháil ar a ghlúine thíos ar an bhlár lom, chuir sé i mbarr
mo chéille mé . . . Déiní Mór Ac an Bhaird agus gasúraí an
bhaile ag bobaireacht air!

        Anois, an uair nach maireann siad,
        Bris mo sheancheann liath, a bhean.'

'Chuala mé go díreach go raibh sibh in achrann fá dhoras
theach an phobail inniu,' arsa Niall. 'Agus gur bhuail tú
smitín air, an áit a raibh sé ag caitheamh méaróg ar shean-
duine éigint. Ach níor shamhail mé gurbh é Déiní Mór a
bhí ann. Shíl mé gur ar Phaidí Thomáis Úna a bhí sé ag
caitheamh. Bíonn gasúraí ag bobaireacht go minic ar an
duine ghránnna.'

'Paidí Thomáis Úna!' arsa m'athair, ag amharc anall orm
féin agus ansin ar Niall.

'An raibh tú ag déanamh,' ar seisean, 'go mbuailfinn mo
ghasúr as blaosc bheag faochóige a chaitheamh ar Phaidí
Thomáis Úna?'

Bhí urraim mhór ag muintir na háite s' againne do na trí chineál. Ar ndóigh, bhí sin acu neart seanchais fá na naoimh is fá na laochraí is fá na scoláirí a bhí ann sa tseantsaol. Ach bhí naoimh agus laochraí agus scoláirí dá gcuid féin acu i Rinn na Feirste, gan a ghabháil siar a fhad leis an tseantsaol ar chor ar bith. Is minic a chluinfeá oíche sheanchais i dteach an airneáil agus iad ag caint ar shagart bheannaithe a chaith tamall sna Rosa. B'fhéidir gur scéal fá fhear as Rinn na Feirste a raibh léann trom aige an dara scéal a chluinfeá. Agus ní thiocfadh am luí choíche go gcluinfeá ar obair iad ag seanchas ar fhear de chuid an bhaile a bhí iontach maith ag troid; b'fhéidir fear éigint a bhí ar shiúl ar an drabhlás in Albain, ag ól is ag troid ó tháinig ann dó.

B'fhéidir go gcuirfeadh sin iontas ar dhaoine nach bhfuil ciall acu don Ghaeltacht. Ach sílim féin gur furast a mhíniú. Sílim gurb é Colm Cille is cúis leis. Bhí urraim ar leith ag muintir na hÉireann do Cholm Cille seal den tsaol. Tá an urraim sin go fóill dó sa Ghaeltacht, corradh le trí chéad déag bliain i ndiaidh a bháis. Agus tá urraim acu do dhuine ar bith a bhfuil gaisciúlacht nó naofacht nó scoláireacht aige. Bhí na trí tréithe sin ag Colm Cille, má bhí siad ag aon fhear amháin riamh, de réir an tseanchais atá againn. Agus sílim gurb é sin an fáth a bhfuil urraim againn do dhuine ar bith ar fhág Colm an rud beag ba lú de cheann ar bith de na trí oidhreacht seo aige. Mar sin de, is minic a chluinfeá trí scéalta i dteach an airneáil in aon oíche amháin: scéal fán tSagart Óg Ó Dhónaill, scéal fá Mhicheál Dhónaill Ruaidh, agus scéal fá Frainc Ac Gairbheath.

Bhí an Sagart Óg Ó Dónaill sna Rosa tá corradh le ceithre fichid bliain ó shin. Agus tá iomrá go laethúil ansin go fóill air. B'as Rinn na Feirste Micheál Dhónaill Ruaidh. Chuaigh sé go hAlbain ina stócach óg agus níor phill sé ar ais go hÉirinn ní ba mhó. Chaith sé a shaol thall—tamall ag ól, tamall ag troid, agus tamall i bpriosún. Agus nuair a bhí sé ina neart bhí a gháir ar fud na hAlban, gan trácht ar an iomrá a bhí leis sa bhaile.

Agus bhí fear eile as Rinn na Feirste a chuaigh anonn nuair a bhí sé ina stócach agus a d'fhág a chnámha thall, mar bhí Frainc Ac Gairbheath. Fear mór cnámhach láidir a bhí ann. Ní raibh aon fhear fána bailte a bhí inchurtha leis ag tógáil cloiche nó ag tarraingt an bhata. D'ól se 'ach aon phingin dár shaothraigh sé i rith a shaoil, ach níor thóg sé é féin riamh le troid. Ach murar thóg féin bhí oiread iomráidh air is a bhí ar Mhicheál Dhónaill Ruaidh. Agus gheibheadh sé a chuid den tseanchas nuair a bhíthí ag caint ar fheara éifeachtacha. Agus goidé a thabhaigh an chliú dó? Tá, a chuid léinn. Bhí sé amuigh air go raibh foghlaim throm aige, rud a d'fhág a ainm i gcónaí á lua i dtáin Rinn na Feirste.

Is maith mo chuimhne ar oíche amháin a bhí scaifte ag airneál tigh s' againne, agus hinseadh cupla scéal ar choinnigh mé cuimhne orthu riamh ó shin. Bhíthí ag caint, ar ndóigh, ó am go ham ar shagairt. Bhí a leithéid seo de shagart déirceach. Bhí a leithéid siúd santach. Bhí fear eile trom ar lucht ólacháin. Bhí an fear úd greannmhar, agus an fear úd eile ábalta seanmóir chráifeach a dhéanamh. Ach ní labharfaí orthu seo ar chor ar bith nuair a bheadh oíche mhór sheanchais ann. Bhí siad, ar ndóigh, ina bhfeara maithe cneasta, agus binn ar a n-anam acu. Ach ní raibh siad sa táin.

Ní cuimhin liom anois cé a tharraing an seanchas an oíche seo ar an tSagart Óg Ó Dhónaill. Ach dúirt duine éigint gur mhillteanach na cumhachtaí a bhí aige.

'Is leis ba chóir a rá,' arsa m'athair. 'Bhí mac do Shéimí Eoghainín Duibh a bhí thiar anseo ar an Chéideadh, bhí sin i Meiriceá, agus bulaí fir fosta. Ach thoisigh an t-amharc a mheath ag an duine bhocht, gan fios a shiocrach. Chuaigh sé chuig dochtúir agus chuig dochtúir eile, agus chuig a raibh de dhochtúirí ann. Ach in áit a bheith ag fáil bhisigh is é rud a bhí sé ag cailleadh an amhairc 'ach aon lá dá raibh ag teacht air, go dtí sa deireadh gur fágadh chomh caoch le cloich é. Chuala an duine bocht iomrá ar shagart i gCalifornia a bhíodh ag leigheas daoine, agus níor stad sé go raibh sé amuigh aige. Chuir an sagart air a ribín agus léigh sé tamall os a chionn. Nuair a bhí sé tamall maith ag

léamh chuir sé ceist ar an fhear a bhí ar a ghlúine.
' "An bhfeiceann tú a dhath?" ar seisean.
' "Ní fheicim," arsa an fear eile.
' "Bhail," arsa an sagart, "ní thig liomsa do leigheas mar
is ceart. Ach thig liom oiread amhairc a thabhairt duit agus
gur léir duit do bhealach."
' "Ó, 'Dhia, nár mhaith sin féin?" arsa an fear eile.
' "Thig liom," arsa an sagart, "ach ar acht amháin."
' "Goidé sin?" arsa fear an Chéididh.
' "Tá," arsa an sagart, "gabh go hÉirinn agus ceannaigh
slat chotúin bháin agus déan mála de. Agus siúil is cruinnigh
do chuid ó dhoras go doras."
' "Dhéanfaidh mé rud ar bith ar chuantar léaró de
m'amharc a fháil," arsa an fear eile.
'Mhair an sagart ag léamh os a chionn go dtí gur léir dó
na daoine mar bheadh toirteanna dorcha ann ag siúl aníos
is síos an tsráid os coinne na fuinneoige. Nuair a d'éirigh
sé óna ghlúine d'iarr an sagart air suí is a scíste a dhéanamh,
agus thoisigh siad a chomhrá.
' "Cárb as in Éirinn thú?" arsa an sagart.
' "As áit a dtugann siad na Rosa air," arsa an fear eile.
' "An bhfuil aithne agat ar Father John O'Donnell?"
arsa an sagart.
' "Tá, neart," arsa an Gallchóireach.
' "Bhail," arsa an sagart, "gabh 'un an bhaile agus gabh
a fhad leisean agus gheobhaidh sé iomlán do chuid amhairc
duit, agus sin gan coinníoll ar bith, más mian leis é. Nó,"
ar seisean, "an lán mara rabharta is tréine a tháinig aníos
Gaoth Dobhair riamh, dá dtéadh an Sagart Óg Ó Dónaill
roimhe agus a ribín air bhéarfadh sé air pilleadh amach
an barra." '

Tamall ina dhiaidh sin bhi seanchas ar obair fá Mhicheál
Dhónaill Ruaidh. M'athair a bhí ag inse, agus níor fhág sé
aon éacht de na héachtaí móra a rinne Micheál gan aithris.
D'inis sé fán lá a bhuail Micheál Eoghan Mór Ac Ailín
agus tincléir, fear i ndiaidh an fhir eile. An lá a throid sé le
Johnny Mór McGraw, agus an lá a bhí sé féin is an Hílean-
tóir mór le chéile i West Loch.

'Sin an chliú fir ab fhearr a fuair Micheál riamh,' ar
seisean. 'Leon sé an lámh dheas an chéad dorn a bhuail sé
ar an Híleantóir, agus b'éigean dó an cath a throid lena
leathláimh ó sin go deireadh. Leag an Híleantóir naoi n-uaire
i ndiaidh a chéile é. Shíl 'ach aon duine go raibh Micheál
buailte. Ach d'éirigh sé an naoú huair agus bhuail sé an
Híleantóir i mbun an ghéill agus d'fhág sé ina luí ag snaidh-
mearnaigh ar an talamh é. Rinne sé smionagar de chnámh
an ghéill aige leis an dorn sin agus steall sé leath an cháir as.'

Ó sin go raibh am luí domhain ann mhair an seanchas fá
chuid fear na Rosann. Agus níor labhradh ar fhear ar bith
ach an fear a bhí sa táin: Eoghainín Shéarlais i gceann
céasla; Micheál Rua i gceann bata; Hiúdaí Mór Ó
Duibheanaigh i gceann rámha; Muiris Pheadair i gceann
corráin; Micí Bheil ag coraíocht; agus Pádraig Dubh Néill
Mhóir ag féacháil rása. Sa deireadh tarraingeadh an sean-
chas ar Frainc Ac Gairbheath.

'Nárbh iontach, i ndiaidh a shaol a chaitheamh thall, nár
thóg sé é féin riamh le troid?' arsa Donnchadh Mór.

'M'anam, maise,' arsa m'athair, 'go raibh sé inchurtha
le ceachtar acu. Ach chan ar throid a bhí a aird, ach ar
léann.'

'Agus tá sin aige, scoith an léinn,' arsa Donnchadh Phadaí
Sheáinín. 'Bhíomar bliain amháin ag baint acairí i mBlaghad
Bainc, mé féin is Eoghan Ó Dubhaigh is clann Fheilimí
Ruaidh, agus Frainc ag ceangal inár ndiaidh. Nuair a bhí
an pháirc bainte fuair an máistir fear tomhais as Linton.
Shiúil Frainc ceiscéim ar choiscéim leis gur thomhais siad
an cuibhreann. Ansin tharraing 'ach aon fhear acu amach
páipéar agus thoisigh an cuntas.

' "An oiread seo," arsa fear an tomhais, ag ainmniú an
méid a bhí ag teacht chugainn, ar naoi scillinge an t-acaire.

' "Cuir dhá thuistiún leithphingine leis," arsa Frainc.

' "Cá bhfuil mar fuair tú sin?" arsa fear an tomhais, ag
amharc ar pháipéar Frainc. D'inis Frainc dó.

' "Ó,' arsa an fear eile, "níor bhuair mise mo cheann leis
na *fractions* sin."

' "Bhail," arsa Frainc, "b'éigean dúinne na *fractions* a
bhaint chomh maith leis an chuid eile den pháirc".'

'Mo choinsias gur cheart é,' arsa duine amháin.

'Níl a fhios agam cá bhfuair sé an léann?' arsa duine eile.

'Fuair amach as a cheann féin,' arsa m'athair.

'Nach dearn sé sagart de mhinistir aon uair amháin?' arsa Donnchadh Mór.

'Tá sin canta,' arsa m'athair.

'Ní hé a rinne sagart de, ar ndóigh,' arsa Niall Sheimisín. 'Ach is é a chuir an ministir ar staid na ngrást!'

''Bhfuil sin fíor?' arsa Donnchadh Phadaí Sheáinín.

'Ní scéal scéil atá agam air,' arsa Niall, 'nó bhí mé ann.' Agus thoisigh Niall.

'Bhí scaifte againn ag buain i dTeach an tSratha bliain amháin agus bhí Frainc ar an mheithil, cibé nach raibh. Bhí ministir ag caitheamh a chuid laetha saoire ar an fheirm, agus bhí dearτháir dó ina chuideachta, stócach ocht mblian déag a bhí ar ardscoil in Edinburgh, ag foghlaim dochtúireachta. Ní dhéanadh an ministir mór ná beag leis na hÉireannaigh, ach bhíodh an stócach againn go minic agus níorbh fhada gur thoisigh sé féin is Frainc a chur ceisteanna ar a chéile. Shíl an stócach nach mbeadh moill air Frainc a chur in abar, ach ba ghairid go mb'éigean dó na ceisteanna ba troime a bhí aige a chur air. D'fhiafraigh sé de Frainc goidé mar thomhaisfeadh sé leithead na habhann agus gan gléas aige a ghabháil trasna uirthi. Dúirt Frainc nach raibh moill ar bith sin a dhéanamh ach an talamh bheith cothrom, ag toiseacht is ag inse dó.

' "Tá sé agat," arsa an stócach, agus chuir sé cupla ceist eile air. D'fhuascail Frainc iad chomh luath is a cuireadh air iad.

' "An bhfuil maith ann ag an obair sin?" arsa mé féin le Frainc, nuair a d'imigh an stócach chuig a chuid.

' "Níl a fhios agam go fóill," arsa Frainc, "Tá na ceisteanna beaga sin aige a bhí ag 'ach aon stócach riamh dár chaith tamall ar coláiste. Goidé mar thomhaisfeá leithead abhann gan a ghabháil trasna, nó airde tí ón talamh? Nó dréimire a leithéid seo de fhad agus a bharr an fad seo in airde ar taobh balla, cá fhad amach sa bhun a bhí sé? Nó dá gcuirfeá gabhar ar téad i lár páirce agus acaire innilte a fhágáil aige, goidé an fad a bheadh sa téad? Rud a dhéanfadh duine

ar bith ach fios a bheith aige ar an dóigh. Ach cuirfidh mise
ceist air nach bhfuil sna leabhra ar chor ar bith, go bhfeice
mé an bhfuil inchinn ar bith faoi an urla gruaige sin air."

'Bhí go maith is ní raibh go holc, anuas chun na botaí
leis an stócach an oíche sin agus thug Frainc an cheist dó.

' "D'fhág mise Peebles," ar seisean, "maidin amháin ag
tarraingt go Lanraig. An bomaite céanna sin d'fhág Niall
anseo Lanraig ag tarraingt go Peebles. Nuair a casadh ar a
chéile sinn ní dhearnamar ach beannú dá chéile agus shiúil
linn. Ceithre huaire agus deich mbomaite i ndiaidh ár
gcastáil dá chéile shroich Niall Peebles, agus sé huaire
cothrom i ndiaidh ár gcastáil dá chéile shroich mise Lanraig.
Cá fhad a bhíomar ag siúl gur casadh ar a chéile sinn?"

'Tharraing an stócach air peann is páipéar is thoisigh an
cuntas aige. Sa deireadh, ar seisean, "Cá mhéad míle as
Lanraig go Peebles?"

' "Níl a fhios agam," arsa Frainc. "Chan ar mhílte atáimid
ag caint ach ar am."

' "Bhail, ní féidir do cheist a fhuascladh," arsa an stócach.

' "Is féidir," arsa Frainc, "agus is furasta a fuascladh."
Agus thaispeáin sé an dóigh don stócach.

'Dar fia, d'éirigh an scéal amach go dearn an buanaí
ciolar chiot de mhac duine uasail, agus bhí na hAlbanaigh
míshásta. Ní tháinig an stócach dár gcomhar ar feadh chupla
lá. Ach, tráthnóna Dé Domhnaigh a bhí chugainn, seo
anuas chun na botaí é féin is an ministir. Ghoill sé orthu an
bhuaidh a bheith ag an Éireannach ar an scoláire. Agus dar
leis an mhinistir, rachaidh mé síos go mbaine mé cúiteamh
as. Rachaidh mé isteach i seanchas dhomhain leis agus
cuirfidh mé ina thost é.

'An chéad rud a tharraing sé air, *Home Rule*. Agus a
mhic na n-anam, thoisigh an seanchas! Agus dá gcluinfeá
Frainc ag caint ar an stair. Ní hea amháin go raibh seanchas
na hÉireann aige ach bhí seanchas na hAlban aige. Bhí, ar
bharr a theanga. "Tá bród orainne as Béal an Átha Buí,"
ar seisean, "agus tá náire orainn as Cionn tSáile. Agus
beidh an bród agus an náire sin orainn go raibh éiric
againn. Ach ní hé sin daoibhse é. Níl bród oraibh as
Bannockburn, agus níl náire oraibh as Flodden. Dá mba

Sasanaigh sibh bheadh leithscéal agaibh le cur in éadan na hÉireann. Ach níl tír ar bith agaibh. Thréig sibh bhur dtír féin, agus ní thig libh choíche a bheith rannphairteach in éifeacht na Sasana."

'Dar fia, níor fhan focal sa mhinistir, agus ba ghairid gur imigh sé, agus é chomh míshásta le broc. Ach an Domhnach sin a bhí chugainn tháinig sé anuas ar ais. Agus ní raibh sé i bhfad istigh gur tharraing sé air gnoithe creidimh. Chaoch mé féin ar Frainc, ag iarraidh air gan freagra ar bith a thabhairt air. Dar liom féin, tá tú mar bheadh bocsálaí éadrom ann a bheadh ag troid le fear láidir nach mbeadh maith sna doirne ach a bheadh maith ag coraíocht. Má ligeann tú dó breith isteach ort tá tú réidh. Ba é an bharúil a bhí agamsa, dá fheabhas Frainc ag seanchas agus ag stair na dtíorthann, nach ndéanfadh sé maith ar bith don mhinistir i ngnoithe creidimh.

'Ach ní raibh eagla ar bith ar Frainc roimhe, agus thoisigh eatarthu. Ní raibh siad trí bhomaite ar obair go dtí nach raibh a fhios ag an chuid eile againn cá hair a raibh siad ag caint. Bhí fearg ag teacht ar an mhinistir, agus bhí sé ag gabháil in abar. Agus dheamhan a raibh de bhraodar ar Frainc ach oiread is dá mbíodh sé ag comhrá fán aimsir le fear againne. Sa deireadh tharraing an ministir air rois Laidine. Thug Frainc freagra air leis an dara rois. Níor mhair an chaibidil i bhfad ina dhiaidh sin. Agus ba ghairid gur imigh an ministir agus a chleiteacha síos leis.

'Ach duine uasal a bhí ann i ndiaidh an iomláin. An oíche sular imíomar tháinig sé anuas 'un na botaí agus dhá bhuidéal uisce bheatha leis. D'iarr sé a phardún ar Frainc agus thoisigh sé a chur thart an uisce bheatha. Tamall ina dhiaidh sin tháinig muintir an tí mhóir chugainn agus fuaireamar tuilleadh uisce bheatha. Tá cuimhne agam go raibh an ministir is Frainc ag gabháil cheoil le scairt an choiligh ar maidin: *Scots wha hae* ag Frainc, agus *O Donnell Abu* ag an mhinistir.

'Cúpla bliain ina dhiaidh sin thiontóigh an ministir ina Chaitliceach. Agus i gceann na haimsire rinneadh sagart de.'

'Is minic a chuala mé an scéal sin,' arsa Donnchadh

Phadaí Sheáinín, 'ach shíl mé nach raibh ann ach cumraíocht.'

'Seo, a Dhonnchaidh,' arsa m'athair, 'ná mill an scéal orainn. Nó is mór an truaighe a mhilleadh.'

'M'anam nach cumraíocht ar bith é,' arsa Niall. 'Nó go gcuala mise ag déanamh seanmóra é ar an altóir i mBrocksburn, agus é ag inse gur oibrí fir as Éirinn a sheol ar an chreideamh cheart é.'

Ar feadh chupla lá ina dhiaidh sin bhí mé ag smaoineamh ar na fir mhóra a rabhthas ag seanchas orthu.

'A mháthair,' arsa mise le mo mháthair, 'cá bhfuil an Sagart Óg Ó Dónaill anois?'

'Sna flaithis, tá dúil agam,' ar sise. 'Is fada an lá marbh é. Fuair sé bás ina fhear óg.'

Dar liom féin, tá an Sagart Óg Ó Dónaill agus cuid eile dá bhfuil sa táin, tá sin marbh, agus ní fheicfidh mé choíche iad. Ach tá cuid eile acu beo. Tá Micheál Dhónaill Ruaidh agus Frainc Ac Gairbheath beo, agus tífidh mé iad nuair a rachas mé go hAlbain.

Agus b'fhada liom go dtigeadh an lá a mbeinn mór agus go rachainn go hAlbain. Bhí beirt fhear as Rinn na Feirste thall ansin agus chuartóinn iad dá mba i ndán is go siúlfainn leath na hAlban go bhfaighinn iad. Bhéarfainn a sháith leanna le hól do 'ach aon fhear acu. Agus bheadh aoibhneas an tsaoil orm ag éisteacht leo ag aithris a gcuid éachtaí. Ag éisteacht le Frainc ag seanchas fá na scoláirí a raibh sé i ndeabhaidh léinn leo, agus le Micheál ag inse fá na fir mhaithe a bhuail sé ó cheann go ceann na tíre. Ar feadh chupla lá chonacthas domh nach raibh gnoithe ar bith eile go hAlbain agam, nuair a thiocfadh ann domh, ach de gheall ar Frainc is Micheál a fheiceáil.

ALBANAIGH AN PHOINTE

Trasna os coinne Rinn na Feirste atá an Pointe. Tá píosaí beaga talaimh ann níos fearr ná atá sa chuid eile de na Rosa agus, ar ndóigh, an mhórchuid de i seilbh Albanach. Is dóiche gur iaróibh na hAlban a bhí sa chéad dream a tháinig. Ach sa tír s' againne anois is ionann Albanach agus Protastúnach, is cuma cén tír arb as é. Agus is ionann Gael agus Caitliceach.

Tá na hAlbanaigh ar an Phointe le trí chéad bliain. Daoine críonna bláfara iad. Tá siad beo bocht, ar ndóigh, ach mar sin féin is beag acu a fhágas an baile. Chan dálta na nGael atá orthu. Chomh luath is thiocfas duine de na Gaeil i méadaíocht imeoidh sé go hAlbain nó go Meiriceá a shaorthrú a chodach. Ach fanann na hAlbanaigh fá ghreim ar an Phointe i rith a saoil.

D'fhoghlaim siad an Ghaeilge ar an Phointe. Agus ní labhradh siad ach í go dtí cupla scór bliain ó shin. Bhí a gcuid Gaeilge briste bearnach in áiteacha, agus coinníodh cuimhne ar chuid di. Go dtí an lá bhfuil inniu ann, cluinfidh tú fear as Rinn na Feirste ag magadh ar an Ghaeilge a bhí ag Albanaigh an Phointe tá trí scór bliain ó shin. Níl cuimhne ar bith agamsa ar Ghán Dudgeon, nó ní raibh mé ann lena linn. Ach tá cupla focal dá chuid Gaeilge agam. 'A Hughie croí, ná déan sin,' ar seisean, agus é ag iarraidh comhairle a leasa a thabhairt do Aodh Ó Arlaigh. Agus tá a fhios agam goidé a dúirt Hughie Dickie an oíche a tháinig na ragairí ar thobán an bhainne ramhair. 'Barúil a bí agam féin sí bí ag Jean, gurb é Bulaí Pádraig Óg a d'ól an bainne ramhar.' Agus fiche uair a chuala mé fán doicheall a rinneadh roimh 'Hiúdaí buí na treathlach' nuair a tháinig sé isteach ar a choiscéim san áit a raibh na hAlbanaigh ag glacadh chuid a n-anama.

Ní raibh mioscais ar bith riamh eadar na Gaeil is na hAlbanaigh fá ghnoithe creidimh san áit s' againne. Ach bhíodh siad amuigh ar a chéile ó am go ham de thairbhe polaitíochta. An mhuintir a raibh stair an Phointe mar ba cheart acu, déarfadh siad leat nach deachaigh Sasain riamh chun cogaidh nach dtiocfadh fiamh ag na hAlbanaigh leis na Gaeil. Chuala mé m'athair a rá, oíche amháin a bhíothas ag caint orthu, gur dhiúltaigh siad muintir Rinn na Feirste fá mhuirínigh bliain an Chriméa. Tithe cheann tuí a bhí ar an bhaile s'againne an t-am sin. Agus bhí 'ach aon teach chomhair a bheith millte ag deora anuas nuair a bhí an cogadh thart.

'Bhí siad ina ndaoine breátha riamh gur thoisigh an cogadh,' arsa m'athair. 'Ach chomh luath is scaoileadh na chéad urchair d'éirigh siad nimhneach linn.'

'M'anam, maise, nárbh é sin tús daofa,' arsa Niall Sheimisín, 'nó go gcuala mise Proinsias Mór ag inse gur throid an dá dhream thíos ansin ar an Tráigh Bháin in aimsir Bhonaparte.'

'Ní chuala mé sin riamh,' arsa m'athair.

'Bhí siúd amhlaidh,' arsa Niall. 'Agus bhí stócach as an Bhráid thall anseo ar fostó ag Gán na blianta sin. Agus i ndiaidh go raibh sé maíte ar Ghán gur duine déirceach a bhí ann, ní thugadh sé don stócach ach cupla preáta fuarbhruite dhá cheann an lae ar feadh naoi lá i ndiaidh scéala a theacht gur bhain Bónaí cath.'

'Níor mhaith liom troscadh naoi lá a dhéanamh os coinne 'ach aon uair dá raibh buaidh na bruíne le Bónaí,' arsa m'athair.

'Nár dhoiligh don stócach bhocht a theacht i gcrann?' arsa mo mháthair.

'Ní tháinig sé i gcrann, a rún,' arsa Eoghan Ó Baoill. 'Ní raibh scileadh na bhfiach air lá Waterloo.'

Thoisigh a raibh istigh a gháirí. Nó níor labhair Eoghan Ó Baoill dhá uair riamh nach mbainfeadh sé gáire amach.

'Ba é Dia a bhí leis gur buaileadh Bónaí an lá sin' arsa m'athair. 'Marbh ag bun méile a gheofaí é dá gcailleadh Sasain an cluiche.'

'Bhí giorra shaoil i ndán dó gan bhréig murab é Blücher,' arsa Niall.

'Ba mhaith Blücher aige,' arsa Donnchadh Mór.

'Agus an bhfuair sé a sháith le hithe ina dhiaidh sin?' arsa mo mháthair, mar nach mbeadh a fhios aici gur ag déanamh grinn a bhí an chuid eile.

'Fuair sé neart bídh ina dhiaidh sin,' arsa m'athair.

'Agus bíodh geall air go dtáinig sé chuige féin.' arsa Donnchadh Mór.

'Tháinig,' arsa Niall. 'Rinneadh leon fir de.'

'A rún,' arsa Eoghan Ó Baoill, 'bhí feoil mháis is mhuineáil air sula raibh Bónaí leathbhliain i St. Helena.'

Eadar shúgradh is dáiríribh a bhí an comhrá tigh s'againne an oíche sin. Ach, mar sin féin, d'aithneofá gurbh é an bharúil a bhí acu go raibh an fheall sa smior ag an Albanach san am a chuaigh thart, ach go n-éiríodh leis a cheilt go dtéadh Sasain chun cogaidh.

'Ní mheasaim go bhfuil siad mar sin anois.' arsa m'athair. 'Is é an chuma atá orthu go bhfuil siad i bhfách le *Home Rule* chomh mór linn féin.'

Agus bhí. Ministir aniar as Baile Bó Féigh a rinne *Home Rulers* díobh. Bhí an ministir ag maíomh gaoil ar Isaac Butt. Agus ní raibh sé i bhfad ar an Phointe gur chuir sé ar a súile dá phobal go rachadh *Home Rule* ar sochar dóibh. Ar ndóigh, níorbh iontas ar bith gur ghéill siad do dhearcadh an mhinistir. Ba é a gceann creidimh é. Bhí sé le rá aige gur Albanach a chuir tús ar ghnoithe *Home Rule*. Agus is dóiche gur dhúirt sé leo gur ag a mbunadh a bheadh lámh an uachtair nuair a thiocfadh an Pharlaimint ar ais go College Green. B'acu a bhí an ceannas ansin roimhe. Cad chuige nach acu a bheadh sé arís?

Bhí na Gaeil, ar ndóigh, i bhfách le *Home Rule* fosta. Ba mhaith *Home Rule*. Bhéarfadh sí an tsúil aniar ag Éirinn. Chuirfí oibreacha ar bun sna Rosa agus bheadh gléas ar na fir fanacht sa bhaile. Na fir a raibh leath a saoil caite in Albain acu, ina luí i sciobóil agus i mbóithigh, is iomaí uair a smaoinigh siad go mbeadh siad sa ghlóir dá dtigeadh leo a ghabháil amach ar maidin agus páighe lae a chosnamh, agus a theacht chun an bhaile tráthnóna chuig a gcuid ban is páistí. Mar sin de, bhí na Gaeil agus na hAlbanaigh i bhfách le *Home Rule*. Agus nuair a bhí, bhí siad ina gcomharsana maithe ag a chéile. B'ionann a ndearcadh ar ghnoithe polaitíochta ó tháinig ministir Bhaile Bó Féigh chun an Phointe. Bhí a shliocht orthu, bhí teacht maith le chéile acu. Nó ní raibh mioscais ar bith acu dá chéile de thairbhe creidimh.

Ar feadh chúig nó sé de bhliana bhíodh gasúr as Rinn na
Feirste ar fostó ag Albanach de chuid an Phointe. Bhí saol
breá ag an ghasúr seo. Bhí sé ag fáil a sháith le hithe, agus
bhíothas lách cineálta leis. Lena chois sin gheibheadh sé
pingineacha ó mhuintir an bhaile s'againne as garaíocht a
dhéanamh dóibh. Bhí sé ina chineál de *Chargé d'Affaires*
ag Rinn na Feirste ar an Phointe. Chuireadh sé focal ar
mhuirínigh dúinn. Chuireadh sé scéala chugainn ag inse cá
háit a raibh blách nó preátaí póir le fáil i saorchonradh.
Agus bhí rud eile ann a bhí ina chuidiú mhaith le síochaimh
is carthanas a neartú eadar Gaeil is Gaill, mar a bhí tarbh.

Ar feadh i bhfad ní raibh tarbh ar bith ní ba deise do
Rinn na Feirste ná ceann a bhí ag Sandaí Rubastan thoir
sa Chúirt. Ach sa deireadh cheannaigh Albanach de chuid
an Phointe, fear a dtugadh siad Dicí Gallta air, cheannaigh
sé tarbh. Tarbh breá donn a bhí ann a raibh pór maith ann,
agus bhí cuid mhór gamhna baineanna ina dhiaidh. Agus le
cois a bheith maith bhí sé a chomhair baile. 'Ach aon rud
leis an rud eile, eadar an *Chargé d'Affaires* is preátaí póir
is blách is muiríneach, eadar sin is Isaac Butt is tarbh
Dicí Ghallta, bhí *Entente Cordiale* againn chomh daingean
is go sílfeá nárbh fhéidir biongadh a bhaint aisti.

Tráthnóna breá i ndeireadh an fhómhair a bhí ann. Bhí na fir in Albain agus bhí na mná is na gasúraí go díreach i ndiaidh toiseacht ar bhaint na bpreátaí. Thíos ar bhruach an chladaigh bhí mé féin is mo mháthair ag baint phreátaí, agus ar an taobh eile den chrígh bhí Neilí Mhór agus a cuid gasúr féin. Nuair ba mhian leis na mná a scíste agus tamall comhráidh a dhéanamh thigeadh siad in araicis a chéile go suíodh siad ar chlaí na crí. Agus théadh na gasúraí síos a chur a gcuid bádaí beaga ar snámh ar an lán mhara.

Bhí sé ar lá chomh ciúin agus tháinig riamh. Bhí an Pointe ina luí thíos os ár gcoinne, agus dar leat gur ina chodladh a bhí sé. Bhí sé ina luí ansin go spadánta faoin ghréin agus gan cuma air go raibh neach beo ann. Abhus ar an léana os cionn Thobar an Chonnaigh bhí Donn Dicí Ghallta ina luí ag athchognadh. Agus anonn uainn chonacthas dúinn go raibh an chuma spadánta chéanna air a bhí ar an áit a raibh sé.

'Nach uaigneach an chuma atá ar an Phointe inniu?' arsa mo mháthair. 'Agus nach fada atá na hAlbanaigh gan toiseacht a bhaint na bpreátaí?'

'Caithfidh sé gur thall ar an Bhun Bheag ag folmhú an tsoithigh atá siad,' arsa Neilí, 'nó ní fhaca mé aon duine beo an taobh seo abhus den reannaigh ó mhaidin inniu.'

'An bhfuil an soitheach istigh? arsa mo mháthair.

'Tá,' arsa Neilí. 'Bhí sí ag scairtigh ar *philot* nuair a bhí mise ag cur amach an eallaigh ar maidin.'

'Bhail, sin an áit a bhfuil siad,' arsa mo mháthair.

Le sin féin chualamar géim bó thuas eadar thú agus tóin Rinn na Mónadh. Agus chuala Donn Dicí Ghallta í san am chéanna. D'éirigh sé ina sheasamh agus shín sé é féin. Ansin d'amharc sé ó dheas agus d'imigh leis ar sodar anuas na méilte ag tarraingt ar an tráigh.

'Cé leis an bhó?' arsa mo mháthair, ag amharc anonn ar an Tráigh Bháin.

'Is cosúil ó seo í le bó Dhonnchaidh Eoghainín,' arsa Neilí. 'Agus is í atá ann ceart go leor.'

'Bó bheag iontach mhaith í sin.' arsa mo mháthair.

'Bíonn gamhain aici an uile bhliain. Agus ní dheachaigh sí amach tirim ón chéad uair a chuaigh sí ar a bainne.'

Le sin féin seo amach as tigh Dicí Ghallta triúr fear, agus anuas leo an méid a bhí ina gcraiceann i ndiaidh an tairbh. Tháinig beirt eile aniar as cúl na Maoile Móire agus d'éirigh an scairteach agus an callán acu.

'Faoi Dhia,' arsa mo mháthair, 'goidé an tamhach táisc siúd atá acu?'

'Ag iarraidh an tarbh a philleadh atá siad, dar leat,' arsa Neilí.

Agus ba ea. Agus a sáith a bhí os a gcoinne, nó ní raibh an tarbh ag brath a bheith umhal dá dtoil, agus thug sé an dú-rása ag iarraidh an triúr a bhí ina dhiaidh a scoitheadh. Agus bhí siad scoite aige nuair a tháinig an bheirt thiar anall roimhe agus thug siad air pilleadh amach in aice an deáin. Chuir siad i gcoirneál ansin é go dtáinig tuilleadh cuidithe, agus thiomáin leo é gur chuir siad isteach chun an bhóithigh é agus gur dhruid an doras air.

Bhí an dú-iontas ar mo mháthair is ar Neilí Mhóir. Ní raibh a fhios acu faoin spéir goidé an tallann a bhuail na hAlbanaigh. Iadsan a bhí lách cineálta le fada riamh agus a bhí ag coinneáil muiríní is bláiche linn, goidé faoin rí a tháinig orthu? Goidé an iaróg a bhí siad ag brath a thógáil? An díoltas ar leith a bhí siad a imirt ar fhear na bó? Agus, má ba ea, goidé b'údar dó?

'Rud éigint atá in éadan Dhonnchaidh Eoghainín ag Dicí Gallta,' arsa Neilí Mhór. 'Dá mbeadh siad ag brath titim amach leis an iomlán againn ní bheadh siad ag díol muiríní is bláiche le muintir an bhaile seo. Níl sé ach an lá fá dheireadh ó tháinig Neansaí Ní Chanann aníos i ndiaidh focal a chur ar dhá bheart muiríní agus canna bláiche léi as tigh Jamsey an Chrainn. Agus,' ar sise, 'tá Searlaí Liam Bhig ar fostó ar an Charn Bhuí. Dá mbeadh rún ar bith iaróige ag na hAlbanaigh bhéarfaí cion a raibh cosanta aige do Shearlaí agus chuirfí 'un an bhaile é. Sin a rud a chuala mé m'athair a rá a rinneadh le Frainc Chaitlín Óige bliain amháin fada ó shin a raibh cogadh ann.'

Tháinig mo mháthair léithi ar an scéal. Bhí gnoithe an tairbh, ar ndóigh, dothuigthe. Ach ina dhiaidh sin níorbh

ıonann é agus a bheith cinnte go raibh cogadh Gael re
Gallaibh ar aghaidh boise againn. Bhíomar ag roinnt leo i
ngnoithe bláiche is muiríní. Bhí siad i bhfách le *Home Rule*
oiread is bhí na Gaeil. Agus bhí an *Chargé d'Affaires* ar
fad ar an Charn Bhuí. Bhí an *Entente* chomh *cordiale* is
bhí sí riamh. Agus ba dóiche, nuair a gheofaí fios na fírinne,
nach raibh mioscais ar bith i ngnoithe an tairbh.

Bhí siad ar tí éirí agus a ghabháil i gceann a gcuid oibre
arís. Ach le sin féin tí siad curach ag teacht amach as caslaigh
Bhinn na Feannóige agus ag tarraingt anall ar thóin Rinn
na Feirste. Bhí beirt sa churach, duine acu ar an chéasla
agus an duine eile ina shuí thiar i ndeireadh. Cér bith a bhí
ann, ar chladach an bhaile s'againne a bhí siad ag tarraingt.
B'fhéidir gur teachta a bhí ann a cuireadh anall a mhíniú
ghnoithe an tairbh agus a dh'iarraidh pardúin ar an Gaeil
. . . Tháinig an curach anall an Oitir Mhór. Bhí sé ag
déanamh díreach ar Ghob na Sligeán.

Nuair a tháinig sé fá ghiota den chladach d'aithin Neilí
Mhór cé bhí ann. 'Curach Chondaí Chonaill,' ar sise, 'agus
ar m'anam gurb é sin gasúr Liam Bhig ina shuí thiar i
ndeireadh.'

'Bhail, tá rud éigint ar cois,' arsa mo mháthair. 'Ní raibh
i ngnoithe an tairbh ach tús. Tá an rothán ann, cár bith is
údar dó.'

Le sin tháinig an curach isteach chun an chladaigh. Lig
fear na céasla a dheireadh thart go dtí an chreag. Tháinig an
Chargé d'Affaires de léim amach agus a bhunal faoina
ascaill leis. Agus seo aníos a fhad linn féin é.

'An é rud a d'fhág tú d'fhostó, a Shearlaí?' arsa Neilí
Mhór.

'Chuir sé ar shiúl me,' arsa an gasúr. 'Mura gcuireadh
féin d'imeoinn. Ní raibh beatha madaidh agam ann le trí
lá. Thug sé cion a raibh cosanta agam domh ar ball agus
d'iarr sé orm a bheith ar shiúl.'

'Agus goidé an diabhal atá ag teacht orthu?' arsa mo
mháthair.

'Níl a fhios agam,' arsa an gasúr. 'Ach gur dhúirt mac
Chondaí Chonaill liom gurbh é an cogadh a chuir ar mire
iad.'

'Cá bhfuil an cogadh?' arsa Neilí Mhór.

'Amuigh sna tíortha cúil in áit éigint,' arsa an gasúr. 'D'ainmnigh Jimmy Chondaí Chonaill an tír domh, dá gcoinnínn cuimhne uirthi.'

Bhí an cogadh ar obair le trí nó ceathair de laetha roimhe sin, ach nach raibh a fhios againn. Agus an lá céanna sin bhí trí dhream daoine i ndáil chomhairle agus rinne an ceann feadhna a bhí ar gach dream acu óráid ag inse agus ag míniú goidé an bhail a bhí orthu agus goidé ba cheart a dhéanamh.

Sa *House of Commons* i Londain dúirt Joseph Chamberlain gur dream de dhaoine fiánta gan chéill gan chreideamh na Boers. Go raibh sé de dhualgas ar Shasain na daoine fiáine seo a thabhairt chun creidimh agus chun céille, mar bhí déanta acu le páirt mhór den domhan . . . Níor loic Sasain riamh am ar bith a raibh dorchadas an Ainspioraid ag iarraidh buaidh a fháil ar sholas na Críostaíochta. Agus ní loicfeadh sí an iarraidh seo ach oiread. Throidfeadh sí mar throid sí riamh ar son na córach agus na fírinne.

An lá céanna sin, amuigh i bPretoria, labhair Pól Kruger i láthair an *Rand* agus dúirt sé go raibh an gadaí mór ag tarraingt orthu le tine is le harm. Dúirt sé gur shantaigh Sasain 'ach aon rud riamh dá bhfaca sí, agus gur ghoid sí an méid de a tháinig léithi. Go raibh leath an domhain siúlta aici agus an Bíobla i láimh dá chuid agus claíomh sa láimh eile. Gur ór is cloch sholais an Transvaal a bhí ag cur bhuartha uirthi is nach na Boers a thabhairt chun creidimh. Ach go dtroidfeadh na Boers go dtí an deor dheireanach in éadan an ghadaí ghránna.

Agus bhí an tríú comhdháil i dtigh Raibí Alcorn ar an Phointe. Agus labhair Dicí Gallta in ainm na nAlbanach. Dúirt sé go raibh an nimh san fheoil ag na Gaeil ar fad dóibh. Gur mhaith leo Sasain an cogadh seo a chailleadh. Ansin bheadh gléas orthu an rud a bhí riamh ar a gcroí a dhéanamh: na hAlbanaigh a dhíbirt amach as an Phointe. Ach ní bheadh sé chomh réidh sin ag na Gaeil. Dhíolfadh seisean an tarbh. Chuirfí Searlaí Liam Bhig chun an bhaile. Agus ní thabharfaí aon sop muiríní ná aon deor bhláiche ní ba mhó do mhuintir Rinn na Feirste!

Ní raibh a fhios sin agamsa an t-am sin, ar ndóigh, nó go ceann tamaill ina dhiaidh. Ní raibh a fhios agam a dhath ach go raibh cogadh 'sna tíortha cúil in áit éigint,' agus go raibh an *Entente Cordiale* ina smionagar.

Máire John a thug an chéad *chommuniqué* chugainn. An tráthnóna sin tháinig sí anuas go Tobar na Cruaiche fá choinne stópa uisce. agus bhí iomlán an scéil léi. 'Tá rud iontach ar an Phointe,' ar sise. 'Bhí mé thíos inniu ag iarraidh muiríní agus diabhal sop a bhí le fáil agam, nó ag aon duine istigh ar do bhaile. Tá Sasain i gcogadh le daoine a dtugann siad na Boers orthu, agus bhris an fheall amach sna hAlbanaigh. Ní ligfeadh Dicí Gallta a tharbh a fhad le bó Dhonnchaidh Eoghainín agus chuir Bilí na cruite gasúr Liam Bhig 'un an bhaile. Agus diabhal sop muiríní le fáil ar an Phointe ag aon mhac Gaeil sna Rosa. Ach d'iarr mise ar Ritsí an chársáin a chuid muiríní a chur suas ina mhuinchille. Á, 'leanbh,' ar sise, agus chroith sí a ceann, 'tá an drochdheor ansin. Ach bainfear astu é. Eadar Donnchadh Eoghainín Eoghain is Dia, an chéad áit a gcasfar Dicí na bpislín air go gcuirfidh sé an caimbéal an taobh eile air.'

Ba doiligh síochaimh a dhéanamh eadrainn ina dhiaidh sin. Agus ní dhearnadh í ach oiread. Ar feadh na mblianta roimhe sin shílfeadh duine go raibh dlúthcheangal eadar na Gaeil is na hAlbanaigh. Ach ní raibh. Bhí siad mar bheadh dhá cheann chapall a bheadh ceangailte dá chéile le nasc cocháin agus a shiúladh go stuama i gcuideachta a chéile fad is bheadh a dtoil le aon bhealach amháin. Bhí, ar ndóigh, níos mó ná aon dual amháin sa nasc a bhí ag ceangal na nGael is na nAlbanach. Bhí Isaac Butt ann agus Searlaí Liam Bhig agus blách is muiríneach agus tarbh Dicí Ghallta. Ach chomh luath is chuaigh Sasain chun cogaidh thug an tAlbanach aghaidh ar Londain agus chor an Gael a cheann go tobann féacháil an raibh marcshlua Ailigh ag muscladh. Agus bhris siad an ceangal mar nach mbeadh ann ach snáithe síoda.

Tháinig na fir chun an bhaile i dtrátha na Samhna, agus ar feadh an gheimhridh ní rabhthas ag caint ar a dhath i Rinn

na Feirste ach ar an chogadh. Bhíodh scaifte ag airneál
tigh s' againne 'ach aon oíche. Sin an t-am a chonaic mé an
chéad pháipéar nuaíochta, lá amháin a tháinig mo mháthair
as an Bhun Bheag agus an *Derry Journal* léithi. Bhí an teach
lán ó chúl go doras an oíche sin agus Niall Sheimisín ag
léamh an pháipéir agus á inse i nGaeilge don chuid eile.

Agus ansin, nuair a bhí an páipéar léite, shuigh an t-iom-
lán thart agus thoisigh an comhrá fá na Boers. Bhí an
dúrud eolais ag muintir an bhaile s' againne orthu. Is minic
agus mé i mo shuí ag éisteacht leis an tseanchas seo, is
minic sin a thug na Boers na Fianna agus Curaidh na
Craobhruaidhe i mo cheann. Bhí na Boers thar a bheith gasta
ina rith. An beathach capaill ba ghaiste a bhí riamh ann
leanfadh fear de na Boers ar a rása é, gheobhadh greim air
agus rachadh de léim ar a dhroim. Agus bhí súil iontach ar
an ghunna acu. Leagfadh fear acu gealbhan dhá mhíle
uaidh. B'éigean do Shasain aon chineál amháin culaithe a
chur ar oifigigh is ar shaighdiúirí singilte. D'aithneodh fear
de na Boers cnaipí oifigigh fad a amhairc uaidh agus bhíothas
ag leagan na n-oifigeach chomh tiubh sin is go m'éigean
dóibh na hornáidí a chaitheamh i leataobh!

Ach bhí fear amháin de na Boers os cionn an iomláin a
mbíthí ag síorchaint air, mar a bhí Cronje. Ní raibh a
leithéid ann ó chuaigh Cúchulainn chun sleanntrach. Ba
leon a chéad éacht. Ní raibh sé ach ina ghasúr i gceann a
dheich mblian san am. Bhí sé lá amháin ag gabháil thart le
himeall coilleadh ag marcaíocht ar chapall agus a dheirfiúr
ar a chúlaibh leis. Bhí sise dhá bhliain ní b'óige ná é. Níor
mhothaigh siad riamh go dtug leon léim aniar as cúl crainn
agus bhí an ghirseach glan amach as an phillín leis. Ach
sula bhfuair sé faill a theacht chun talaimh bhuail an gasúr
de chúl a láimhe le bonn na fuipe é agus bhris sé an tsúil
ina cheann. Chuir an buille mearbhlán sa leon agus lig sé
amach a ghreim. I bhfaiteadh na súl tharraing an gasúr an
piostal as a chrios agus chuir sé trí hurchair fríd chroí an
leoin, ceann i ndiaidh an chinn eile!

An fear a raibh an sracadh seo ina ghasúr ann, cérbh
ionadh é bheith ina laoch chalma nuair a tháinig ann dó?
Bhí a shliocht air, bhí sé ag déanamh slad ar na Sasanaigh

agus gan a fhios acu leath an ama cá raibh sé. Fiche uair i
rith an gheimhridh sin shíl ceann airm na Sasana go raibh
sé gabhte acu. Bhí an dol thart air. Ní thiocfadh leis imeacht.
Ní raibh le déanamh ach dhá cheann na heangaí a tharraingt
. . . Agus ansin ba é an dara scéala a thiocfadh go raibh
Cronje leathchéad míle ón áit a rabhthas ag dúil lena
cheapadh, agus marfach úrnua déanta ar na Sasanaigh aige.

Bhí an mhórchuid de na scéalta seo fíor. Ach chuirtí
aguisín leo corruair. Agus is iomaí scéal a cumadh nach
raibh focal amháin fírinne iontu. An chuid ab fhearr de na
scéalta seo ba as 'páipéar Dhónaill Ic Ailín' a thigeadh siad.
Bhí Dónall ina chónaí ar an cheann amuigh den bhaile agus
gheibheadh sé an páipéar 'ach aon Satharn. As páipéar
Dhónaill Ic Ailín a thigeadh an chuid ba liteartha agus
ab ealaíonta de na scéalta. Seo ceann acu—ceann a d'inis
Condaí Éamoinn oíche amháin i dtigh s'againne.

'Tá seanduine amháin ann,' arsa Condaí, 'agus tá súil
iontach ar an ghunna aige. Sheasódh sé sa doras sin thiar
agus bhainfeadh sé bairneach de na *Stags** le hurchar.
Nuair a thoisigh an cogadh chuir sé ceist goidé a bhí na
Sasanaigh a iarraidh. "Tá, an t-ór," arsa an té a bhí ag
caint leis. "Bhail," arsa an seanduine, níl mórán óir agam
féin, ach an méid atá gheobhaidh siad é fá chroí mhór
mhaith," Thug sé leis an t-ór agus leáigh sé é agus rinne
piléir de. Agus níl lá ar bith nach dtéid sé amach agus nach
scaoileann sé trí hurchair. Agus marbhann sé saighdiúir
Sasanach le gach urchar. Seacht n-urchar déag is daichead
a bhí scaoilte inné aige. Agus níor scaoil sé aon urchar
iomrallach i rith an ama. Níl aon lá dá dtéid thairis nach
bhfágann sé trí hoifigigh ina luí marbh agus piléar óir i
gclár an éadain i ngach aon fhear acu!'

'Tá dúil agam go bhfuil lón maith óir aige,' arsa m'athair.

'Ná bíodh eagla ar bith fá sin ort,' arsa Condaí, agus
rinne sé gáire beag croíúil. 'Tá neart óir aige. Tá, oiread is
choinneos ag scaoileadh é seacht lá dhéag is cúig bliana.'

*Na Mic Ó gCorra, carraigeacha seacht míle siar san
fharraige.

Amach in aice na Nollag bhí ollghairdeas mór i Rinn na
Feirste ar feadh seachtaine. Thigeadh Niall Sheimisín tigh
s'againne 'ach aon oíche agus páipéar leis, agus bhíodh an
teach lán ó chúl to doras. Agus ní raibh ann ach 'ach aon
scéala ag breith bua ar an scéala a tháinig roimhe. Buaileadh
na Sasanaigh ag Stormberg agus chaill siad dhá mhíle fear
agus iomlán airm. Ach bhain an dara héacht an bláth den
chéad cheann. Títhear domh go fóill go bhfeicim Niall
Sheimisín agus an páipéar ar a ghlún aige agus é ag inse an
scéil i nGaeilge. Bhí Cronje agus cúig chéad fear leis i
gcampa i Magersfontein. Tháinig General Methuen agus
ceithre mhíle fear leis san oíche, ag brath a theacht thart
orthu. Níor mhothaigh siad riamh gur fágadh istigh fríd
shreangacha dealgacha iad, agus ní thiocfadh leo a ghabháil
ar aghaidh nó a ghabháil ar gcúl. Le sin féin d'éirigh solas i
gcampa na mBoers agus las sé taobh an chnoic go dtí gur
léir duit coinín fad d'amhairc uait. Agus ansin thoisigh an
scaoileadh. Ba iad fir an Highland Brigade a bhí ar thoiseach
an tslóigh agus General Wauchope mar cheannfort orthu.

Ba iad na Highlanders bhochta agus na Dublin Fusiliers
ba mhinice bhíodh sa bhearna bhaoil sa cogadh seo. Agus
níorbh é an chuid ba lú den léan go raibh an dá dhream
chomh gann sin i gcéill is go raibh siad ag fáil bháis ar son
Impireacht Shasana a d'fhág Alba agus Éire riamh scriosta.
Sa chath seo marbhadh an ceannfort leis an chéad rois.
Agus marbhadh sé chéad dá chuid fear ina dhiaidh sin.

Thóg Niall an páipéar agus tháinig loinnir lúcháireach
ina shúile. 'Nach méanair atá beo go bhfacamar é?' ar
seiseah.

Cupla lá ina dhiaidh sin tháinig scéala fá bhriseadh mhór
eile. Thug Buller iarraidh a ghabháil trasna an Tugela.
Chaill sé corradh le míle fear agus deich ngunna móra,
agus ní raibh ann ach gur imigh sé féin lena bheo. Bhí na
Boers ag déanamh easair chosáin díobh i ndiaidh go raibh a
sheacht n-oiread saighdiúirí sa chuibhreann ag Sasain.

Bhí muintir Rinn na Feirste sa ghlóir, agus bhí Albanaigh
an Phointe faoi bhrón agus bhriseadh croí. Agus ní dhearn
siad maith leis an *bhoycott* a chuir siad orainn ach oiread.
Thug muintir Ghaoth Dobhair muiríneach dúinn agus

fuaireamar blách as Mín na Craoibhe. Agus cheannaigh muintir an bhaile tarbh i gcomhar. Níor choinnigh siad an tarbh ach cupla bliain, nó ní raibh pór maith ann. Ní raibh pór measartha féin ann. Dá mbeadh choinneofaí ar feadh fada go leor é, mura mbeadh ann ach le holc ar Dicí Ghallta.

Amach i ndeireadh na bhFaoilleach, faraor, thoisigh na drochscéalta a theacht. Bhí scaifte maith cruinn i dtigh s'againne oíche amháin agus Niall Sheimisín ag léamh an pháipéir. Ní raibh aon duine ag labhairt. Agus shílfeá gur ag rá an Phaidrín os cionn marbhánaigh a bhí Niall leis an bhrón a bhí ina ghlór.

'Tá eagla orm go bhfuil Cronje sa dol an iarraidh seo,' ar seisean.

'Tá Dia láidir agus máthair mhaith aige,' arsa mo mháthair.

'Bhail, mura ndéana miorúiltí é,' arsa Niall, agus d'éirigh sé agus spréigh sé léarscáil amach ar an tábla. Agus chruinnigh na fir thart air. 'Sin ansin Bloemfontein,' arsa Niall. 'Tá Cronje ag déanamh air, ach níl ach trí bhealach aige le ghabháil trasna ar an Modder. Tá Lord Roberts ansin. agus French abhus anseo. Níl fágtha aige ach Paardeberg, agus tá Kitchener ag teacht roimhe ansin. Tá sé istigh ansin agus gan bealach éalóidh aige. Agus an pionsúr ag teannadh air 'ach aon lá.'

'Tá sé gabhte an iarraidh seo,' arsa m'athair go brúite, agus phill sé anall chun na tineadh a dheargadh a phíopa.

Ar feadh seachtaine ina dhiaidh sin, ní chluinfeá a dhath ach an cineál seo comhráidh áit ar bith a gcasfaí beirt nó triúr ar a chéile:

'An dtáinig scéala ar bith inniú?'

'Tháinig; tá sé ag coinneáil troda go fóill leo.'

'Is ceart é.'

'Tá deich míle fhichead fear os a choinne agus gan aige féin ach trí mhíle.'

'Bhail, rífhear atá ann.'

'Féadann tú sin a rá.'

'Mac na Maighdine go dtara lena chabhair ionsair.'

'Aiméan.'

Tráthnóna amháin sa deireadh tímid Aodh John ag tarraingt anall ag an Leic Bháin agus cuma iontach bhrúite air. B'fhurast aithne nárbh é an dea-scéal a bhí leis. 'Táimid buailte,' ar seisean, nuair a chuir sé a cheann isteach ar an doras. 'Chuir mé fear de na gasúraí go hAnagaire ar maidin. Agus tá an scéala i ndiaidh a theacht. Beireadh air ar maidin inné.'

'Níl neart air, faraor,' arsa m'athair.

'Níl, níl,' arsa Aodh. Agus ní dhearn siad comhrá ar bith ab fhiú. Shuigh siad ansin ar dhá thaobh na tineadh agus gan focal astu.

Tháinig Niall Sheimisín an oíche sin agus an páipéar leis. Agus sin an oíche ba bhrónaí agus ba bhrúite a chonaic mise riamh i Rinn na Feirste. Thug Niall iarraidh uchtach a thabhairt dóibh. 'Níl na Boers buailte ar chor ar bith,' ar seisean, 'agus ná síleadh duine ar bith go bhfuil. Tá fear acu go fóill chomh maith le Cronje, fear, b'fhéidir, is fearr ná é, mar atá De Wet.'

'Ba mhaith an fear scéil thú,' arsa Seán Néill.

'Bhail, siúd an fhírinne,' arsa Niall. 'Tá éachtaí millteanacha déanta ag De Wet cheana féin.'

Ach má dúirt Niall sin féin ní raibh cuma air go raibh mórán dóchais aige. Bhí glór an bhróin ina chuid cainte agus bhí smúid ar a dhreach. Stad an comhrá . . . Bhí Cronje gabhte. Bhí na Boers ar shéala a bheith faoi smacht . . . Bhí lámh an uachtair ag Sasain go húrnua . . . Agus an rud ba ghoilliúnaí den iomlán, Albanaigh an Phointe. Nach doiligh a bhfuilstin amárach?

'Ní beo dúinn ár mbeo feasta, ag amharc ar an oll-ghairdeas a bheas ar na hAlbanaigh,' arsa Aodh John.

'Mo choinsias, tugadh siad air daofa féin,' arsa Eoin Rua. 'An chéad fhear acu a dhéanfas fead nó scairt amárach rachaidh mé anonn, mura mbeadh domh ach a ghabháil ar an tsnámh, go bhfága mé báite ina chuid fola ag a dhoras féin é.'

'Ní dhéanfaidh siad callán ar bith, dá mhéad a lúcháir,' arsa m'athair. 'Ní ligfidh an eagla daofa.'

'Cuirfidh mé geall,' arsa duine eile, 'go bhfeicfidh sibh tinte amuigh acu roimh am luí go fóill.'

'Bhail, má bhíonn,' arsa Donnchadh Eoghainín, 'ba cheart dúinne a ghabháil síos agus cuidiú leo na tinte a lasadh agus na tithe a dhćdh os a gcionn.'

'Dar Dia, rachaimid síos cár bith sin nuair a bheas tráigh ann,' arsa Eoin Rua, 'agus ní fhágfaimid aon teach Albanaigh ar an Phointe nach ndófaimid go dtí an urlainn.'

'Ba cheart dúinn an Paidrín a rá do na Boers,' arsa Donnchadh Phadaí Sheáinín, 'le Dia ceann feadhna maith a chur chucu in áit an fhir a chaill siad agus lena neartú chun bua.'

'Siúd an rud ba cheart dúinn a dhéanamh,' arsa Eoin Rua, ''ach aon teach Albanaigh ar an Phointe a bheith ar scoite lasrach againn roimh an mheán oíche. Agus déarfaimid an Paidrín sula n-imímid. Goidé deir tusa. 'Mháire?' ar seisean le mo mháthair.

'Bhail,' arsa mo mháthair, 'ní chuirfidh aon duine i d'éadan fá rún amháin dá bhfuil agat.'

'Maith go leor,' arsa Eoin, 'ach ba cheart dúinn an Paidrín a rá, fosta.'

Bhí mé ar an scoil go raibh crothán léinn agam. Nó, ar scor ar bith, shíl mé féin is mo mhuintir go raibh. Ní raibh mé ábalta mórán comhráidh a dhéanamh i mBéarla san am ach, mura raibh féin, bhí dornán maith de agam. Bhí cuimhne mhaith agam. Rud ar bith a thuigfinn agus a mbeadh spéis agam ann, ní raibh le déanamh agam ach a léamh nó a chluinstin uair nó dhó agus bhí sé agam ar mo theanga. Bhí cuid mhaith dánta as leabhra na scoile agam, *Hohenlinden* agus *The Burial of Sir John Moore* agus *Lord Ullin's Daughter*. Ach nuair a chuaigh mé sa Seisiú Leabhar bhí na dánta róchruaidh agam. Níor fhoghlaim mé ach aon cheann amháin acu, *The Chase*. In áit na dánta a bhí sa leabhar a fhoghlaim is é rud a thoisigh mé a cheannacht amhrán ar Aonach Jack. Agus d'fhoghlaim mé dornán eile ó scaifte tincléirí a chaith seal geimhridh i scióból Chormaic Mhóir. Acusan a fuair mé na hamhráin ab fhearr liom den iomlán, *Moorlough Mary* agus *Brennan on the Moor* agus *The Rights of Man*.

Bhí sé amuigh orm san am seo gur gasúr géarchúiseach a bhí ionam. Thiocfadh liom páipéar gearrthach a léamh agus guí an phobail a chur le duine agus leitir a chur go Meiriceá. Bhí mé ábalta ceisteanna cruaidhe a fhuascladh. Thiocfadh liom na tincléirí a thabhairt trasna an gaoth agus an 'dáréag a chur a dh'ól' chomh maith le aon fhear i Rinn na Feirste. Ach ní thabhódh sin mórán cliú domh, nó ní raibh iontu ach ceisteanna chois tineadh nach raibh baint ar bith le gnoithe léinn acu. Ach bhí mé ábalta ceisteanna a fhuascladh le x is le y a thug ar mhórán daoine a shílstean go raibh léann maith agam.

Samhradh amháin rinne mo mhuintir amach mo chur chun coláiste. Seo mar tharla. Thug an sagart amach Domhnach amháin go raibh an oiread seo áiteacha in ascaidh i gColáiste Shliabh an tSín fá choinne gasúraí a raibh intleacht agus léann maith acu. Chuaigh mo mháthair chun comhráidh leis an tsagart cupla lá ina dhiaidh sin. Agus mhínigh an sagart an scéal di. Dá ndéanainn gnoithe maithe ag an scrúdú gheobhainn dhá bhliain saor ó dholaidh.

'Ba cheart do dhá bhliain bail mhór a chur air,' arsa mo mháthair.

'Ní bheidh ann ach tús,' arsa an sagart.

'Cluin Dia sinn!' arsa mo mháthair.

'Ná caill d'uchtach,' arsa an sagart. 'Má chuireann sé leis agus an t-ádh a bheith air b'fhéidir gur cupla bliain eile a gheobhadh sé i mBaile Átha Cliath.'

Tháinig mo mháthair chun an bhaile agus d'inis sí a scéal do m'athair. Ní raibh cuma airsean go raibh mórán dóchais aige asam. Ach ní raibh ionam ach gasúr caol anbhann agus ní raibh aon chuid mhór uchtaigh aige asam mar ábhar oibrí. Chan a rá nach raibh sé go maith domh sin. Ba mheasa leis mé ná an tsúil a bhí ina cheann. Ach bhí eagla air nach ndéanfainn aon éacht choíche i gceann rámha nó spáide nó speile. Chuaigh sé féin go hAlbain i gceann a shé mblian déag agus bhain sé an t-iomaire i rith an fhómhair agus na buanaithe ab fhearr sna Rosa ar an mheithil. Bhí mise i gceann mo thrí mblian déag nuair a thoisigh mo mháthair a chaint ar mo chur chun coláiste. Agus bhí a fhios ag m'athair gur bheag maith a dhéanfainn ar chonlaigh an fhómhair in Albain fá cheann thrí mblian eile. 'Bhail,' ar seisean sa deireadh, 'is fearr 'ach aon rud ná do shaol a chaitheamh anonn is anall eadar Éire is Albain. Sin díogha.'

An oíche sin níor chodail mé féin go raibh sé déanach ach ag smaoineamh ar an tsaol a bhí romham. Nár mhilltean-ach an méid léinn a bheadh agam nuair a bheadh dhá bhliain caite i gcoláiste agam, agus b'fhéidir trí bliana eile i mBaile Átha Cliath. Bheadh a dhá oiread léinn agam leis an mháistir. Bheadh oiread agam le *hinspector*. Bíonn an dúléann acusan.

Chaith mé cupla lá ag caint le mo mháthair ar an tsaol a bhí fá mo choinne. Cá háit a raibh Baile Átha Cliath? An raibh sé i bhfad os cionn an tSratha Báin? Agus mar sin. Bhí oiread suime ag mo mháthair sna gnoithe is a bhí agam féin. Ach thug mé fá dear nach raibh fonn ar m'athair mórán ar bith cainte a dhéanamh ar choláistí. Ní raibh ann ach rogha an dá dhíogha.

Ach, ar scor ar bith, cupla seachtain ina dhiaidh sin bhí

an scrúdú ar an Chlochán Bhán agus chuaigh mé féin siar.
Bhí scaifte mór gasúr ansin, cultacha deasa éadaigh orthu,
neart Béarla acu agus cuma orthu go raibh siad chomh
heolach is nach mbeadh binn ar bith acu ar an scrúdú.
D'amharc siad orm féin mar bheadh drochmheas acu ar mo
dheilbh is ar mo cheirteach. Labhair fear acu liom, agus
nuair a thug mé freagra air thoisigh cuid eile acu a gháirí.
Bhí mé ag déanamh gur ag magadh ar mo chuid Béarla a
bhí siad. D'imigh mé síos uathu giota agus, tamall beag ina
dhiaidh sin, caitheadh cupla dartán orm. Bhí mo chroí i
mo chliabh gonta. Cad chuige ar thóg siad ceann corr domh
chomh luath is a chonaic siad mé? Goidé a bhí contráilte
liom? Goidé an lear a fágadh orm?

Níorbh fhada gur foscladh teach na scoile agus chuamar
isteach. Shuíomar sna suíocháin agus slat eadar 'ach aon
bheirt. Tugadh páipéir dúinn a raibh ceisteanna priontáilte
orthu agus thoisíomar. Rinne mé féin gnoithe maith go
leor leis na ceisteanna seo. Bhí an t-*algebra* go measartha
maith agam, agus tháinig an *compound proportion* liom
chomh luath is a d'amharc mé air. Bhí mé sásta. Bhí an
chuid ba deacaire den scrúdú tharam agam agus obair
mhaith go leor déanta agam. Bhí, ar ndóigh, tuilleadh againn
le déanamh ina dhiaidh sin. Bhí againn le *composition* a
scríobh agus ceisteanna graiméir le freagairt. Agus ansin
píosa Béarla le léamh is le míniú.

Nuair a bhí tráth na bpáipéar caite chruinnigh fear an
scrúdaithe iad, chuir isteach i mbocsa iad agus chuir an glas
orthu. Ansin tharraing sé air an Seisiú Leabhar agus thoisigh
sé a chur scrúdaithe orainn. Agus cé an chéad ghasúr ar iarr
sé air léamh ach mé féin? Agus an rud a d'iarr sé orm a
léamh? Tá, dán a bhí sa leabhar nár thuig mé riamh—dán
darbh ainm *Lycidas*. Ní raibh dúil ar bith riamh agam ann.
Ní raibh ceol ar bith ann. Agus chonacthas domhsa nach
raibh ciall ná réasún ann.

'*Begin there at the top of page 297,*' ar seisean. Agus
thoisigh mé féin:

> *O fountain Arethuse, and thou honour'd flood*
> *Smooth-sliding Mincius, crown'd with vocal reeds,*
> *That strain I heard was of a higher mood.*

But now my oat proceeds
And listens to the herald of the sea
That came in Neptune's plea;
He asked the waves and asked the felon winds
What hard mishap hath doomed this gentle swain?
And questioned every gust of rugged wings
That blows from off each beakèd promontory:
They knew not of his story;
And sage Hippotadès their answer brings
That not a blast was from the dungeon stray'd
The air was calm and on the level brine
Sleek Panopè with all her sisters play'd.
It was that fatal and perfidious bark
Built in the eclipse and rigged with curses dark,
That sunk so low that sacred head of thine.

Bhí mé ag tabhairt leasainmneacha ar leath na bhfocal
agus eisean do mo cheartú. Agus tháinig oiread cearthaí
orm is nach raibh a fhios agam goidé bhí sé a rá. Nuair a
chríochnaigh mé an léitheoireacht thoisigh sé a chur
ceastóireachta orm, agus ba mhaith riamh é, i dtaca le holc,
go dtí sin. Bhí gasúr as an Chlochán Bhán, mac píléir, bhí
sin ina shuí ag mo thaobh. Agus nuair a sháraíodh an cheist
ormsa chuirtí airsean í, agus bhí an freagra ar bharr a
theanga leis, an uile cheann riamh acu.

'*What is the meaning of Arethuse and Mincius?*'
Níor labhair mé féin.
'*Next boy.*'
'*Sicilian and Italian waters here alluded to as representing*
the pastoral poetry of Theocritus and Virgil,' arsa an gasúr.
'*Oat. What does he mean by "oat"?*'
'*Corn,*' arsa mise. Dar liom féin sin ceann amháin agam.
'*Next boy.*'
'*Pipe. Used here for song, like Collin's oaten stop.*'
'*Very good,*' arsa an scrúdaitheoir. '*your name is . . .?*'
'*George McClatchie,*' arsa an gasúr.
'*Who was Hippotadès?*'
Níor labhair mé féin.
'*Well, George?*'

`The god of the winds.'

Agus ba é George a thug freagra ar an chuid eile de na ceisteanna a cuireadh ormsa.

'Who was Panopè?'

'A Nereid.'

'What does Panopè seem to express?'

'Panopè seems to express the boundlessness of the ocean-horizon when seen from a height, as compared with the limited sky-line in hilly countries such as Greece or Asia Minor.'

Agus cá raibh mise ansin?

Léigh gasúr eile píosa ina dhiaidh sin. Cuireadh ceist-eanna air fá bhrí na bhfocal agus ceist ar bith a d'fheall air bhí an choimhlint eadar beirt acu—eadar Seoirse agus mac dochtúra a bhí ann.

'When was pastoral poetry first written?'

Níor labhair gasúr an dochtúra. Agus b'fhurast a aithne ar an loinnir a tháinig i súile Sheoirse go raibh an freagra aige ar bharr a theanga.

'Well, George?' arsa an scrúdaitheoir. Agus chuir George and dlaíóg mhullaigh ar na gnoithe.

'Strict pastoral poetry,' ar seisean, 'was first written or perfected by the Dorian Greeks settled in Sicily. But the conventional use of it, exhibited more magnificently in Lycidas than in any other pastoral, is apparently of Roman origin.'

'Good! Very Good! Excellent!' arsa an scrúdaitheoir, agus dhruid sé an leabhar.

Tháinig mé féin chun an bhaile an tráthnóna sin agus bhí mé buartha tromchroíoch. D'fheall filíocht Bhéarla orm. Mise a raibh filíocht ionam ó thaobh na dtaobhann. Agus i ndiaidh an méid amhrán agus dánta a bhí agam ar mo theanga! Agus i ndiaidh chomh dóchasach déanfasach is bhí mé! Ní raibh barraíocht uchtaigh agam am ar bith as na rudaí eile a chuirfí orm. Ach ba bheag a shíl mé go ndéanfadh an fhilíocht ciolar chiot díom mar rinne sí.

'Cearthaí a tháinig ort, a leanbh,' arsa mo mháthair an tráthnóna sin agus mé ag déanamh mo ghearáin léi.

'Níor thuig mé oiread is focal de,' arsa mise.

'Nach breá gur thuig na gasúraí eile é?' ar sise.

'Níor dhúirt siadsan a dhath ach na *meanings* atá i ndeireadh an leabhair focal ar fhocal. Bhí siad acu ar a dteanga.'

'Agus an ea nach raibh siad agatsa?'

'Ní raibh,' arsa mise.

'Tím,' arsa mo mháthair. Agus sin ar dhúirt sí.

Ach b'fhurast a aithne uirthi go raibh ualach trom ar a croí . . . A mháthair bhocht, ba chorrach do chodladh an oíche úd. Bhí smionagar déanta den aisling a chum tú cupla seachtain roimhe sin. Agus chan ar ardcholáiste i mBaile Átha Cliath a bhí tú ag smaoineamh, ach nár lig tú do rún le aon duine againn. Bhí cinniúint ab airde ná sin i do chroí fá mo choinne. Ach ní raibh sé geallta duit sa scríbhinn.

'Cad chuige nár chaith tú stiall de *Brennan on the Moor* chucu?' arsa m'athair. 'Agus na hamhráin a d'fhoghlaim tú ó na tincléirí, an t-*Ould Orange Flute* agus *Moorlough Mary*.'

'Seo,' arsa mo mháthair, 'lig dó. Goidé an seans a fuair mo leanbh? Is furast do chlann péas Béarla is léann a bheith acu.'

''Thaisce,' arsa m'athair, nuair a chonaic sé an gol ag briseadh orm, 'níl mise ach ag déanamh grinn . . . Seo anois, stad den chaoineadh; níl d'athair ag éileamh ar chor bith ort. Rinne tú do dhícheall. Agus ná bíodh imní ar bith ort. Nó, ar feadh a bhfaca mise ó tháinig ann domh, ní shiúlann Béarla agus intleacht chinn le chéile i gcónaí cos ar chois . . . Ach go bhfuil sé riachtanach, mar Bhéarla, le duine a thógáil as an lábán.'

Agus ar feadh chupla lá ina dhiaidh sin bhí m'athair thar a bheith cineálta liom. Thug sé leis sa bhád mé dh'athrach feamnaí. Agus bhí sé ag caint ar 'ach aon rud, ag iarraidh m'intinn a thógáil den scrúdú.

Bhí deireadh le mo chuid léinn. Níor cuireadh chun na scoile ní ba mhó mé. Agus ní raibh fá mo choinne ach an Lagán agus Albain nuair a thiocfadh ann domh. Bhí daoine eolacha sa chomharsain a chroith go cruaidh a gceann agus a dúirt go raibh a fhios acusan gur mar sin a bheadh.

'Is maith an airí ar a máthair an eala mhagaidh a rinneadh de ar an Chlochán Bhán,' arsa bean de chuid an bhaile. 'Tá truaighe agam don ghasúr, nó níl aois céille aige go fóill. Ach a mhuintir a bhí chomh hamaideach is gur shíl siad gur coláiste a bhí i ndán dó! An créatúr nach raibh oiread Béarla aige tá cupla bliain ó shin is go dtiocfadh leis freagra a thabhairt ar an easpag.'

'Is maith liom féin aici é,' arsa bean eile. 'Ní bheadh rí léi, nó leis an chuid eile de na Dálaigh, dá mbeadh sé i gcoláiste. Mórtas Dálach, a rún! Ach baineadh béim an iarraidh seo astu.'

Ach níor bhain sin an mórtas as na Dálaigh. Cupla lá ina dhiaidh sin tháinig Johnny Sheimisín isteach tigh s'againne agus é i ndiaidh a bheith ar an aonach. 'Ná bíodh imní ar bith ort fán scrúdú,' ar seisean. 'Damnú ar a gcuid Béarla. Mar dúirt Feilimí Rua, is í an ainnise a d'fhág acu féin é, na seoiníní scallta. Agus b'fhéidir dá dtéadh an fhéacháil cheart orthu gan a leithéid de mholl uilig acu. Ach is cuma duit; tá teanga agat is deise míle uair ná a gcuid Béarla briste. Smacht na Sasana a rinne éagóir ort, agus ar a lán eile chomh maith leat. Nuair a bhí Aodh Rua i dtreis ní raibh Béarla ar bith fán Chlochán Bhán. Ní raibh, ná péas ná clann péas. Bhí an Ghaeilge in ardréim nuair a bhí laochraí an Chorrshléibhe i dtreis. Agus is í ba cheart a bheith in ardréim. Nó mar dúirt Peadar Gréasaí:

> Sí Máire ba cheart a bheith 'gcóiste,
> Ach Eachdhroim 's an Bhóinn gur fheall.'

An Bhealtaine ina dhiaidh sin rinneadh amach mo chur chun an Lagáin. Agus ar eagla nach bhfuil a fhios agat, is fearr domh a inse duit gur an Lagán a bheirimid ar an taobh tíre sin, áit ar bith as Leitir Ceanainn go mbí tú ar an Ómaigh i gCondae Thír Eoghain. Albanaigh bunús mhuintir na dúiche sin. Tá an mhórchuid acu go measartha acmhainneach, agus bhíodh muintír na Gaeltachta ar fostó acu. Sin mar tháinig an saol thart. Iadsan a bheadh ar fostó againne, 'Ach Eachdhroim 's an Bhóinn gur fheall.'

Bhíodh ceithre aonach fostóidh ar an tSrath Bán sa bhliain. Ach Aonach na Bealtaine an t-aonach mór. Nuair a bhí mise i mo ghasúr théadh bunús aos óg na Rosann chun an Lagáin fá Bhealtaine. D'fhanadh siad amuigh leathbhliain an tsamhraidh. Agus thigeadh siad chun an bhaile fá Shamhain agus chaitheadh siad leathbhliain an gheimhridh sa bhaile. Nuair a bheadh cupla fostó curtha isteach ar an Lagán ag gasúr bhí sé réidh le a ghabháil go hAlbain.

Bhí Aonach na Bealtaine ag tarraingt orainn an bhliain seo agus bhíomar ag déanamh réidh le himeacht. Fuair mé féin culaith iomlán mhuilscín, bríste agus froc agus veiste. Bhí bród mór as an veiste orm. Ba í an chéad cheann a fuair mé í. Bhí sí do mo dhéanamh cosúil le stócach.

An Domhnach roimh an mhargadh bhí 'taos óg an Lagáin' uilig cruinn ar an Bháinsigh. Bhí siad ag miongháirí is ag déanamh grinn eadar amanna. Ach bhí dreach brúite ar an mhórchuid acu—an chuid acu a bhí amuigh roimhe agus a raibh a fhios acu goidé bhí fána gcoinne. Tá cumha orthu inniu agus iad ag amharc síos ar an Tráigh Bháin is ar na Maola Fionna. Ba deacair a gcruinniú Dé Domhnaigh seo chugainn. Beidh siad scabtha ar fud Chondae Thír Eoghain. Condae Thír Eoghain! Sin an t-ainm a bhí ag 'taos óg an Lagáin' ar thír na nAlbanach. Ní raibh iomrá ar bith ar Thír Eoghain. Ní raibh aithne ar bith ar Thír Eoghain. Ar Chondae Thír Eoghain a bhí aithne. Bhí a fhios ag na céadta acu go raibh Tammy Herston in Eadaí Mór agus George Ewring i Láib an Dois.

Ach ní raibh ach corrdhuine a raibh a fhios aige go raibh géaga glandaite Néill Fhrasaigh lá den tsaol ar an Tulaigh Óig. Chuala siad uilig iomrá ar lá Aonaigh an tSratha Báin. Ach is beag duine acu a chuala trácht ar 'lá oirdhearc Átha Buidhe.'

Ar scor ar bith, tháinig an lá roimh lá an aonaigh agus rinne mé féin réidh le himeacht. Bhí m'athair ag gabháil liom go ndéanadh sé m'fhostó.

Chuir mo mháthair cibé bratóga beaga éadaigh a bhí agam isteach i mála plúir. Ní raibh sí ag labhairt focal ar bith. Agus bhí linn uisce lena dhá súil. Dá labhradh sí bhrisfeadh an caoineadh uirthi, agus bhí sí ag iarraidh cúl a chur air a fhad is thiocfadh léithi. Chuaigh m'athair amach agus d'amharc sé ar an lán mhara.

'Tá an t-am againn a bheith ag imeacht,' ar seisean, ag teacht isteach ar ais dó. 'Tá sé ag tarraingt ar a hocht a chlog, agus bainfidh sé uair asainn siúl go Croithlí.'

Shnaidhm mo mháthair í féin ionam agus thoisigh sí a chaoineadh. Bhí an chuid ab óige de na páistí ina luí agus iad ina gcodladh, uilig ach Dónall. D'éirigh sé anuas go doras an tseomra ina léine agus thoisigh sé a chaoineadh fosta. Tháinig tocht orm féin nuair a chonaic mé ag caoineadh iad. Ach níor mhair sin ach tamall beag. Bhí mé róthógtha le cumha a bheith orm. Ach is romham a bhí.

D'imigh mé féin agus m'athair suas ag Tom na hAiteannaí. Bhí mo mháthair ina seasamh sa doras agus í ag caoineadh. Bhí deireadh leis an aisling a chum sí di féin. In áit a gasúr a bheith ag imeacht chun coláiste agus culaith de éadach fhíneálta dhubh air, bhí sé ag imeacht chun an Lagáin agus bríste muilscín air.

D'imíomar suas ag Beanna na Lochlannach agus amach an Carracamán. Bhí Donnchadh Phadaí Sheáinín ag líomhadh táil ag tóin an tí agus dúirt sé go raibh dúil aige go mbeadh an t-ádh orm. Bhí Seán Néill ag cur fód ar phreátaí agus d'iarr sé ar Dhia soirbhint domh féin is do gach créatúr dá raibh ag gabháil i measc na gcoimhthíoch. Bhí Condy Éamoinn ar an Mhalaidh agus shiúil sé amach linn go Píopa Thuathail, agus é ag inse do m'athair fán chéad fhostó a chuir sé isteach. Tá cuimhne ó shin agam ar a

chuid cainte. 'Thiar i Srath na Bratóige,' ar seisean, 'an
áit ar buaileadh an méid dár muintir a thug a mbeo leo as
Scairbh Sholais.' Bhí dálta chorrdhuine eile ar Chondy; bhí
an seanchas aige.

Maidin dheas a bhí ann i lár am bhaint na mónadh. Bhí
na meithleacha ar obair. Agus shílfeá gur céad solas a bhí ag
damhsa ar an Chaorán Mhór, an dóigh a raibh an ghrian ag
lonrú ar na sleánta.

Sa deireadh thángamar go stáisiún Chroithlí. Bhíomar
leathuair ansin ag fanacht leis an traen, nó bhí sí mall ag
teacht. Beidh cuimhne choíche agam ar an mhaidin sin.
Maidin dheas chiúin ghrianmhar. An abhainn thall os do
choinne agus í ag caismirnigh fríd phortach chothrom
fraoich. Thug mé fá dear díogacha agus iomaireacha ar an
leathmhala thall ag bun an chnoic, áit a dtug fear éigint
iarraidh curaíocht a dhéanamh leathchéad bliain roimhe
sin—fear éigint a chuaigh i gceann an tsaoil agus é óg
láidir móruchtúil. Thug sé iarraidh an sliabh a roiseadh agus
barr a bhaint as. Bhain sé an fraoch agus chuir sé an chré
ghorm ar uachtar agus rinne sé iomaireacha de . . . Agus sa
deireadh, lá amháin, chonacthas dó go raibh an sliabh ag
fáil a bhua. Chaith sé uaidh an spád is an phiocóid agus
d'imigh sé mar táimid-inne ag imeacht inniu. Agus i gceann
na haimsire tháinig an fraoch agus an chíb ina gcuid féin
ar ais—ach go bhfuil lorg na ndíog ansin go fóill.

Bhí scaifte mór daoine cruinn ag an stáisiún. Fear a raibh
gasúr leis, fear eile a raibh beirt ghasúr leis. Fear a raibh
cupla girseach leis. Cailíní a bhí i mbun a méide agus gan
aon duine leo ach iad féin. Agus corr-bhaintreach a bhí ag
gabháil amach lena gcuid páistí a fhostó nó, b'fhéidir, a
dtuarastal a fháil ón mhuintir a bhí amuigh ón gheimhreadh.
Bhí cuid den aos óg a raibh cuma bhrúite orthu agus cuid
eile, mo dhálta féin, a raibh a n-intinn ar na hiontais a bhí
le feiceáil acu.

Chuaigh mé isteach i seomra a bhí i dteach an stáisiúin.
Bhí pioctúir crochta ar thaobh an bhalla. Pioctúir loinge ag
gabháil amach béal cuain maidin ghréine, agus thíos ag a
bhun:

Spend your holidays on the Cornish Riviera.

Bhí cuid mhór scríofa le pionsal luaidhe thart ar na
ballaí. Daoine a d'fhág a n-ainm is a sloinneadh is ainm a
dtír dhúiche ansin mar chuimhneachán nuair a bhí siad ag
imeacht. Cuid eile a scríobh rud éigint a raibh suim acu ann,
nó a bhí ag cur bhuartha orthu, nó scéal ba mhaith leo a
reic. Cuid a thug iarraidh ar fhilíocht, agus cuid eile a
thug le fios go raibh dóchas acu as cinniúnt na hÉireann nó
meas acu ar na cinn feadhna polaitíochta a bhí ann san am:

> *James O'Donnell, Cruckakeehan, Annagry, Co. Donegal.*
> *Daniel Gillespie, Braid, Annagry P.O., Letterkenny,*
> *Co. Donegal.*
> *Denis McGarvey, Loughanure, is going to marry*
> *Sally Bonar, Culacrick.*
> *Remember me when this you see*
> *And bear me still in mind.*
> *Don't be like the weathercock*
> *That changes with the wind.*

> *Up Redmond!*

> *You need not fret, we'll have Home Rule yet*
> *Said poor old Granuaile.*

Ach sa deireadh chuir an traen fead aisti thiar ag Loch
Chonaill. Agus níorbh fhada gur nocht an toit chugainn
aniar Mín an Scámhaill. Tháinig sí isteach chun an stáisiúin
mar bheadh beathach allta ann. Ainmhí fiata, dar leat, a
bhí ag gabháil a shlogadh chuid páistí na Rosann siar ina
chraos agus a dteilgean tráthnóna i dtír na nAlbanach. An
fear a bhí ar an *engine*, bhí cuma air lán chomh fiata is a
bhí ar an traen. Aghaidh air chomh dubh le gual agus dhá
shúil bhána aige.

D'éirigh uallán caointe ag an stáisiún. Ansin thoisigh
an streachailt, 'ach aon duine ag iarraidh áit a fháil agus,
an áit a raibh comharsana, iad ag iarraidh a bheith i
gcuideachta a chéile. Sa deireadh chuir an traen fead aisti
agus d'imigh sí.

Bhí mé féin i mo shuí sa choirnéal ar an taobh a bhí in
aice na farraige. Chonacthas domh gur dheas an rud a bheith

ar thraen. Ní raibh mé riamh roimhe sin ar rothaí de
chineál ar bith, ach corrthamall sa chairt nuair a bheadh
fear páighe againn ag cur isteach mhónadh.

D'imigh an traen léithi soir. Bhí an Coillín Darach agus
Mín na Leice le feiceáil agam síos uaim. Nuair a bhíomar
ag gabháil soir barr Ghaoth Dobhair nocht an gaoth agus
tóin Rinn na Feirste amuigh thíos agus Oileán Muiríní
agus an Mhaoil Mhór. Ach ní raibh siad ar ár n-amharc
ach tamall beag. D'imigh linn soir go rabhamar ag stáisiún
na Cúirte.

Bhí maidin iontach dheas ann agus radharc galánta
amach os ár gcoinne ag an Chúirt. Loch na Cuinge chomh
ciúin le clár. Cró Nimhe suas uainn agus scáilí dorcha fána
bhun. Agus an tEargal, rí na gcnoc, ag éirí chugat go
huaibhreach agus loinnir ina ghrua ag grian na maidine.

I gceann tamaill ina dhiaidh sin ní raibh pléisiúr ar bith
le fáil agam as an traen. Chonacthas domh nach raibh sí ag
corraí, ach na cnoic is na carraigeacha is na cuibhrinn ina
rith thart léithi, mar bheadh siad ag tarraingt siar chun na
Rosann.

Soir go Dún Fionnachaidh linn, áit chomh deas is atá in
Éirinn. Ó sin suas chun an Chraoslaigh agus amach go Cill
Mhic Néanáin, áit eile atá iontach deas, agus áit a bhfuil
urraim ag muintir Thír Chonaill fána choinne go dtí an lá
a bhfuil inniu ann. Carraig an Dúin giota beag síos uait,
agus cnámha seanteampaill, an áit ar chaith Colm Cille tús
a shaoil. Níl a fhios agam an raibh Colm ag amharc orainn
ag imeacht an lá sin. Má bhí, bhí truaighe aige dúinn. Nó
b'aigesean a bhí a fhios goidé rud an chumha agus an
choigrígh.

> Is í mo chubhus gan col
> Is ní féatar m'éiliughadh,
> Ferr écc i nÉirinn gan oil
> Iná sírbheatha a nAlbain.

I dtrátha an mheán lae thángamar go Leitir Ceanainn.
Bhí an choláiste ina suí go haerach thuas ar an chnoc. Dar
liom féin, caithfidh sé go bhfuil léann trom ag na gasúraí
atá thuas ansin. Níl a fhios agam cé acu is mó í féin ná
coláiste Shliabh an tSín, an áit a bhí daite ag mo mháthair

domhsa? . . . B'fhéidir nach raibh léann coláiste geallta domh . . . B'fhéidir nach raibh sé toirmiscthe orm ach oiread, ach gur chuir *Lycidas* cor i mo chinniúnt . . .

Chuamar síos go Manorcunningham, cúig nó sé de mhílte faoi Leitir Ceanainn, ar an bhealach go Doire. Ba é seo an pointe ba deise don tSrath Bán. Ocht míle a bhí le siúl againn ó sin chun an tSratha Báin. Bhaineamar dínn na bróga agus shiúil linn. Agus bhí mé féin tuirseach go leor nuair a bhíomar i Leifear.

'Goidé an teach mór é sin?' arsa mise le m'athair.

'Sin ansin príosún dubh Leifir,' arsa m'athair.

'Sin an áit a raibh Séarlas Thaidhg,' arsa mise, 'nuair a bhí sé teilgthe chun báis fá bhuarach na bó?'

'An áit cheanann chéanna,' arsa m'athair, agus sheasaigh sé féin agus Séamas Sheimisín a dh'amharc ar an phríosún. 'Istigh ansin a bhí sé nuair a d'iarr Proinsias Mór air uchtach a bheith aige, nach rachadh sealán na croiche fána mhuineál an iarraidh seo. Bhí Proinsias istigh as téamh póitín.'

Sheasaigh mé tamall ansin ag amharc ar an áit a raibh mo gharathair ina phríosúnach. Agus smaoinigh mé ar na scéalta a chuala mé. An dóigh a dtáinig cúigear de na ribhinigh air sa chró oíche shneachta. An dóigh ar bhuail sé ceathrar acu. Agus an dóigh ar chnag an cúigeadh fear é le crann spáide nuair a chuir sé a cheann amach ar an doras.

'Seo, siúil leat, a thaisce,' arsa m'athair. 'Tá sé ag éirí mall agus lóistín le cuartú againn ar an tSrath Bán.'

Chuamar anonn an droichead agus isteach chun an tSratha Báin. Chonacthas domh gur mhillteanach an baile é— sluaite daoine agus tithe móra agus trup is tormán. An bhfuil an dara cathair ar an domhan chomh mór léithi?

Chuaigh mé ar lóistín an oíche sin i dtigh Cheite Móire. Bhí scaifte mór de mhuintir na Rosann ann agus an dúghleo acu. Níor chodail mé go raibh sé déanach san oíche. Bhí siad mar shílfeadh siad nach dtiocfadh leo leath a sáith comhráidh is calláin a dhéanamh an oíche dheireanach a bheadh siad i gcuideachta a chéile.

Ar maidin an lá arna mhárach d'éiríomar agus rinne réidh le a ghabháil chun an mhargaidh. Bhí gasúr amháin ann nach raibh athair ná máthair lena fhostó agus bhíothas ag tabhairt comhairleacha dó nuair a bhíomar ag déanamh ár mbricfeasta.

'Ná déan fostó le Gael go sáraí ort. Is fearr i bhfad teach Albanaigh.'

'Níl an acmhainn acu, mar Ghaeil. Níl iontu ach mangairí beaga bochta. Is fearr i bhfad teach Albanaigh ag gasúr.'

'Ach ní ligfidh siad 'un Aifrinn Dé Domhnaigh é.'

'Ligfidh má chuireann sé ina mhargadh é.'

Tuairim ar leathuair a bhí mé féin ar an aonach nuair a tháinig fear a fhad liom. Chuir sé ceist orm an raibh mé ag iarraidh fostóidh. Dúirt m'athair go raibh.

'Can he milk?' arsa an feirmeoir.

Dúirt m'athair nach dtiocfadh, ach nach mbeinn i bhfad ag foghlaim.

Thiontóigh an feirmeoir cúl a chinn linn agus d'imigh sé.

Tháinig an dara fear agus chuir sé an cheist chéanna orm, agus d'imigh sé mar d'imigh an chéad fhear. Dar liom féin, tá droch-chuma air seo.

Sa deireadh tháinig creatlach de fhear ghránna thart, agus tá cuimhne agam go fóill ar an chuma a bhí air. Albanach a bhí ann. Ach, má ba ea féin, mangaire bocht suarach a bhí ann. Bhí bríste corda rí air agus froc sciortaí, seanhata scáinte agus locaíocha dubha, agus deor as a ghaosán. Dá dtigeadh sé thart i dtús an lae ní rachadh m'athair chun comhráidh leis ar chor ar bith. Ach bhí eagla air nach raibh togha is rogha le fáil nuair nach dtiocfadh liom bó a bhleaghan.

Chuaigh m'athair agus an chreatlach fá mhargadh. Agus ba é an míniú is réiteach a bhí ann gur fhostóigh an chreatlach mé ar cheithre phunta de thuarastal.

D'fhiafraigh m'athair de cárbh as é.

As thuas taobh Ghoirtín.

An raibh gléas marcaíochta leis?

Bhí, beathach is cairt.

Tamall beag i ndiaidh an mheán lae tháinig sé fá mo choinne. Chroith m'athair lámh chruaidh liom. D'iarr sé orm aire mhaith a thabhairt domh féin. Agus bhí tocht ina ghlór nach gcuala mé riamh roimhe ná ina dhiaidh.

Chuaigh mé isteach sa chairt agus shuigh mé ar chlár a bhí trasna air ó thaobh go taobh. Bhí dreach gruama ag teacht ar an lá. Néalta dubha ag folach na gréine agus cuma fearthanna ag teacht air. Shuigh an chreatlach ag mo thaobh agus bhog linn. Amach as an bhaile mhór linn agus suas bealach sléibhe. I gceann tamaill ní raibh le feiceáil ar gach taobh díom agam ach portach mónadh. Bhí an sean-ghearrán creapalta agus coiscéim malltriallach leis, agus sheasaíodh sé i gceann 'ach aon tamaill. Bhí an úim lán paistí agus aoileach sioctha ar an éisigh. Eadar sin is tráthnóna tháinig ceobrán. Thoisigh sé dh'éirí dlúth as a chéile. Thóg an chreatlach dhá sheanmhála a bhí i gcoirnéal an chairt. Chuir sé ceann acu anuas fána uachtar agus thug sé an ceann eile domhsa.

Thoisigh an chumha a theacht orm féin agus a theacht orm ar fónamh. Ach níor chumha riamh é go dtángamar go bun an rása.

Teach fada cheann tuí a bhí ann agus na bóithigh os coinne an dorais. Bhí an bhean amuigh ag giall an tí ag feitheamh linn. Bean chaol ard a raibh aghaidh mheirgeach uirthi agus cár fada scrábach aici. Dúirt sí rud éigint liom féin nár thuig mé. Ní raibh mé eolach ar Bhéarla an Lagáin.

Chuaigh mé isteach agus shuigh mé a chois na tineadh agus d'éirigh gal toite amach as mo cheirteach. Rinne bean an tí tae agus shuigh sí féin agus an chreatlach ag an tábla, agus fuair mise mo chuid sa chlúdaigh. Fuair mé mo sháith. Nó ba bheag mo sháith an oíche chéanna.

Eadar sin is tráthas tháinig cupla fear as an chomharsain isteach agus thoisigh siad a chaint fán aonach. Sin an rud ba mhó a bhí ag cur cumha orm—an Béarla. Bhí sé maith go leor i dteach na scoile nó i dteach an phobail. Ach ag éisteacht le daoine ag caint i mBéarla agus iad ina suí a chois na tineadh! Bhí sé léanmhar.

Níorbh fhada gur dhúirt an máistreás go raibh an t-am agam a ghabháil a luí. Thug sé léithi amach chun an sciobóil mé agus d'iarr sí orm a ghabháil suas dréimire a bhí ann, agus go raibh mo leaba thall sa choirnéal. Ní raibh solas ar bith ann, ar eagla, creidim, go gcuirfinn an scioból le thine.

Bhí soipeachán leapa thall sa choirnéal. Sráideog chocháin agus cupla seanphlaincéad. Nuair a d'imigh an máistreás chuaigh mé ar mo ghlúine. Ach ní raibh mórán úil agam ar m'urnaí an oíche chéanna. Sa deireadh chuaigh mé a luí. Bhí an scioból beo le luchóga, nó shíl mise go raibh. Agus bhí eagla orm go n-íosfadh siad mé nuair a bheinn i mo chodladh. Chuaigh mé mé féin sa tsoipeachán agus tharraing mé seanphlaincéid aníos fá mo cheann. Agus ansin! Bhail, níl léamh ná scríobh ná inse béil air. Ach má chaoin aon duine riamh go géar goirt léanmhar chaoin mise an oíche sin. Bhí cumha orm a chuir pian i mo cheann agus a rinne lag mé.

Bhí sé déanach san oíche nuair a chodail mé. Agus shíl mé nach raibh ann ach gur dhruid mo shúile ar a chéile nuair a mhothaigh mé an dúthormán. Goidé bhí ann ach an chreatlach thíos ar íochtar agus é ag greadadh an lafta fúm le bata, ag iarraidh orm éirí.

D'éirigh mé go fuar fadálach agus chuir mé orm mo cheirteach. Bhí an máistir ag doras an sciobóil agus d'iarr sé orm a ghabháil amach agus an bóitheach a ghlanadh. Nuair a bhí sin déanta agam bhí na ba blite ag an mháistreás agus thug mé féin a gcuid bainne do chupla gamhain a bhí ann. Ansin chuaigh mé chun an tí go bhfuair mé mo bhricfeasta.

Chaith mé an chéad chuid den lá ag baint bachlóga de sheanphreátaí a bhí i gcúl an tí. Agus i ndiaidh am dinnéara cuireadh amach leis an eallach mé, agus cupla píosa aráin liom a d'íosfainn nuair a thiocfadh ocras orm. Bhí an chreatlach liom gur thaispeáin sé a gcuid mónadh domh. Agus dúirt sé liom nárbh fhearr domh i mo shuí ná ag cróigeadh na mónadh. Nuair a d'imigh sé as m'amharc shuigh mé féin ar thúrtóig agus chaoin mé mo sháith.

Eadar sin is tráthas bhuail ocras mé. Tharraing mé amach an t-arán as mo phóca. Bhí píosa den *Londonderry Sentinel* casta thart air. Thoisigh mé dh'ithe an aráin agus a léamh an pháipéir. Bhí cuntas ann ar bhóthar iarainn a bhíothas a dhéanamh in áit éigint. Bheadh sé críochnaithe i 1905. Dar liom féin, ní chríochnófar choíche é. Seo 1903. Ní thiocfaidh 1905 choíche. Ní thiocfaidh Samhain choíche, gan trácht ar 1905!

Chaith mé an chuid eile den lá ag cróigeadh mhónadh agus ag buachailleacht. Agus le coim na hoíche chuir mé an t-eallach chun an bhaile. Tá aon lá amháin de m'fhostó istigh agam agus, a Dhia, nárbh fhada é? Tá 181 eile le cur isteach agam. Nach fada é agus nach rófhada? An geamhar sin atá ag gobadh aníos fásfaidh sé go dté sé i gcraobh. Apóidh sé agus bainfear agus cuirfear i gcruaich é. Agus beidh an pháirc sin ina conlaigh loim léith i bhfad sula raibh m'fhostó istigh agamsa!

Chuir mé isteach an tseachtain go Domhnach. I ndiaidh am dinnéara cuireadh suas chun an chaoráin leis an eallach mé. Ní raibh móin ar bith le cróigeadh an lá seo agam. Tráthnóna breá gréine a bhí ann agus d'imigh mé liom suas taobh cnoic a raibh fraoch is aiteannach ag fás air. Shuigh mé ar cloich thuas ar leataobh an chnoic agus, dar liom féin, a Dhia, nár dheas a bheith ar an Bháinsigh? Bhí mallmhuir ann Dé Domhnaigh s' chuaigh thart. Tá iomlán rabharta ann inniu. É ag druidim aníos le barr láin feasta, agus na stócaigh ar an Bháinsigh ag amharc ar na bádaí. Ach is gairid go gcaithfidh siad imeacht go hAlbain. Fá cheann míosa eile tiocfaidh bád Shligigh aniar ag Ceann Uaighe agus rachaidh siad ar bord uirthi i mBéal Ghabhla. Ach nach méanair dóibh le mo thaobhsa? Beidh siad ina scaiftí i gcuideachta a chéile. Nach méanair do chlann Aodha ag gabháil hAlbain? Nach é Dia a bhí go maith dóibh? Tá siad mór láidir, agus bhéarfaidh a n-athair anonn i mbliana iad. Ach níl ionamsa ach díorfach beag bocht. Tháinig mé chun an tsaoil fá choinne bheith ag buachailleacht ar an Lagán!

Sa deireadh d'éirigh mé agus shiúil mé suas giota eile. Bhí cupla cnoc mór ard fá ghiota domh. Agus amuigh thíos ó thuaidh bhí barr cinn le feiceáil agam mar bheadh pioctúir gorm a bheadh ar bhalla na spéire. Thug sé i mo cheann cnoc a raibh aithne agus eolas agam air. Agus tháinig tuilleadh cumha orm. Dar liom féin, is cosúil go bhfuil cnoc den chineál chéanna ar an Lagán.

Sa deireadh tím chugam anuas fear agus cú mór cnámhach ag siúl lena thaobh. Tháinig sé a fhad liom agus bheann-

aigh sé domh. Dúirt sé to raibh 'brave day', ann agus
dúirt mé féin go raibh, agus san am chéanna gan an *bravery*
intuigthe agam. Ansin d'fhiafraigh sé díom cárbh as mé,
agus cé aige a raibh mé ar fostó. Shuigh sé ar chloich agus
thoisigh sé a chomhrá liom. Ach níor fhan sé i bhfad, nó
ní raibh mise ábalta comhrá a thabhairt dó. Nuair a bhí
sé ag imeacht d'fhiafraigh mé de cá hainm a bhí ar an
chnoc úd thall.

'*That's Mary Gray,*' ar seisean.

Agus é sin eile?

'*That's Bessy Bell.*'

Agus an ceann úd thíos, amuigh thíos?

'*You should know that one. That's the Errigal.*'

Nuair a d'imigh sé shuigh mé féin ar túrtóig agus d'amharc
síos ar bharr an Eargail. Chuir mé in amhail toiseacht agus
mo sháith a chaoineadh. Ach níor chaoin. Dar liom, ní
leigheas ar bith ar mo bhuaireamh an caoineadh. Ní thig
liom seo a sheasamh níos faide. Bhéarfaidh mé m'aghaidh
ar an Eargal ar béal maidine, le cuidiú Dé, agus dhéanfaidh
sé an t-eolas domh go raibh mé sa bhaile! Agus sa bhomaite
d'imigh an chumha díom. Agus rith mé anuas taobh an
chnoic agus 'ach aon léim agam.

Ar maidin an lá arna mhárach ghoid mé amach mo
bhunal agus d'fholaigh mé i gcúl claí é. I ndiaidh am
bricfeasta hiarradh orm a ghabháil amach a chruinniú
cloch de chuibhreann geamhair a bhí ann. Bhí an t-ádh
ina rith orm. Ní raibh an cuibhreann seo ar amharc an tí
agus ní bheadh a fhios acu nach ann a bhí mé go dtéadh
cuartú orm in am dinnéara.

Thug mé liom an bunal as cúl an chlaí agus d'imigh liom ag
tarraingt ar bharr an Eargail. Ach níorbh fhada gur fágadh
thíos in ailt mé gan a fhios agam cá raibh mé ag
gabháil. Ach chuir mé faisnéis an bhealaigh chun an
tSratha Báin ó bhean a casadh orm.

'Ag imeacht as d'áit atá tú?' ar sise.

'Ní hea,' arsa mise. 'Is é rud a cuireadh ar shiúl mé cionn
is nach dtiocfadh liom bó a bhleaghan.'

Thug sí dhá phingin domh, agus cuma uirthi go raibh
truaighe an tsaoil aici domh.

Shín liom ag tarraingt ar an tSrath Bán. Eadar sin is tráthas tháinig mé a fhad le meitheal mhónadh agus iad ag suí síos ag a gcuid. Thug siad mo sháith le hithe domh agus lán mo phócaí de arán. Shiúil liom anuas chun an tSratha Báin. Anall go Leifear agus ó sin go Leitir Ceanainn. Agus le scéal fada a dhéanamh gairid bhain mé an baile amach tráthnóna an lá arna mhárach, agus mé marbh tuirseach agus spuacacha ar bhonnaí mo chos. Agus dúirt mé go raibh an áit agam ba mheasa a bhí ar an Lagán. Go raibh mo bhás tugtha den ocras agus go mbínn i mo shuí scaradh oíche is lae ó chéile. Bhí scéal mór fada liom chucu. Nó chaith mé an mhórchuid den dara lá, nuair nach raibh eagla orm go rachainn ar seachrán mar a bhí an chéad lá, chaith mé sin ag cumadh bréag fán áit a bhí agam.

Caithfidh sé gur creideadh sa bhaile mé. Murab é gur creideadh ní chuirfí chun an Lagáin an dara bliain mé. Ní bheadh maith leo ann dá mbeadh a fhios acu gur cumha a thug chun an bhaile mé. Nó an gasúr a fhágfas an chéad áit le cumha fágfaidh sé an dara ceann. Agus is iomaí gasúr a thiocfadh chun an bhaile agus nach dtáinig, díobháil nach raibh uchtach aige an t-eolas a dhéanamh. Bhí mo sháith eagla orm féin go rachainn ar seachrán. Ach bhí an chumha chomh trom sin is go dearn mé amach nach raibh ann ach b'fhéidir bás a fháil den ocras is den tuirse ar an bhealach, sin nó bás a fháil cinnte den chumha i gCondae Thír Eoghain.

Cuireadh amach arís an dara bliain mé, ach níor fhan mé ach seachtain gur bhain mé an baile amach. Ní raibh cumha ar bith an iarraidh seo orm, nó ní raibh rún agam m'fhostó a chur isteach. Ní raibh ann ach go gcaithfinn fanacht tamall beag, sa dóigh a mbeadh craiceann na fírinne ar mo scéal nuair a déarfainn gur droch-áit a bhí agam.

Sé bliana déag a bhí mé nuair a chuaigh mé go hAlbain. Bhí mé beag éadrom de m'aois agus ní raibh an chuid mhór uchtaigh ag m'athair asam. Ach ní raibh an dara suí sa bhuaile ann. Ní raibh gar mo chur chun an Lagáin, agus chaithfinn féacháil le mo chuid a shaothrú ar dhóigh éigint. Bhí mé ar thús an teaghlaigh agus bhí mo chuidiú a dhíobháil.

Seachtain roimh an Fhéile Eoin a chuaigh mé go hAlbain, agus bhí scaifte mór de chuid fear an bhaile s'againne ar an bhealach an lá céanna. Ní raibh cumha ar bith orm ag imeacht. Níorbh ionann Albain ar chor ar bith agus an Lagán. Bheadh scaifte de mhuintir na mbailte ar na gaobhair agam in Albain. B'fhéidir gur sa chomharsain agam a bheadh clann Aodha, agus go mbeimis ag cuartaíocht ag a chéile 'ach aon Domhnach.

Chuaigh mé síos go Doire ar an traen, agus chonacthas domh gur mhillteanach an t-amharc a bhí ansin. Shíl mé an Srath Bán a bheith mór, an chéad uair a chuaigh mé chun an Lagáin, ach ní dhéanfadh sé croí do Dhoire. Shiúil mé stiall mhór den chathair i ndiaidh am dinnéara. Bhí neart ama agam, nó ní imeodh an bád go dtí an seacht a chlog.

I dtrátha an sé chuamar síos chun na céadh. Bhí oifig bheag ansin agus *Laird Lines* priontáilte ar clár os cionn an dorais. Seo an áit a bhfaighfeá do thicéad. Bhí scaifte mór fear thart fán oifig agus iad ag brú a chéile mar bheadh eagla orthu go n-imeodh an bád orthu.

Ba mhaith liom féin imeacht síos an chéidh go bhfeicinn na soithigh.

'Ná corraigh go bhfaighe tú do thicéad,' arsa m'athair.

'Nach dtig leatsa a fháil gan mé?' arsa mise.

'Beidh tú liom chun na hoifige,' ar seisean, 'féacháil an bhfaighinn leath-thicéad duit.'

'Leath-thicéad!' agus mise ag iarraidh a bheith i mo stócach. Ticéad gasúra do stócach a bhí ag gabháil go hAlbain, mar nach mbeadh ann ach gasúr ag gabháil chun an Lagáin. Ticéad madaidh!

Dar liom féin, tá mé náirithe go deo má ligtear anonn ar

leath-thicéad mé. Ní stócach mé ar chor ar bith ach gasúr. Agus ní gasúr féin mé, nó tá aois an ghasúra fágtha i mo dhiaidh agam. Níl ionam ach marla beag cranda gan mhaith. Aois stócaigh agam ach gan ionam ach méid gasúra!

Chuamar anonn go dtí an oifig agus d'iarr m'athair ticéad dó féin agus leath-thicéad domhsa. Bhí cléireach san oifig, de fhear mhór shultmhar a raibh spéaclóirí air, agus d'amharc sé amach orm féin.

'Tá sé sin os cionn cheithre mblian déag,' ar seisean. 'Ní thiocfadh liom a ligean ar bord ar leath-thicéad.'

Dar liom féin, go gcumhdaí Dia thú.

'Chan fhuil,' arsa m'athair, 'níl sé na ceithre bliana déag iomlán go fóill, agus ní bheidh go Lúnasa seo chugainn. Nach n-aithneodh daoine dalla an domhain nach bhfuil an tachrán sin os cionn cheithre mblian déag.'

Chluin an tAthair Síoraí sin! Tachrán! Agus mise agus gan fúm ná tharam ach a bheith i mo stócach.

Thoisigh eatarthu. M'athair ag rá nach raibh mé féin ach gann cheithre mblian déag agus fear na hoifige ag cur ina éadan. Agus mise agus mo chroí ar crith ar eagla go bhfaighinn ticéad gasúra. Ní bheadh tógáil mo chinn choíche agam dá gcreideadh an *Laird Shipping Company* nach raibh mé os cionn cheithre mblian déag. Sa deireadh tháinig Liam Beag chun tosaigh a dhéanamh fianaise bhréige le m'athair. Ar a anam nach raibh mé na ceithre bliana déag fá chupla mí. Bhí cuimhne mhaith aigesean ar an lá a baisteadh mé. An lá céanna a baisteadh Searlaí s'aige féin! Agus dá mbeadh greim sceadamáin agamsa an t-am sin air agus mo chuid urraidh inchurtha leis an díoltas a bhí agam dó, deirimsa leatsa nach dtarrónadh sé an dara hanál.

Sa deireadh, arsa an cléireach, 'Níl sé ach beag anbhann, ceart go leor. Ach tá aghaidh bheag sheanaimseartha air.' Agus níor labhair sé an dara focal, ach leath-thicéad a shíneadh anall ionsar m'athair. Agus nar thrua mise ansin? Aois stócaigh agam. Aghaidh bheag sheanaimseartha orm, ach gan mé ach fá mhéid gasúra. An mhuintir a bhí fá m'aois ní bheadh gar lena gcuid aithreacha leath-thicéad a iarraidh dóibh. Bhí siad ina stócaigh. Ach ní raibh ionamsa ach créatúr beag cranda a bhíothas a ligean ar bord ar thicéad madaidh.

Gan mhoill ina dhiaidh sin chuamar isteach ar an tsoith-each. Bhí scaifte mór de mhuintir na Rosann is Ghaoth Dobhair ar bord, agus aithne ag a mbunús ar m'athair.

'An leat an gasúr, 'Fheilimí?' arsa fear as Mín na Craoibhe a tháinig a fhad linn.

'Is liom,' arsa m'athair.

'Tá, gasúr beag ceart, slán a bheas sé.'

'Níl an créatúr ach lag go fóill.'

'Seo an chéad bhliain dó?'

'Is í, agus bhí sé in am go leor go ceann chupla bliain eile dá mbeadh neart air.'

'Dhéanfaidh sé bulaíocht, ná bíodh eagla ort,' arsa fear Mhín na Craoibhe. 'Tá cuma bheag chruaidh air.'

A Dhia, narbh é a chuaigh fána chroí dó mo mholadh? Cuma bheag chruaidh. Dá n-abradh sé 'cuma chruaidh' féin. Ach 'cuma bheag chruaidh!'

Sa deireadh scaoileadh an feistiú. Chuir an adharc cupla grág phiachánach aisti, agus luigh an soitheach amach ón chéidh. Bhí tráthnóna galánta ann. Loch Dhoire chomh ciúin le clár, agus cnoic Inis Eoghain le feiceáil go soiléir againn amach uainn. Thoisigh an soitheach a thógáil siúil agus ba ghairid go raibh méile de chúr gheal bhán ag éirí roimh a toiseach agus á shiabadh siar dá guailleacha.

Chuaigh sí síos go béal an locha agus bhain sí fúithi tamall beag ansin. Tháinig bád amach as Moville agus cupla pasantóir uirthi le cur ar bord. Baineadh an siúl den tsoith-each agus caitheadh rópa chuig fear an bháid. Thug sé sin iarraidh breith air ach sháraigh air, agus b'éigean a chaith-eamh ionsair an dara huair.

'Ciotach go leor a rinne sé sin agus an ciúnas farraige atá ann,' arsa Liam Beag. Agus thoisigh cuid acu a chaint ar an dóigh a dtiocfadh foireann as na Rosa a fhad le bád Shligigh i ngéarbhach farraige.

'Ní bheadh mórán gnoithe acu sin i mBéal Uaighe,' arsa Liam Beag, 'an lá a chonaic mise Dálaigh Bhaile Mhánuis ag cur lasta gliomach ar bord ar an *Azalea*. Bhí fear acu ina sheasamh i dtoiseach, Eoghan sílim, agus an chéad uair a caitheadh an rópa chuige bhí sé leis. Bhí lá farraige móire

ann agus tréan siúil leis an tsoitheach. Agus breithiúnas Dé
ar m'anam gur shíl mé go raibh an bád slogtha siar faoi an
fharraige ar feadh bomaite, go dtí sa deireadh go bhfaca
mé ag éirí chugam ar bharr toinne í.'

'Bhí na Dálaigh maith,' arsa m'athair. 'Agus sin fear a
bhí inchurtha le ceachtar acu, Frainc Mór an tSeoltóra.
Chonaic mise é ag teacht amach roimh an *Rose* i mBéal
Ghabhla lá gaoithe móire. Bhí rigín iomlán éadaigh aige
uirthi. Níor stop an soitheach ar chor ar bith, nó bhí
barraíocht pasantóirí ar bord ag an chaiptín mar bhí sé,
agus ní raibh rún ar bith aige stopadh. Ach ghearr Frainc
anall roimpi agus tháinig sé uirthi ar lorg a taoibhe. Dá
mbíodh sé seisiú cuid déag an bhomaite mall bhí sí ar shiúl
thairis, nó róluath bhí sé istigh faoina toiseach. Ach tháinig
sé uirthi mar bheadh sé tomhaiste aige agus chuir sé fear ar
bord ar a taobh gan dréimire, gan a dhath ach rópa a bhí
crochta aisti.'

Tháinig coim na hoíche agus nocht solas amuigh romh-
ainn. Bhí cuid de na pasantóirí agus ní raibh aon orlach ar an
chósta nach raibh a fhios acu. Bhí cuid eile agus dá dtéadh
siad anonn is anall míle uair ní bheadh a fhios acu a dhath
ach go raibh siad ar an fharraige, go raibh eolas an bhealaigh
ag an fhoirinn agus go mbeadh siad i nGlascú ar maidin an
lá arna mhárach. Agus ansin bhí dream eile ann agus bhí
siad ag cur in úil go raibh eolas an bhealaigh acu agus gan a
fhios acu cá háit a raibh siad, ó bhéal an locha go Ceann
Tíre.

'Siúd amuigh solas na Racheries,' arsa Peadar Aindí.
'Déarfaidh tú arís é,' arsa m'athair.
'Is é, cinnte,' arsa Peadar.
'Cuirfidh mé leathghalún leat,' arsa m'athair.
'Cuirfidh mé leat,' arsa Peadar. 'Cé fhuascólas an cheist?'
'Seo anuas fear de na mairnéalaigh,' arsa m'athair. 'Cuir
thusa ceist air; is tú is fearr Béarla.'
'What light is thon?' arsa Peadar, nuair a tháinig an
mairnéalach chun tosaigh.
'That's Inishowen Head,' arsa an fear eile.
'Siúil leat chun an bheár,' arsa Peadar le m'athair sa
bhomaite.

'Bí ag teacht linn,' arsa m'athair le Liam Beag, agus d'imigh an triúr gur ól siad an geall.

Ba ghairid ina dhiaidh sin go dtáinig cuil fhuar ar an oíche. Chuaigh mé féin síos ar íochtar. Chuach mé mé féin i gcoirnéal agus thit mé i mo chodladh. Nuair a mhuscail mé bhí an mhaidin ann. Bhí an soitheach ag teacht aníos cósta na hAlban agus bhí cuibhrinn is tithe le feiceáil go soiléir isteach uaim agam. Nó ní raibh sí os cionn má bhí sí míle amach ón chladach.

Dar liom féin, sin ansin Albain. Sin an tír a bhfuil Micheál Dhónaill Ruaidh agus Frainc Ac Gairbheath inti. Tá súil agam go gcasfar Micheál orm roimh dheireadh an tséasúir. Ach cuirfidh mé fiche míle de chor bealaigh orm féin le Frainc a sheachaint . . . Bhí mé lá den tsaol agus shiúlfainn Albain á chuartú, ach gléas a bheith orm. Ach shiúlfainn anois í ag teitheadh roimhe. Ní thiocfadh liom a ghabháil i láthair fir léinn i ndiaidh an dóigh ar fheall an scrúdú orm. Bheadh sé ag magadh orm. Bheadh drochmheas aige orm. Agus chuir mé mo sheacht mallacht ó mo chroí ar an scrúdú agus ar mhac an phéas agus ar John Milton.

Maidin chiúin ghruama a bhí ann ag teacht isteach go céidh Ghlascú dúinn. Thug 'ach aon fhear leis a bhunal agus amach linn, agus sinn ag brú a chéile ag ceann an droichid. Bhí oiread deifre orainn ag teacht di is a bhí orainn ag gabháil ar bord i nDoire tráthnóna inné roimhe sin.

Ar a theacht i dtír dúinn d'imíomar linn ag tarraingt ar an stáisiún—*Glasgow Central*. Bhí na céadta againn ann agus an dúdheifre orainn. 'Ach aon fhear ag cuartú agus ag cur seanchais fán traen a raibh sé féin ag gabháil uirthi. An fear a bhí ábalta na hainmneacha a léamh ní raibh moill air. An fear nach raibh bhí sé ar a dhícheall ag iarraidh eolais ar a gcasfaí dó.

'Níl a fhios agam cá bhfuil traen Charstairs?' arsa fear amháin le fear eile. Bhí an bheirt ina seasamh ar mo ghualainn.

'Thall ansin.' arsa mé féin. *Carstairs 10.15. Platform No.* 5.'

D'amharc an bheirt orm agus, dar leat, a sáith iontais

orthu. Thug siad buíochas domh, ach ina dhiaidh sin ní
raibh cuma orthu go raibh mórán muiníne as mo chuid
léinn acu. Chuaigh siad a fhad le fear a raibh cnaipí buí air,
agus fuair siad mé féin is fear na gcnaipí ar aon scéal
amháin. Tháinig siad anall ar ais ionsorm.

'An í seo an chead bhliain duit?' arsa fear acu.

Dúirt mé féin gurbh í.

'Caithfidh sé go bhfuil léann trom agat,' ar seisean.

'Bhail, a rún, tá oiread le máistir scoile,' arsa Liam Beag.
Agus thoisigh an moladh aige orm. Ba mhór an chliú do
mo mhuintir agus do bhaile Rinn na Feirste mé. Dar liom
féin, dá mbeadh sibh ar an Chlochán Bhán an lá a bhí mé
in abar i *Lycidas* ní abóradh sibh gur chliú do dhuine ar
bith nó do bhaile ar bith mé.

Tráthnóna an lae sin thángamar go bun an astair. Feirm
atá giota beag taobh thoir de Dolphinton. Bhí cuibhreann
tornapaí ansin réidh le tanú agus fuaireamar obair, mé féin
is m'athair is Liam Beag. Tugadh ár suipéar dúinn, agus
nuair a bhí an suipéar caite againn chuamar anonn chun an
sciobóil. Ar lafta an sciobóil a bhí ár gcuid leapach. Bhí moll
mór féir thíos sa choirnéal. Chaith mé féin mé féin san
fhéar agus thit mé i mo chodladh. Chóirigh m'athair agus
Liam Beag cupla sráideog ar an urlár agus dúirt siad an
Paidrín. Agus ní raibh ann ach go deachaigh acu mise a
chur i mo shuí go mbaininn díom mo cheirteach is go
dtéinn 'a luí mar ba cheart.'

Ar maidin an lá arna mhárach chuamar amach a dh'obair.
Chuaigh m'athair ar an druil tosaigh, Liam Beag isteach
ina dhiaidh agus mise ar an tríú druil. Shílfeá gur obair
fhurast go leor tanú tornapaí, ach féach léithi go bhfeice tú.
Bainfidh tú lán bhéal an hó as mullach an druil agus, ar
ndóigh, níl moill ar bith ort sin a dhéanamh. Ach caithfidh
tú rud eile a dhéanamh leis an bhuille sin. Caithfidh tú
planda a ligean ar a thaobh sa chruth is go mbeidh sé
scartha ón chuid eile, le fágáil ina sheasamh leis an dara
buille. Ní rabhamar i bhfad ar obair gur scoitheadh mé
féin, ar ndóigh. Ach bheireadh m'athair is Liam Beag chun
tosaigh mé ó am go ham. Agus i gceann seachtaine bhí lámh
mhaith go leor ar an obair agam.

Bhínn marbh tuirseach teacht na hoíche. Ach ba chuma, a fhad is nach raibh cumha orm. Bhí m'athair is Liam Beag i mo chuideachta, agus scaifte de mhuintir an bhaile sa chomharsain againn.

Oíche Shathairn thoisigh m'athair is Liam Beag a chaint ar an obair a bhí déanta againn. 'Ní bheidh os cionn obair seachtaine eile anseo againn,' arsa m'athair.

'Ba chóir go mbeadh Sean-Dónall réidh le toiseacht orthu i dtrátha an ama sin,' arsa Liam.

'Is fearr dúinn a ghabháil suas amárach i ndiaidh ár ndinnéara go bhfeicimid goidé an riocht a bhfuil siad ann,' arsa m'athair.

'Níl ach amaidí do thriúr againn an siúl a chur orainn féin,' arsa Liam Beag. 'Rachaidh mise suas ar mo shuaimhneas.'

I ndiaidh am dinnéara Dé Domhnaigh d'imigh Liam Beag suas go Wester Happrew agus tháinig sé ar ais tamall beag roimh am suipéara.

'Beidh siad chun tosaigh Déardaoin,' ar seisean. 'Dúirt sé go mb'fhearr do fhear againn toiseacht an lá sin agus an bheirt eile fanacht anseo go gcríochnaí siad.'

'Maith go leor,' arsa m'athair. 'An bhfuil mórán de mhuintir an bhaile suas an gleann?' arsa seisean.

'Gearr-scaifte,' arsa an fear eile. 'Tá Eoghan Mór is Micheál i mBlaghad, clann Dhónaill Ned i mBlaghad Bainc, Donnchadh Eoghainín is a mhac i Stínsion agus clann Sheáinín Pheadair sa Drochal.'

'Tá siad cruinn go cothrom ann,' arsa m'athair.

'Agus tomhais cé casadh orm ag droichead an Drochail?' arsa Liam.

'Níl a fhios agam,' arsa m'athair.

'Frainc Ac Gairbheath,' arsa an fear eile.

Baineadh léim asam féin nuair a chuala mé go raibh an scoláire ar na gaobhair. Ní raibh a fhios cé an oíche a bheadh sé isteach ar fud cláir is fuinneog orainn.

'É ag teacht as Biggar,' arsa Liam Beag.

'Agus ag tarraingt go Peebles,' arsa m'athair. 'Agus ar maidin amárach fágfaidh sé Peebles ag tarraingt go Biggar. Is iomaí uair a thomhaisfeas sé an bealach sin ó seo go lá Samhna.'

Dar liom féin, caithfidh mise obair a chuartú in áit éigint eile. Ní beo domh mo bheo agus gan a fhios cé an oíche a thiocfas Frainc Ac Gairbheath chun na botaí chugainn.

Ach nuair a bhí na tornapaí tanaithe an bealach sin thoisigh obair an fhéir agus, ar ndóigh, ní raibh gnoithe ar bith i gceann na hoibre sin ag mo mhacasamhailsa. Bhí mé róbheag agus ró-anbhann, agus b'éigean domh imeacht siar bealach Lanraig agus a ghabháil a dh'obair ag na sméara. Sin féin an obair léanmhar, ar do dhá ghlún ó dhubh go dubh ag baint sméar. Ach ní raibh cumha ar bith orm. Bhí scaifte de ghasúraí an bhaile i mo chuideachta, agus bhí saol greannmhar againn.

D'oibir mé ansin i rith an tsamhraidh agus bhí ceithre phunta agus corradh scillingeacha saothraithe agam i dtús an fhómhair. Chuir mé na ceithre phunta go hÉirinn chuig mo mháthair, agus bhí bród orm. Bhí mé ag cur airgid chun an bhaile as Albain. Bhí mé ag éirí i mo stócach. B'fhéidir go mbeinn i mo stócach dhéanta nuair a rachainn chun an bhaile fá Shamhain.

Chuaigh mé isteach go Lanraig ar maidin Dé Luain agus mé ag tarraingt chun an fhómhair. Ar a theacht isteach i gceann an bhaile domh cé a casadh orm ach Hiúdaí Chormaic.

'Tá scaifte mór Éireannach ar an bhaile seo inniu,' arsa Hiúdaí.

'Tá, creidim,' arsa mé féin.

'Tá,' ar seisean, 'sin fear a casadh orm ar ball i dtigh John Orr, Micheál Dhónaill Ruaidh.'

Dar liom féin, ní fhágfaidh mé an baile go bhfeice mé é, dá mba i ndán is domh fanacht go tráthnóna.

'Cá bhfuil tú ag brath d'aghaidh a thabhairt a chuart fómhair?' arsa Hiúdaí.

'Suas bealach Pheebles,' arsa mise.

'Tá eagla orm go bhfuil tú buille luath,' arsa Hiúdaí. 'Ní bheidh sé réidh le baint an bealach sin go ceann seachtaine eile.'

'An ea nach mbeidh, do bharúil?' arsa mise.

'Sin a rud a chluinim ar scor ar bith,' arsa Hiúdaí. 'Bhí mé ag caint ansin ar an bhomaite le Frainc Ac Gairbheath.'

ballaí. Bhí bean an tí ina suí sa chúil-leaba agus í ag cleiteáil.
Seál beag úr fána guailleacha agus aoibh bhreá uirthi. Agus
cad chuige nach mbeadh? Bhí a clann iníonach ar dhaimh-
seoirí chomh maith is a bhí eadar an dá fhearsaid, agus
bheadh pléisiúr uirthi ag amharc orthu ar an urlár.

'Sé mur mbeatha, 'stócachaí,' ar sise, nuair a tháinig mé
féin is Johnny isteach.

'A stócachaí!' Ba mhaith sin. Ina dhiaidh sin goidé eile
a bhí le rá aici? Ní dhéanfadh sé cúis, 'Sé mur mbeatha, a
ghásúraí,' a rá, nó bhí Johnny ina stócach bhreá láidir, cé
nach raibh sé ach bliain ní ba sine ná mé féin. Agus ní
abóradh duine ar bith, 'Sé mur mbeatha, a stócaigh is a
ghasúir.'

Bhí fear meánaosta ina shuí sa chlúdaigh agus é ag
comhrá le fear an tí. Bhí sé i ndiaidh deich mbliana a chaith-
eamh i Meiriceá, agus bhí sé ag breathnú an aosa óig de
réir mar bhí siad ag teacht chun an tí, agus é ag iarraidh a
bheith ag aithne an chuid nach raibh ach ina bpáistí ag
imeacht dó.

'Cé leis an buachaill sin ag taobh na fuinneoige?' ar
seisean.

'Le hAodh John,' arsa Conall Sheáin Anna.

'Tá, buachaill breá, beannú air,' arsa an fear eile.

'Maise,' arsa Conall, 'tá fás dhá bhliain eile le cur leis
aige, nó níl aois ar bith aige.'

'Nach bhfuil a fhios agamsa nach bhfuil? Ní raibh sé ach
ina thachrán bheag tá deich mbliana ó shin.'

'Má tá sé ocht mbliana déag is é a sheanobair é,' arsa
Conall.

'Fán tuairim sin,' arsa an fear eile.

'Ní bheidh go hAonach an Gheimhridh,' arsa bean an tí.
'Aon uisce amháin a bhaist é féin is Eibhlín s'againne.'

'Agus cé leis an stócach bán sin ina shuí taobh thíos de?'

'Le Feilimí Dhónaill Phroinsís,' arsa Conall. 'Bulaí
stócaigh é sin, a mhic; tá a shéasúr déanta in Albain aige.'

Bhí liom sa deireadh. Bhí mé i mo stócach—agus i mo
bhulaí stócaigh! Tharraing mé amach mo phíopa agus
dhearg mé é. Bhí mé i mo stócach fá dheireadh. Agus, ar
ndóigh, b'fhada mé ag dúil leis.

Bheir gnoithe an stócaigh i mo cheann gasúr a raibh
aithne agam air. Bhí an t-athair á chur faoi scrúdú oíche
amháin go bhfeiceadh sé goidé mar bhí sé ag teacht chun
tosaigh ar an scoil. Nuair a bhí tamall snagarsaí déanta
ag an ghasúr ag iarraidh *Whang the Miller* a léamh, agus a
oiread eile ag iarraidh cupla ceist den Teagasc Críostaí a
fhuascladh, tháinig fearg ar an athair leis. 'Níl léann ar bith
agat,' ar seisean, 'a rachas ar sochar duit ar an tsaol seo
ná ar an tsaol úd eile,' agus chaith sé na leabhra d'urchar
siar san fhuinneoig. Ansin labhair a mháthair leis an ghasúr
go ciúin síodúil, féacháil an rachadh aici tabhairt air a
thuigbheáil gur cheart dó luí ní ba dhlúsúla lena chuid léinn.
''Leanbh,' ar sise, 'goidé an gléas beatha ba mhaith leat a
bheith ort nuair a bheidh tú mór?'

Níor labhair an gasúr.

'Ar mhaith leat a bheith i do mháistir scoile?'

'Níor mhaith,' arsa an gasúr.

''Do chléireach nó 'do bhuachaill siopa?'

'Níor mhaith.'

''Do ghabha nó 'do shaor nó 'do ghréasaí?'

'Níor mhaith.'

D'ainmnigh sí fiche ceird eile agus deireadh an gasúr i
gcónaí nár mhaith. 'Agus, a leanbh,' ar sise sa deireadh,
'goidé ba mhaith leat?'

'Níor mhaith liom a bheith a dhath ach 'mo stócach,'
arsa an gasúr.

Bhail, bhí mise i mo stócach sa deireadh. Bhí mé i dteach
fidléara agus píopa cailce agam. Agus bhí rún daingean
agam éirí chun an urláir agus cupla cúrsa damhsa a
dhéanamh.

Níorbh fhada go dtáinig Seán Chormaic isteach agus an
fhideal faoina ascaill leis. Shuigh sé sa chlúdaigh ag doras
an tseomra agus dhearg sé an píopa. Ansin bhain sé an
fhideal as an bhocsa agus chuir roisín ar an bhogha. Thoisigh
sé a theannadh na dtéad agus a bhaint liomóg astu go dtí
go raibh siad ag cur le chéile mar ba cheart. Ansin bhuail
sé port breá aigeantach a chuir cíocras damhsa ar a raibh
sa teach.

'Seo, 'fheara,' arsa Conall Sheáin Anna, 'tá an oíche á

caitheamh. Amach libh, a chailleachaí.' Le sin d'éirigh beirt
fhear de rúchladh amach ó thaobh an bhalla, agus fear eile
agus fear eile, go raibh ochtar acu ar an urlár. Sheasaigh
siad ansin ag comhrá ar feadh chúig mbomaite. Bhí aois an
stócaigh ina ndiaidh acu seo uilig. Buachaillí a bhí iontu,
agus an chuid ba cheannascaí acu fosta. Ní éireodh fágálach
ar bith ar an chéad chúrsa, ach fir a raibh cúig nó sé de
fhómhair bainte in Albain acu. Fir a raibh sé le haithne ar a
n-éideadh go dtiocfadh leo lá oibre a dhéanamh áit ar bith
dá mbeadh siad. Cosáicí gorm ar fhear acu, ceann a cheann-
aigh sé nuair a bhí sé ag slingeáil na piocóide ag Mac
Ailpín. Bróga a raibh plátaí iarainn go dtí na lasaíocha
orthu ar fhear eile, péire a rinne Bane i West Linton. Bhí
geansaí gorm ar an tríú fear agus ainm soithigh ina leit-
reacha dearga ar a brollach. Sin an cineál fear atá ina
seasamh ar an chéad chúrsa. Níl gar do stócaigh a bheith
ag dúil go fóill le háit ar an urlár. B'fhéidir amach anseo
eadar seo is am luí. B'fhéidir le Dia sin!

Nuair a bhí an scaifte a bhí ar an urlár tamall ag comhrá
agus ag cognadh tobaca dúirt fear acu go raibh an t-am ann
na mná a thógáil. Agus, ar eagla nach bhfuil a fhios agat,
seo an dóigh le cailín a thógáil a dhamhsa. Tá tú i do sheas-
amh i lár an urláir, tú féin agus an chuid eile den fhoirinn.
Tá na cailíní ina suí thart leis na ballaí agus, dar leat, gan
aird ar bith acu ort. Amharc díreach ar do rogha. Crom-
faidh sí a ceann. Níl sí chomh soghluaiste, ar ndóigh, is go
mbeadh sí ina rith i d'araicis. Ansin déarfaidh tusa, 'Hiosc!'
Agus ní hé sin féin é. Ní féidir a chur síos sa 'chaibidil a
chuir Cadmus i mbéal an tslóigh.' Níl ann ach cineál de
shiosarnach faoi d'anáil, mar bheifeá ag seilg cearc as
curaíocht, nó mar bheifeá ag iarraidh úil fir tábhairne a
tharraingt ort nuair a bheadh scaifte eadar thú féin is an
cabhantar. Amharcóidh an cailín ort chomh luath is dhéan-
faidh tú an tsiosarnach seo. Ansin croith amach uirthi le
méar colbha na láimhe deise, agus tá sí agat.

D'éirigh na cailíní amach chun an urláir go dtí go raibh
siad ocht lánúineacha ann. Ansin d'amharc fear de na
buachaillí thar a ghualainn ar an fhidléir. 'Sets, Jack,' ar
seisean, agus bhí an cúrsa ar obair. Bhí mé féin á mbreathnú

go géar agus mé ag iarraidh na coiscéimneacha agus na coraíocha a fhoghlaim. Rinneadh an chéad bhrainse agus toisíodh ar an dara ceann. Críochnaíodh é sin agus toisíodh ar an tríú ceann. Agus thoisigh an t-iomlán acu a ghabháil cheoil, ag cur leis an fhidléir. Amhrán a raibh an fonn céanna leis a bhí seisean a sheinm. Bhí dhá ainm ar an amhrán seo i Rinn na Feirste. 'Róise Mhuiris,' a bheireadh cuid acu air. 'Croith do *leggins*' a bheireadh cuid eile air. Amhrán a bhí ann a raibh fear is bean ag rá gach dara ceathrú de.

Nuair a bhí an cúrsa sin déanta chuaigh na fir amach á bhfuarú féin agus d'éirigh an dara scaifte. *Highland* a rinneadh an iarraidh seo. Cúrsa breá aigeantach, agus cúrsa nach bhfuil gnoithe ina cheann agat mura bhfuil lúth na gcos leat.

Ina dhiaidh sin rinne siad na *Lancers* agus an Poilcí agus an *Barn Dance*.

Sa deireadh d'éirigh cuid dá raibh ar an chéad chúrsa athuair. B'ionann sin is go bhfuair 'ach aon fhear a sheal ach an té nach raibh rún damhsa aige. 'Goidé tá sibh ag brath a dhéanamh?' arsa mise le Sonaí Néill.

'Na *Sets*,' arsa Sonaí. 'Nár fhéad tú éirí? Mar dúirt bean an tseanduine dhóite, mura ndéana tú anois é ní dhéanfaidh tú choíche é.'

Dar liom féin go mb'fhíor sin, agus amach liom. Sa bhomaite chuir mé focal ar chailín éascaí, ar eagla dá ndéanainn moill go mbeadh an chuid ab fhearr de na daimhseoirí iarrtha agus go gcaithfinn a ghabháil i gceann mo chéad chúrsa le lámhacán a bheadh chomh haineolach is chomh hanásta liom féin.

'Rachaidh mé sna taobhanna,' arsa mise, sular thoisigh an cúrsa. Bhí eagla orm nach ndéanfainn maith sna cinn. Agus critheaglach go leor a bhí mé sna taobhanna féin. Chonacthas domh go raibh a raibh istigh ag amharc orm.

'*Sets, Jack,*' arsa Frainc Chonaill, agus bhíomar ar obair. Nuair a fuair mé an chéad bhrainse tharam tháinig uchtach chugam. Bhí daimhseoirí maithe i mo chuideachta, agus ní ligfeadh siad in aimhréitigh mé mura dtugadh an diabhal leis ar fad mé. Bhí Sonaí Néill ag tabhairt uchtaigh agus eolais domh go dtí go raibh an chéad bhrainse agus an

dara ceann déanta againn. Ansin bhí liom. Thoisigh an
t-iomlán againn a ghabháil cheoil, ag cur leis an fhidil . . .
'Maith tú, 'Jimmy. Síos anois leat . . . Lig uait í . . . An
bheirt acu anois . . . Caith chuig Deonaí Tharlaigh iad . . .
Greim dhá láimh ar Deonaí anois, agus thart.

> Má bhíonn tú liomsa go Tír na mBeann
> Ó, tógfad teach ag an chuan duit ann;
> Céad bó bainne 'gus ór le rann,
>   A Róise Mhuiris is áille.

> Má théimsa choíche go Tír na mBeann
> Chan ór ná eallach ab fhearr liom ann,
> Ach óigfhear dathúil ag éaló liom
>   Is croith do *leggins,* a Mhánuis.

> 'S a Róise Mhuiris, 's a Róise Mhuiris,
> 'S a Róise Mhuiris is áille.
> Ó, croith do *leggins,* is croith do *leggins*
>   Is croith do *leggins,* a Mhánuis.

Nuair a bhí an croitheadh deireanach bainte as na
'leggins' agus as Róise Mhuiris againn bhí mearbhlán i mo
cheann féin agus mé ag bárcadh allais. Ach rinne mé mo
scíste fad is bhí na cinn ag déanamh an bhrainse ina dhiaidh
sin. Ansin thart an t-urlár linn gur chuireamar críoch ar an
chúrsa.

Chuaigh mé amach gur fhuaraigh mé mé féin agus
dhearg mé an píopa. Agus deirimsa leatsa go raibh mé sa
ghlóir. Bhí mé i mo stócach! Bhí mé i mo bhulaí stócaigh!

Mhair an damhsa go ham luí. Agus ansin scab siad.
Tháinig scaifte againn anuas an Carracamán agus 'ach aon
scairt cheoil againn. Agus ba ghalánta an oíche a bhí ann. Ní
cuimhin liom go dtáinig a leithéid ó shin. Bhí aoibh ar an
ghealaigh a chuirfeadh pléisiúr ar do chroí.

Is minic ó shin a smaoinigh mé ar an oíche sin. Dá
dtugtaí céimíocht an tsaoil domh le mo rogha a bhaint as,
dá gcuirtí ceist orm ar mhaith liom a bheith i mo cheoltóir
nó i m'fhile, i mo rí nó i mo cheannfort airm, déarfainn leat
nár mhaith liom a bheith a dhath ach 'mo stócach.

Chaith mé dhá shamhradh ag na sméara. Bhí ceithre ghrád Éireannach in Albain an t-am sin. Gasúraí agus seandaoine, nach raibh ábalta obair fir a dhéanamh, chaitheadh siad bunús an tsamhraidh ag na sméara. An mhuintir a raibh measarthacht urraidh iontu, ach gan lámh rómhór ar obair fheirme acu, théadh siad chuig na preátaí. An fear a dtiocfadh leis baint le speil agus cruach fhéir a dhéanamh agus beathach capaill a iongabháil bhíodh sé ag obair i rith an tséasúir ag feirmeoir. Ach bhí dream eile fear ann agus bhí siad os cionn an iomláin dar luaigh mé. Mar a bhí, na fir a bhíodh ag náibhíocht. An fear a dtiocfadh leis piocóid is sluasaid a láimhdeachas agus bara fána lán créafóige a thiomáint ar chlár ocht n-orlach déag, céad troigh ón talamh, bhí an fear sin sa rang ab airde agus bhí drochmheas ar na dreamanna eile aige.

An tríú samhradh seo chaith mé féin trí seachtaine ag tanú tornapaí fá ghleann an Drochaill, agus nuair a bhí deireadh na hoibre sin déanta ní raibh fá mo choinne ach imeacht chuig baint na bpreátaí. Tráthnóna Dé Domhnaigh a bhí ann agus bhí mé ag brath imeacht chuig na preátaí ar maidin an lá arna mhárach. Le sin féin cé tháinig isteach chun na botaí ach Sonaí Néill.

' 'Bhfuil obair agaibh bhur mbeirt anseo go dtí an fómhar?' arsa Sonaí le m'athair.

'Níl,' arsa m'athair. 'Tá Jimmy anseo ag imeacht chuig na preátaí amárach.'

'Sin an rud a thug aníos mé,' arsa Sonaí. 'Bhí mé ag déanamh nach mbeadh obair shamhraidh agaibh bhur mbeirt anseo. Tá scaifte againne ag náibhíocht i gCastlecraig agus tá tuilleadh fear a dhíobháil ann.'

'Tá eagla orm go mbeadh an obair róthrom aige,' arsa m'athair.

'Ní bheadh ar chor ar bith,' arsa Sonaí. 'Tá seandaoine is gasúraí ag obair ansiúd.'

'Bhail,' arsa m'athair, 'b'fhéidir gur fhéad sé féacháil leis.'

Dar liom féin, an féidir go bhfuil seo amhlaidh? Nó an ag

192

brionglóidigh atá mé? Ag gabháil sa chéad ghrád cheana féin! Agus nach orm a bheas an bród nuair a rachaidh mé chun an bhaile fá Shamhain i ndiaidh an séasúr a chaitheamh ag náibhíocht? Agus chonaic mé mé féin i mo sheasamh ar an chéad chúrsa i dteach an fhidléara agus mé ag caitheamh tobaca as píopa adhmaid. Agus ansin an cailín rua as Port na mBó a raibh mo shúil agam uirthi, ach nach bhfuair mé uchtach riamh ceiliúr a chur uirthi! Bhail, cuirfidh mé ceiliúr an geimhreadh seo uirthi nuair a bheidh mé ag damhsa ar lafta Charley Mhuiris agus cosáicí orm.

"Bhfuil mórán de mhuintir an bhaile ag obair sa Chaisleán?" arsa m'athair.

'Gearrscaifte maith,' arsa Sonaí, ag toiseacht is á n-ainmniú. 'Condaí Shéamais agus Donnchadh Mór, Eoin Rua agus Hiúdaí Phádraig agus Donnchadh Eoghain Dhonnchaidh.'

'Bhail, tá sibh scoil ghreannmhar ann,' arsa m'athair.

'Féadann tú sin a rá,' arsa Sonaí. 'Bhí mé ag gáirí an oíche fá dheireadh go raibh uisce le mo shúile.'

Dar liom féin, nach méanair domh? Beidh mé ag náibhíocht. Agus lena chois sin beidh mé i gcuideachta an scaifte is greannmhaire agus is dea-chaintí a thug an bád anall.

'Agus an bhfuil a fhios agat cé tá againn?' arsa Sonaí.

'Cé?' arsa m'athair.

'Frainc Ac Gairbheath,' arsa Sonaí. 'Chuaigh sé dh'obair ar maidin Dé Máirt.'

'É mar bhí sé riamh, creidim?' arsa m'athair.

'Ó, mar bhí sé riamh,' arsa Sonaí. 'Féadaim a rá nár labhair sé aon fhocal i rith na seachtaine go dtí gur ól sé braon tráthnóna aréir. Tá máistir scoile ansiúd, diúlach as na Gleanntaí a briseadh as ólachán, agus sílidh sé féin gur fear foghlamtha é. Mhair sé ag meagadaigh i rith na seachtaine agus shílfeá gur aige a bhí an t-eolas uilig. Ach tráthnóna aréir, cár bith a dúirt sé, thug Frainc freagra air, agus chuaigh an bheirt le chéile sa tseanchas. Ach dheamhan cúig bhomaite gur chuir Frainc ina thost é.'

'Frainc bocht,' arsa m'athair, 'is mór an truaighe nach raibh ciall aige, nó is aige a bhí scoith na hinchinne. Is cosúil nach raibh an dá chuid geallta dó.' Agus rinne an bheirt tamall comhráidh ar Frainc.

'Ní rachaidh sé choíche go hÉirinn?' arsa Sonaí.

'Ní dóiche go dtéid,' arsa m'athair. 'Ní raibh cuma air go raibh dáimh ar bith riamh leis an bhaile aige.'

'Níor chuala mé riamh ag caint ar Rinn na Feirste é,' arsa Sonaí.

'Níor chuala ná mise ach oiread leat,' arsa m'athair. 'Caithfidh sé go raibh sé cadránta sa nádúir. Tá fear ar bith cadránta nach bhfuil dáimh aige leis an áit ar tógadh é.'

'Is fearr duit a bheith síos liomsa anocht,' arsa Sonaí, tamall ina dhiaidh sin, 'agus a bheith ar an talamh le hobair a iarraidh ar maidin.'

Bhí mé féin mar chonaic Dia mé. Ní raibh a fhios agam goidé an leithscéal ab fhearr domh. Ba náir liom a rá go raibh eagla orm roimh an obair. Dá n-abrainn go mb'fhearr liom a ghabháil chuig tógáil na bpreátaí ní bheadh craiceann na fírinne ar mo scéal. Ní raibh ní b'fhearr le déanamh agam ach locadh roimh an phiocóid is roimh an bhara, cé gur ghoill sé go dtí an croí orm.

'Tá eagla orm go mbeadh an obair róchruaidh agam,' arsa mise.

'Bhail,' arsa m'athair, 'do chomhairle féin.' Agus nuair a d'imigh Sonaí, ar seisean. 'B'fhéidir gur tú a rinne do leas. Ní cuideachta rómhaith ag stócach cuid dá bhfuil sa Chaisleán.'

Ar maidin an lá arna mhárach d'imigh mé agus níor stad mé go raibh mé thiar i nGirvan. Fuair mé obair ansin i gceann chupla lá. Bhí scaifte as Árainn agus cupla fear as an bhaile s'againne i mo chuideachta. Bhí an obair iontach nimhneach ar an droim gur éirigh mé cleachta léithi. Thigeadh an ceannaí chugainn ó am go ham. Agus chomh luath is tífeadh an geafar ag teacht é, thoisíodh an broslú aige orainn seanard a chinn, agus thoisíodh an choimhlint againne. Is iomaí tamall léanmhar a chuir mé isteach agus mé ag strócadh ar theann mo dhíchill ar eagla go scoithfí mé.

D'oibir mé sé seachtaine thiar ansin, go dtí go raibh preátaí na dúiche sin uilig bainte. Bhí sé fá sheachtain don fhómhar san am. Bhí an chuid eile den scaifte ag brath a ghabháil soir an tír chuig na preátaí malla. Agus d'iarr an geafar orm féin a bheith leo. Agus bheinn, murab é gur mhaith liom a ghabháil isteach go hAyr agus cupla lá a chaitheamh ar an bhaile sin.

An fheirm a raibh mé ag obair inti, tuairim is ar sheacht míle síos as Ayr a bhí sí, ar bhruach na farraige. Cé tháinig chugainn an tráthnóna a bhíomar réidh ach Séimí Mór Cheit Néill. Agus bhí an scéala leis go raibh Micheál Dhónaill Ruaidh ar an bhaile mhór. Dar liom féin, ní bhainfidh mé an dara preáta go raibh an fómhar apaithe soir an tír. Is fada mé ag dúil le Micheál Dhónaill Ruaidh a fheiceáil. Tá sé ar na gaobhair agam anois. Agus nuair atá rachaidh mé isteach go hAyr ar maidin amárach go bhfeice mé é, agus go gcaithe mé lá nó cupla lá ina chuideachta.

Ar maidin an lá arna mhárach d'imigh an chuid eile den scaifte chuig na preátaí malla, agus d'imigh mise ag tarraingt go hAyr go bhfeicinn Micheál Dhónaill Ruaidh. Lá breá gréine a bhí ann agus aoibh phléisiúrtha ar an fharraige. Bhí Árainn thall os mo choinne, go díreach mar bheinn sa bhaile i mo sheasamh ar Ard an tSeantí ag amharc ar Árainn s'againn féin. Thiar ar chúl Árann bhí Ceann Tíre sínte amach suas ó dheas. Agus amuigh thall ag bun na spéire bhí sléibhte Chondae Aontroma le feiceáil go soiléir agam.

Tháinig mé isteach go hAyr i dtrátha an mheán lae. Bhí ocras i ndiaidh an tsiúil orm, nó níor bhris mé na céadlongaí an mhaidin sin. Dar liom féin, íosfaidh mé greim a bhainfeas an t-ocras díom sula dté mé a chuartú Mhicheáil. Ansin siúlfaidh mé an baile ar mo shuaimhneas agus casfar orm in áit éigint é. Tháinig mé aníos Carrick Street agus chor mé isteach sa High Street, agus mé ag amharc féacháil cá háit a bhfaigheadh mo mhacasamhail greim le hithe. Nuair a bhí mé abhus i lár na sráide d'amharc mé trasna go dtí an taobh eile. Tím Éireannach ina shuí ar shuíochán agus a chloigeann anuas ar a bhrollach mar bheadh sé ag titim ina chodladh. Dar liom féin, sin ansin thú, agus chuaigh mé anonn a fhad leis. Fear mór cromshlinneánach a bhí ann a raibh fuil chraorac ina phluca agus éadan mór leathan air. Bhí seanbhearád bealaithe air a bhí róbheag

aige agus ciumhais dá bhlagaid ris taobh thiar den imeall.
Bhí beairtín beag dearg ar an tsuíochán ag a thaobh agus
bhí seanchanna dubh crochta as a chrios.

''Do chodladh atá tú?' arsa mise, nuair a tháinig mé a
fhad leis.

D'fhoscail sé a shúile go fadálach agus d'amharc sé orm.

''Mó chodladh,' ar seisean go giorraisc, agus sin ar dhúirt
sé. Agus dar leat gur bheag a bhéarfadh air a rá gur fhéad
mé neamhiontas a dhéanamh de agus ligean dó a néal a
chodladh.

''Bhfuil áit ar bith fá seo a bhfaigheadh duine greim bídh?'
arsa mise. Agus thug sin chuige féin é.

''Bhfeiceann tú an teach cheann tuí sin thall?' ar seisean.
'Tam o' Shanter's Inn. Gheobhaidh tú bia agus deoch ansin
i saorchonradh.'

'B'fhéidir go n-íosfá greim,' arsa mise.

'Níl goile ar bith do bhia agam ar an teasbhach seo,' ar
seisean.

'Tá teasbhach marfach ann gan bhréig ar bith,' arsa mé
féin. 'Siúil leat isteach as an ghréin.'

D'éirigh sé agus thóg sé an beairtín. Agus thug mé fá
dear an caol láimhe a bhí air. Bhí sé chomh ramhar le bunrí
fir eile, agus féitheoga ann mar bheadh slatacha saileoige
ann. Dar liom féin, is neamhiontach an buille trom a
bheith ar do láimh. An fear a gheobhadh dorn foscailte
agus iomlán do mheáchain is do chuid urraidh leis, thit-
feadh sé mar thitfeadh gamhain a chnagfaí le hord mór i
gclár an éadain. Agus thoisigh mé a smaoineamh ar na
scéalta a chuala mé fa dtaobh de sa bhaile nuair a bhí mé i
mo ghasúr. Chuamar trasna na sráide agus isteach i dteach
an leanna.

'Rachaimid siar anseo,' ar seisean, 'san áit a dtig linn
ár scíste a dhéanamh fá shuaimhneas.'

Chuamar siar i seomra cúil a bhí ann. Bhí cupla tábla
ann agus cathaoireacha thart orthu. Bhí dreisiúr feistithe
thíos i gceann an tí agus soithigh crochta ar na ballaí. Agus
bhí áit fhairsing tineadh ann den chineál atá againn sa bhaile.

Fuair mé féin leathghalún leanna agus píosa aráin is
cáise. D'fhág mé soitheach an leanna agus gloine thall in

aice Mhicheáil, agus arsa mise, 'Anois coisc do thart, ó tharla nach bhfuil ocras ort.' Líon sé an gloine agus chuir sé ar a cheann é agus d'fholmhaigh sé é in aon tarraingt amháin. Líon sé an dara huair é agus bhain braon as. Ansin tharraing sé air a phíopa agus dhearg é. Ach ní raibh cuma air go raibh fonn ar bith comhráidh air.

Tiocfaidh tú chun béil nuair a bheas cupla gloine den leann ólta agat, arsa mise i m'intinn. Agus inseoidh tú domh fá na catha a cuireadh leat ag cosnamh cliú Rinn na Feirste. Cluinfidh mé an seanchas seo uilig ó do bhéal féin. Gach éacht da dearn tú, ón lá a bhuail tú an tincléir i gCealsaí agus gan tú ach i do ghlas-stócach, go dtí an lá a bhuail tú mac Phadaí Semple i West Loch le do leathláimh.

D'ól sé gloine eile den leann, ach níor labhair sé.

Ní raibh a fhios agam féin goidé déarfainn a bhainfeadh comhrá as. Sa deireadh, arsa mise, ag amharc ina airde ar na creataí, 'Tá cuma thíorthúil ar an teach seo.'

'Seanteach ón díle é seo,' ar seisean. 'Sin an áit a raibh siad ina suí. Ansin ar dhá thaobh na tineadh.'

'Cé?' arsa mise.

''Déanamh nach bhfuil a fhios agat cá bhfuil tú?' ar seisean.

'Níl a fhios agam a dhath ach go bhfuil mé i dteach leanna in Ayr,' arsa mise.

'Níl a fhios, creidim,' ar seisean, agus thost sé arís.

Ba é an chuma a bhí air nach raibh fonn ar bith comhráidh air. Ach bhí mise ag brath comhrá a bhaint as, dá mb'fhéidir é. Bhí sé ag ól mo chuid leanna agus ba deacair dó mo dhiúltú. Chuir mé chun tosaigh air é.

'Is minic a chuala mé m'athair ag caint ort,' arsa mise.

'Cé leis thú?' ar seisean.

'Le Feilimí Dhónaill Phroinsís.'

'Le Feilimí?' ar seisean, agus shín sé a lámh chugam. 'Is iomaí lá comrádaíochta a rinne mise is d'athair.'

'Is minic a chuala mé é ag caint ort.'

'Creidim gur minic,' ar seisean. 'Bhí mé go maith do d'athair. Is iomaí lá a chaitheamar fada ó shin ag déanamh cead na slise ar an Bháinsigh . . . Is gairid a bhíos na blianta á gcaitheamh. Ocht mbliana déag is fiche ó shin tháinig mise is d'athair chun na tíre seo an chéad uair. Bhíomar ag buain ag Muiris Bhraighní thuas ag taobh Chealsaí.'

Dar liom féin, seo mo sheans. Thug tú chun an bhéil chugam é.

'Sin an bhliain a bhuail tú an tincléir ar Aonach Shéamais?' arsa mé féin.

'Mise?' ar seisean.

'Sea,' arsa mise. 'Is iomaí uair a chuala mé m'athair á inse. Bhí sé ag amharc ort, é féin is Eoin Rua is Eoghan Ó Dubhaigh.'

'Micheál Dhónaill Ruaidh atá i do cheann' ar seisean. 'Bhí sé ag troid le tincléir ceart go leor an bhliain sin. Agus sin an chliú fir ab fhearr a fuair sé riamh, nó ní raibh sé ach ina ghlas-stócach san am.'

'Agus nach tusa Micheál Dhónaill Ruaidh?' arsa mise, agus iontas orm.

'Ní mé,' ar seisean, ag déanamh draothadh gáire.

'Shíl mé gur tú,' arsa mise, ag amharc ar an tsoitheach a raibh an leann ann. 'Chuala mé go raibh sé ar an bhaile seo agus shíl mé gurbh é a bhí ann nuair a chonaic mé thusa.'

'Bhí sé ar an bhaile seo le trí nó ceathair de laetha,' ar seisean. 'Ach d'imigh sé go Berlinnie* ar maidin inniu. Bhí sé ag troid aréir agus beireadh air. Bhí cúirt air ar maidin inniu agus cuireadh dhaichead lá 'un an phríosúin é.'

Tháinig aiféaltas orm féin, mar thig ar dhuine ar ócáid den chineál sin, agus ní raibh a fhios agam goidé déarfainn. Thost seisean tamall beag fosta agus é ag spíonadh tobaca i gcroí a bhoise. Sa deireadh ar seisean. 'Do Mhicheál Dhónaill Ruaidh a cheannaigh tú an leann seo. Ach,' ar seisean, ag baint bolgam as a ghloine, 'nuair nach bhfuil Micheál anseo níl ach amaidí a ligean amugha.'

'Cad chuige a ligfí amugha é?' arsa mise. 'Ól é, agus go dté sé ar bláth is ar biseach duit.' Agus san am chéanna b'fhada sin ó mo chroí. Nó bhí mé míshásta liom féin cionn is go raibh mé chomh dobhránta agus nár shamhail mé riamh go bhféadfadh scór Éireannach a bheith ar an bhaile an lá sin. Cad chuige nár chuir mé ceist air nuair a casadh

*Príosún i nGlascú.

orm é? Cad chuige nar dhúirt mé, 'An tú Micheál Dhónaill Ruaidh?' Agus gan toiseacht a thabhairt óil don chéad fhear a chonaic mé, agus gan a fhios agam cé é féin nó cá háit arb as é, ó Loch Súilí go Cuan na gCeall.

'Chuala tú d'athair ag caint go minic ar Mhicheál Dhónaill Ruaidh,' ar seisean.

'Céad uair,' arsa mise.

'Agus chuala tú é ag caint ar Mhicheál Rua agus ar Ned agus ar Mhicí Bheil.'

'Chuala go minic,' arsa mise.

'Agus b'fhéidir,' ar seisean, 'go gcuala tú é ag caint ormsa fosta.'

'B'fhéidir go gcuala,' arsa mise. 'Ar ndóigh, níl a fhios agam, nuair nach bhfuil a fhios agam cé atá agam ann.'

'Frainc Ac Gairbheath,' ar seisean.

Baineadh an dúléim asam nuair a chuala mé cé bhí ann,
agus ní raibh a fhios agam goidé déarfainn. Sa deireadh,
arsa mise, 'Ní raibh aithne ar bith agam ort.'

'Goidé mar bheadh,' ar seisean, 'is nach raibh tú ar an
tsaol nuair a d'fhág mé Éirinn, nó go ceann fada ina dhiaidh
sin? Tusa Jimmy, an tú?'

'Is mé,' arsa mé féin.

'Is minic a chuala mé d'athair ag caint ort,' ar seisean.

Dar liom féin, tá dúil agam nach gcuala tú aon duine eile
ag caint orm. Tá dúil agam nach gcuala tú iomrá riamh ar
an scrúdú.

'An uair dheireanach a casadh orm é,' ar seisean, 'bhí tú
ar an scoil, agus bhí sé ag inse domh go raibh tú ag déanamh
gnoithe maithe.'

'Ní raibh dúil ar bith riamh sa scoil agam,' arsa mise.

Bhí mé ag déanamh nach raibh dóigh ar bith ab fhearr a
gcuirfinn díom é ná ligean orm féin nach raibh dúil ar bith
riamh sa léann agam. Nuair a chluinfeadh sé sin bhéarfadh
sé an bealach domh. Níorbh fhiú leis comhrac a chur orm,
agus b'fhéidir nach gcuala sé iomrá ar bith riamh ar an
scrúdú.

'Chan é sin an rud a bhí muintir Rinn na Feirste a
mhaíomh,' ar seisean, 'ach go raibh dúil as cuimse sa léann
agat, agus go rabhthas ag brath do chur chun coláiste
murab é gur fheall an scrúdú ort.'

Chonacthas domh go raibh na spéartha ag luí anuas i mo
mhullach. Mhothaigh mé an teasbhach a tháinig i m'aghaidh
le náire. Bhí mé i mo shuí ansin agus gan mé ag labhairt. Ní
raibh bealach éalóidh agam. Bhí mé mar bheadh fear ann a
bheadh gabhte in uamhaigh ag beathach allta, agus nach
mbeadh ní b'fhearr aige le déanamh ach suí ansin agus a
shúile a dhrud, agus gan a fhios aige cé an bomaite a
bhéarfaí áladh air. Thost Frainc tamall beag. Ansin dúirt sé
rud a chuir iontas orm.

'Is iomaí fear intleachtach,' ar seisean, 'ar fheall scrúdú
air. Agus is iomaí dobhrán ar éirigh leis.' Agus thoisigh an
comhrá aige liom go lách carthanach, mar bheadh dáimh

aige liom cionn is gur fheall scrúdú orm . . . Agus sin an
fear a raibh eagla orm roimhe. An fear a raibh mé ag
teitheadh as an bhealach aige ón chéad lá a tháinig mé go
hAlbain.

'Anseo a chois na tineadh a bhí an bheirt ina suí ag
comhrá is ag scéalaíocht oíche na gaoithe móire,' ar
seisean, tamall ina dhiaidh sin. 'Má bhíonn tú liomsa
amárach taispeánfaidh mé an tseanreilig agus ballóg an
teampaill duit, an áit a raibh an Diabhal ina shuí san
fhuinneoig ag seinm ar na píoba agus na taibhsí ag damhsa.
Agus taispeánfaidh mé an droichead duit, an áit ar tharraing
Cutty Sark an ruball as an chapall bhán.'

'Nár shíl mé gur i lúbacha Mhín an Draighin a tháinig
siad air?' arsa mé féin.

'Lúbacha Mhín an Draighin!' arsa Frainc. 'A rún, goidé
chuir sin i do cheann?'

'Bhail,' arsa mise, 'ní scéal scéil atá agam air. Mo dhá
chluais a bhí ag éisteacht leis á inse oíche amháin a bhí mé
ag airneál i Mín na Craoibhe tá cúig nó sé 'bhliana ó shin.'

'Cé chuala tú á inse?' ar seisean, agus tháinig loinnir
mhagúil ina shúile.

'Séamas Pháidín é féin,' arsa mise, ag toiseacht is ag
inse dó.

Baineadh racht gáire as Frainc. 'Bhí a fhios agam i
gcónaí,' ar seisean, 'go raibh Séamas Pháidín maith ag
cumraíocht. Ach níor shamhail mé riamh go dtug sé Tam
o' Shanter go lúbacha Mhín an Draighin. Bhí dúil agat sa
scéal sin?' ar seisean.

'Dúil as cuimse,' arsa mise.

'Aithním sin ar an dóigh a bhfuil sé leat,' ar seisean. 'Sin
aon oíche amháin de do shaol nach deachaigh amugha.
B'fhearr do ghasúr oíche mhaith scéalaíochta ná bliain ar
an scoil, nuair nach mbeadh máistir na scoile ina scéalaí.
Agus is annamh a bhíos, go háirid i dtír atá faoi smacht.
Ba deacair do dhuine a mbeadh eagna chinn aige a shaol a
chaitheamh ina oide scoile.'

Chrom sé agus thóg sé an beairtín beag dearg ón urlár
agus scaoil sé é. Shíl mé féin go dtí sin gur arán a bhí ann.

Ach nuair a scaoil sé é goidé nocht chugam ach dornán de
leabhra smolchaite. D'fhoscail sé ceann acu. Bhí an cúl
stróctha aisti agus na duilleoga scaoilte inti. Thiontóigh sé
cupla duilleog agus thoisigh sé a léamh go leathíseal, mar
bheadh sé ag caint leis féin:

*My teachers were hide-bound pedants, without knowledge
of man's nature or of boy's; or of aught save their lexicons
and quarterly account-books. Innumerable dead vocables
(no dead language for they themselves knew no language)
they crammed into us, and called it fostering the growth of
the mind. How can an inanimate mechanical gerund-grinder,
the like of who will, in a subsequent century, be manu-
factured at Nurnberg out of wood and leather, foster the
growth of anything; much more Mind, which grows, not like
a vegetable (by having its roots littered with etymological
compost) but like a spirit, by mysterious contact of spirit;
thought kindling itself at the fire of living thought? How
shall he give kindling in whose own inward man there is no
live coal, but all is burnt out to a dead grammatical cinder?
The Hinterschlag professors knew syntax enough; and of the
human soul thus much: that it has a faculty called Memory,
and could be acted on through the muscular integument by
appliance of birch-rods.'*

Nuair a bhí an méid sin léite aige dhruid sé an leabhar
agus chuir sé isteach sa bheairtín ar ais í i gcuideachta na
codach eile. Agus bhí eagla orm féin go gcuirfeadh sé ceist
orm fá mo bharúil ar an méid a léigh sé. Ach níor chuir.
Thoisigh sé ar an chomhrá san áit ar stad sé, mar nach
mbeadh baint ar bith leis an scéal ag an rud a léigh sé.
'Chreid tú Séamas Pháidín an oíche sin?' ar seisean.
'Chreid, cinnte.'
'Ar chuala tú riamh iomrá ar Rabbie?'
'Cén Rabbie?'
'Rabbie Burns,' ar seisean.
'Níor chuala,' arsa mise.
'Bhail,' ar seisean, 'sin an fear a chum an scéal a chuala
tú ag Séamas Pháidín.

Bhí obair agam féin a chreidbheáil, agus d'aithin sé sin.
Agus thoisigh sé gur dhúirt sé an dán óna thús go dtína
dheireadh. Beidh cuimhne choíche agam ar an dealramh a
tháinig ina shúile nuair a tháinig sé a fhad leis an áit a raibh
an bheirt ina suí a chois na tineadh i dteach na beorach agus
iad ar a sáimhín suilt.

'*Kings may be blest,*' ar seisean, ag baint tarraingt a
chinn as an ghloine, '*but Tam was—glorious.*'

Mhair sé tamall mór fada ag scéalaíocht ar Bhurns agus
ag aithris a chuid dánta is amhrán. Sa deireadh d'fhiafraigh
sé díom an raibh focal ar lóistín na hoíche agam, agus dúirt
mé féin nach raibh.

'Tá lóistín agamsa giota beag taobh amuigh den bhaile,'
ar seisean. 'Tá botaí ann a mbíonn Éireannaigh inti san
fhómhar. Agus bheir an máistir dídean na hoíche domh inti
'ach aon uair dá dtigim an bealach. Tá toil mhór do Rabbie
aige. Agus,' ar seisean, 'is fearr duitse a bheith liom.'

Dúirt mé féin, ar ndóigh, go rachainn, agus d'imigh linn.
Tuairim is ar mhíle amach as an bhaile mhór a bhí teach
an fheirmeora. Bhí craiste leapa sa bhotaí agus dornán
cocháin is cupla seanphlaincéad. Nuair a tháinig am luí
chóiríomar an soipeachán agus chuaigh a luí.

Ar maidin an lá arna mhárach cheannaigh mé féin arán is
cáis i dteach siopa a bhí ag ár dtaobh, agus rinne bean
coiteora réidh canna tae dúinn. Nuair a bhí an bia caite
againn d'imigh linn ag tarraingt ar an bhaile mhór. Bheann-
aíomar i dtigh Tam o' Shanter, ar ndóigh. Agus tamall ina
dhiaidh sin shiúil linn síos Alloway Street. Ní raibh a fhios
agam féin cá raibh ár dtriall. Ach ba chuma liom ach a
bheith le Frainc. Bhí aoibhneas an tsaoil orm ag éisteacht
leis.

Chuamar síos an baile agus amach fríd an tír. Nuair a
bhí cupla míle siúlta againn thángamar a fhad le teach íseal
cheann tuí, agus chuamar isteach. Teach deas glan ordúil a
bhí ann. Bhí áit fhairsing tineadh ann agus pota crochta ar
an tslait, mar tífeá sa bhaile. Bhí cúil-leaba i dtaobh an tí
agus dreisiúr is prios thíos ar an bhinn íochtaraigh.

'Sin anois an t-*auld clay biggin*,' arsa Frainc. 'Sin an áit
a raibh an bhean ghlúin ina suí agus é in a hucht aici, oíche

na seacht síon i lár an dúgheimhridh:
> *'Twas then a blast o' Januar' wind*
> *Blew hansel in on Robin.'*

Chaitheamar tamall mór ag breathnú 'ach aon rud dá raibh ann. Bhí dornán de chuid lámhscríbhinní an fhile ann agus dath donn orthu leis an aois, agus ina measc cupla duilleog den dán a scríobh sé ar Tam o' Shanter. Bhí suim ar leith agam féin sa dán seo, cionn is gur chuala mé an scéal ag Séamas Pháidín nuair a bhí mé i mo ghasúr. Ar ndóigh, bhí fianaise nárbh fhéidir a bhréagnú agam gur ag cumraíocht a bhí Séamas an oíche a d'inis sé dúinn gur lean an Diabhal é isteach lúbacha Mhín an Draighin. Ach má bhí féin níor lúide mo mheas air.

'Níor chuala tú iomrá riamh ar Bhurns ar an scoil,' arsa Frainc, ag teacht amach dúinn.

'Iomrá ar bith,' arsa mise.

'Níor chuala,' ar seisean, 'ach chuala tú rud nár thuig tú. Léigh tú dánta agus ní thuigfeadh na máistrí iad gan trácht ar na páistí. Sin an cineál léinn atá sna scoltacha agus sna coláistí in Éirinn—focla móra gáifeacha agus gan ciall ar bith lena leath.'

Shiúlamar linn síos an bealach mór. Agus i gceann tamaill thángamar a fhad le reilig agus balóg seanteampaill ina seasamh ina coirnéal. Bhí an bhinn thoir den bhallóig ina seasamh ina hiomláine, agus fuinneog uirthi a bhí rannta ina dhá leath ag cloch chaol fhada a bhí anuas i lár báire, agus urlár na fuinneoige saibhir ag airde fir ón talamh. Bhí an ceann thiar den bhallóig agus cuid den taobh-balla leagtha agus eidheann ag fás ar an méid a bhí fágtha.'

'Sin ansin an *winnock-bunker*,' arsa Frainc, 'an áit a raibh an seanbhoc ina shuí ag bualadh ar na píoba. Síos an bealach mór os do choinne a d'imigh Tam agus iad ina dhiaidh mar bheadh an chaor thineadh ann. Sin thall an droichead, an áit ar tharraing Cutty Sark an ruball as an chapall.'

'Goidé d'fheall ort sa scrúdú?' ar seisean, tráthnóna agus sinn ag déanamh ár scíste i dtigh Tam.

'Filíocht Bhéarla,' arsa mise, agus thoisigh mé gur inis

mé dó fá na ceisteanna a cuireadh orm agus an dóigh a
dtug Seoirse Mac Claitsí freagra orthu.

'An t-amhlóir bocht!' arsa Frainc. 'Bhí sin aige ar a
theanga agus ní raibh a fhios aige goidé an chiall a bhí leis.
B'fhéidir go gcasfaí ort go fóill é. Agus gearr marc air, ní
bheidh ann ach bodhmán lena sholas. Beidh, ar ndóigh,
post mór aige amach anseo. Beidh a phioctúir ar na páipéir
agus beidh streachlán leitreach lena ainm chomh fada le lá
samhraidh. Ach ní bheidh ann ach maide feoite gan sú gan
seamhair. An rud nach bhfuil sa duine ní chuirfidh scoil
ná coláiste ann é:

> *What's a' the jargon o' your schools,*
> *Your Latin names for horns and stools?*
> *If honest nature made you fools,*
> > *What sairs your grammars?*
> *Ye'd better ta'en up spades and shools*
> > *Or knappin' hammers.'*

'Ceann eile de chuid Bhurns?' arsa mise.

'Sea, agus chan é a ndíogha,' arsa Frainc. 'Éist leis an
cheathrú seo. Agus cuimhnigh uirthi am ar bith a mbeidh
contúirit ort go sílfeá go raibh eagna chinn ag lucht coláistí:

> *A set o' dull conceited hashes*
> *Confuse their brains in college classes.*
> *They gang in stirks and come out asses,*
> > *Plain truth to speak.*
> *An' syne they think to climb Parnassus*
> > *By dint o' Greek.*

'Sin an cineál daoine a bhíos ag caint fá fhilíocht,' ar
seisean. 'Sin an cineál atá sa mhórchuid de na hollúin is de
na máistrí. Níor thuig tú *Lycidas* an lá úd ag an scrúdú.
Níor thuig mac an phéas é ach lán chomh beag, ach gur
fhoghlaim seisean an míniú ar a theanga. Sin an rud a d'iarr
an máistir air a dhéanamh. Sin an chomhairle a thug a
athair dó. Ní raibh ciall ar bith do léann ag an athair é féin,
is dóiche, ach an oiread seo achtanna a fhoghlaim ar a
theanga. Ach mar dúirt mé, níor thuig an gasúr *Lycidas*.

Ná an máistir. Ná an fear a bhí ag cur scrúdaithe oraibh. Ná an fear a scríobh na nótaí atá i ndeireadh an leabhair. Agus sin fear eile nach dtuigfeadh é dá dtaradh air a mhíniú, mar atá John Milton . . . Milton na gaoithe móire agus na bolsaireachta! Uaill gan éadáil i ndiaidh Chafarra! . . . Ach, ar ndóigh, ní dhéanfadh sé cúis sin a rá. Caithfidh tú a rá go bhfuil sé galánta. Mura n-abraí níl léann agat. Ní bhfuair tú tógáil mhaith. Is fíor-annamh duine den dream a bhíos crochta le coláistí a mbeadh uchtach aige a rá nach bhfacthas dó mórán de *Paradise Lost*. Ach léifidh mise píosa de duit amárach. Cuirfimid diabhal Mhilton agus diabhal Bhurns os coinne a chéile, *Satan* agus *Clootie*. Agus cuirfidh mé geall nach mbíonn spéis ar bith i *Satan* agat, agus go mbeidh dáimh agat le *Clootie,* ina dhiabal is mar tá sé.'

Chaith mé deich lá ar shiúl le Frainc i dtír dhúiche Rabbie. Chaithfinn a dhá oiread ann ach bhí an fómhar chun tosaigh, agus lena chois sin ní raibh de airgead fágtha agam ach an méid a bhéarfadh go Peebles mé. Ach sin an tseachtain ab fhearr a chaith mé riamh. An tseachtain a chuir an dlaíóg mhullaigh ar mo chuid léinn. Fuair mé, ar ndóigh, an t-oideas ab fhearr a bhí in Éirinn sa bhaile. Agus chan ó mháistrí scoile a fuair mé é, ach ó sheanfhondúirí Rinn na Feirste. Uathusan a fuair mé meáchan mo chuid foghlama. Uathusan a fuair mé eolas ar litríocht na Craobhruaidhe is na Féinne, ar Chearbhallán, ar an Dall Mac Cuarta agus ar Chathal Bhuí. Ach eagla ar fad orm nach raibh maith san oideas sin. Bhí eagla orm gur díobháil eagna chinn a d'fhág *Lycidas* dothuigthe agam nuair a bhí mé i mo ghasúr. Bhí Milton mar bheadh néal dubh crochta os mo chionn, riamh nó gur nocht Burns mar bheadh grian gheal loinnireach shamhraidh ann agus gur scab sé an ceo síos siar . . . B'fhéidir go gcasfaí lucht léinn orm go fóill. B'fhéidir gur chun coláiste a rachainn, nó níl léamh ar an chinniúint. Ach is cuma cá rachaidh mé feasta, nó cé chasfar orm, beidh mé dána ceannascach, agus beidh uchtach agus dóchas agam. Bhí mé ar an scoil ag Frainc Ac Gairbheath, agus ní chuirfear dallamullóg choíche orm le focla móra gáifeacha nach bhfuil dúshraith ar bith acu ach amhlántacht agus ainbhios!

Shiúil mé féin is Frainc cuid mhór de na háiteacha a raibh
Burns nuair a mhair sé. Bhíomar sa chuibhreann a raibh
sé ag treabhadh ann nuair a rois sé nead na luchóige leis an
tseisrigh. Agus bhí truaighe agam féin don luchóig. Nuair a
bhí mé i mo ghasúr bhí fuath agam orthu, mar luchóga.
Bhíodh pléisiúr orm nuair a tínn an cat ag teacht isteach
agus ceann acu ina bhéal leis. Rudaí gránna a bhí iontu.
Ba mhaith an bia marbh iad. Ach nuair a chuala mé dán
Bhurns d'athraigh mo dhearcadh. Chonaic mé an
créatúr beag bocht ina rith trasna an chuibhrinn faoi léan
is leatrom. Chonaic mé a fáras beag scriosta agus a teaghlach
scabtha:

> And black December's winds ensuin'
> Baith snell and keen.

Chuamar a fhad leis an áit a raibh sé ag treabhadh nuair a
thiontóigh sé an fód ar an neoinín. Agus bheadh truaighe
agat don neoinín, fosta, agus gan ann ach bláth beag. Ach
an chuid ba thruacánta den scéal seo uilig, an dóigh ar
chuir an file é féin i gcosúlacht leis an neoinín. An dóigh a
bhfaca sé seisreach an tsaoil is na cinniúna ag tarraingt air
agus gan gléas teite ar bith aige. Gan le déanamh aige ach
seasamh ansin go fuar fann critheaglach:

> Till crushed beneath the furrow's weight
> Shall be thy doom.

Chuamar a fhad leis an áit ar scar Burns le Highland Mary.
Bhí spéis ar leith agam sa chuid seo de shaol Rabbie. Bhí
mé i ngrá san am le cailín beag rua as Port na mBó. Ní
raibh mé riamh ag caint léithi. Ní bhfuair mé uchtach ceiliúr
a chur uirthi, nó ní raibh ionam ach stócach. Agus ba
doiligh do stócach ceiliúr a chur ar chailín a raibh na scafairí
ab fheiceálaí sna Rosa ag briseadh na gcos ina diaidh. Ach
cuirfidh mé ceiliúr an iarraidh seo uirthi. Scríobhfaidh mé
cupla amhrán de chuid Bhurns agus cuirfidh mé chuici i
leitir iad!

Chuamar lá eile go dtí an teach a raibh sé ina chónaí ann

nuair a chum sé an aisling. 'Sin an íocshláinte,' arsa Frainc. 'É ina shuí ansin a chois na tineadh agus é ag déanamh aithreachais cionn is go raibh a dtáinig dá shaol caite aige ag déanamh ceoil. Agus i ndiaidh an aithreachais rinne sé gníomh dea-rúin. Dúirt sé nach ndéanfadh sé an dara ceathrú cheoil go dtéadh a chorp i dtalamh. Le sin féin d'fhoscail an doras agus tháinig an ainnir isteach. Agus ní riabh aon bhean ar an domhan ach aon bhean amháin chomh cumtha léi. An meall coise a bhí uirthi chuirfeadh sé aoibhneas ort:

> *Down flowed her robe, a tartan sheen,*
> *Till half a leg was scrimply seen;*
> *And such a leg! My bonnie Jean*
> *Could scarcely peer it.*
> *Sae straight, sae taper, tight and clean,*
> *Nane else came near it.'*

Léigh sé an aisling domh óna tús go dtína deireadh, agus é ag míniú agus ag inse de réir mar bhí sé ag gabháil chun tosaigh.

'Níor cuireadh ceist ar bith fá sin nó fána mhacasamhail ort sa scrúdú,' ar seisean. Ach cuireadh ceisteanna gan chéill ort agus d'fheall ort. D'fheall ort cionn is nach raibh oiread den dobhrán ionat is go dtiocfadh leat deilín gan réasún a fhoghlaim ar do theanga.'

Agus bhí an dúbhród orm féin cionn is gur fheall an scrúdú orm.

'Bhí mé ag teitheadh romhat ar feadh dhá shamhradh,' arsa mise.

'Ag teitheadh romhamsa?' ar seisean.

'Bhí,' arsa mise. 'Bhí eagla orm go mbeadh drochmheas agat orm cionn is gur fheall an scrúdú orm.'

'Bhail,' ar seisean, 'bhí an bharúil chontráilte agat domh. Ach bheadh drochmheas agam ort dá n-éiríodh leat a ghabháil chun coláiste leis an mhíniú a thug mac an phéas ar *Lycidas*. Ach níor éirigh leat,' ar seisean, 'agus b'éigean duit a theacht chun na tíre seo. Agus tá tú anois ar shiúl ar

an tseachrán. Tá mise ar an drabhlás le cois a bheith ar an
tseachrán:

> But yet the light that led astray
> Was light from Heaven.'

Ach sa deireadh bhí an t-am caite, agus mo chuid airgid
caite fosta, é uilig ach an méid a bhéarfadh chun an fhómh-
air mé. Dé Sathairn, i dtrátha an mheán lae, scar mé féin
is Frainc le chéile i Mauchline. Chuamar isteach tigh
Phúsaí Neansaí go bhfuaireamar deoch leanna. Thall os
coinne na fuinneoige bhí reilig. Tá cuid dá raibh mar ábhar
ceoil is magaidh ag Burns curtha inti: Mary Morrison agus
Daddy Auld agus iad.

'B'fhéidir go bhfeicfinn ar an bhliain seo chugainn thú,'
arsa Frainc, nuair a bhí sé ag druidim le ham traen.

'Le cuidiú Dé tífidh,' arsa mise. 'Agus b'fhéidir gur tallann
a bhuailfeadh thú féin agus go rachfá go hÉirinn an geimh-
readh seo. Is orainn a bheadh an lúcháir romhat i Rinn na
Feirste.'

'Ní fheicfidh tú in Éirinn choíche mé,' ar seisean.

Dar liom féin, tá sin ag cur leis an rud a chuala mé fá
dtaobh de. Bhí sé amuigh air gur duine cadránta a bhí ann.
An mhuintir ba mhó meas air, sin an bharúil a bhí acu de.
Fear cruaidh cadránta nár chuir a dhath riamh aoibhneas
ná tocht air. Ach is é nach raibh cruaidh ná cadránta ina
nadúir, an té a mbeadh aithne cheart aige air.

Thost sé tamall, agus nuair a d'amharc mé féin air bhí
linn uisce ar a shúile.

'Creidim,' ar seisean go cumhúil, 'go bhfuil Rinn na
Feirste mar bhí sé.'

'Tháinig athrach mór air ó d'imigh tusa, de réir mar
chluinim,' arsa mise.

'Tháinig, is dóiche,' ar seisean, 'athrach ar na tithe agus
ar na daoine. Ach d'aithneoinn an baile go fóill. Ní tháinig
athrach ar bith ar an Rinn na Feirste a tímsa i m'intinn.
Agus tím é chomh soiléir is dá mbeinn ag amharc air le mo
shúile cinn. Títhear domh go bhfuil mé ag amharc air anois.
Port an Churaigh agus Leac na Luatha agus gob na

Báinseadh agus béal na Trá Báine. Agus an chloch mhór atá ar Ard an tSeantí, an áit ar ghnách liom féin is le d'athair a bheith ag déanamh crandaí bogadaí nuair a bhíomar inár ngasúraí. Tím an t-iomlán . . . Choimrí Dhia thú, a mhic.'
   Agus d'imigh sé.

Nuair a chuaigh mé féin chun an fhómair chuir m'athair ceist orm ar shaothraigh mé mórán ar na preátaí.
   'Chuir mé ceithre phunta 'un an bhaile chuig mo mháthair,' arsa mise.
   'Níl coir ort,' ar seisean.
   'Bhí gráinnín beag eile lena chois sin agam,' arsa mise, 'ach chaith mé seachtain ag cuartú oibre, mé féin is Frainc Ac Gairbheath.'
   ''Gheall ar Dhia agus casadh Frainc ort?'
   'Casadh,' arsa mise.
   'Cá háit a raibh sibh ag iarraidh na hoibre?'
   'Siar fá Ayr is fá Dumfries,' arsa mise.
   'Obair siar an bealach sin!' arsa m'athair, 'agus na preátaí bainte. Ar ndóigh, ní bhíonn obair ar bith ansin an tráth seo den bhliain. Ach,' ar seisean, 'b'fhéidir go raibh a fhios sin agaibh féin.'

B'as Port na mBó Sorcha Dhónaill Óig, agus bhí sí ar chailín chomh breá is a bhí sna trí phobal. B'fhurast di fear a fháil nuair a thiocfadh sé de mhian uirthi pósadh. Is iomaí fear a thug iarraidh ceiliúr a chur uirthi, ach ní raibh cuma uirthi go raibh toil ar bith dá gcaidreamh aici. Bhí beirt bhuachall ar an bhaile s'againne an t-am sin agus bhí siad ar bheirt chomh breá is ar leag tú súil riamh orthu, mar a bhí Tomás Thuathail Eoghain agus Éamonn Chormaic Ruaidh. Beirt de fheara láidre ligthe gasta a bhí iontu. Bhí siad ag comrádaíocht le chéile ó bhí siad ina ngasúraí, agus ní tháinig aon fhocal searbh ná salach eatarthu. Is iomaí uair a bhí an bheirt ag coimhlint le chéile i gceann speile nó rámha, nó ag tógáil meáchan agus ag caitheamh cloiche. Ach ní raibh cuma orthu go raibh ceachtar acu ag iarraidh an bhua a fháil ar an fhear eile. Mar sin de, ba mhillteanach an t-iontas a bhí ar mhuintir na Rosann an lá a tharraing an bheirt dhá dhorn ar a chéile ar shráid an Chlocháin Léith. Agus chan dhá dhorn bheaga anbhanna a tharraing siad ar a chéile, ach dhá bhuille a raibh neart agus díbhirce agus mire iontu. Ní raibh a fhios ag aon duine goidé mar rachadh sé eatarthu, nó níor ligeadh dóibh a throid go deireadh. Bhí scaifte mór de bhuachaillí an bhaile ar an aonach. Chuaigh siad de léim isteach eatarthu agus chuir siad ó chéile iad.

Níorbh iontaí linn an sneachta dearg ná é nuair a chualamar an lá arna mhárach go raibh an bheirt ag troid ar Aonach an tSamhraidh. Eibhlín Chonaill Néill a tháinig isteach tigh s'againne agus an scéal léithi.

'Bhail,' arsa m'athair, 'níl ach amaidí a bheith ag caint. Shíl mé nach raibh a dhath ar an domhan a bhéarfadh ar an bheirt a ghabháil sna lámha le chéile. Goidé tháinig eatarthu?'

'Tá, maise, an speadóg dhearg sin ag Dónall Óg,' arsa Eibhlín. 'Agus nach gcaithfidh tú a rá nach raibh siad gan ábhar troda acu?'

'Is cosúil nach bhfacthas daofa féin sin,' arsa m'athair.

'Ó, cailín ina sáith gnaoi Sorcha Dhónaill Óig,' arsa mo mháthair.

Dar liom féin gurbh fhuar an moladh a rinne mo mháthair uirthi. 'Cailín ina sáith gnaoi!' Agus ba mhó a ghoill sé orm ná an t-ainm a thug an bhean eile uirthi, 'speadóg dhearg'. Bhí mé féin i ngrá le Sorcha Dhónaill Óig san am, agus chonacthas domh gurbh í an bhean í ba dóighiúla a bhí riamh ar an domhan, nó bheadh choíche. An chailleach a thug 'speadóg dhearg' uirthi, bhí a fhios agam nach raibh inti ach cléir cháinte a bhí riamh ag cúlchaint is ag clamhairt an tsaoil mhóir. Ach an rud a dúirt mo mháthair! Ina sáith gnaoi! Paróisteach, mar déarfá. Ghoill sin as miosúr orm. Bhí mé mar bheadh eagla orm go mb'fhéidir nach raibh mo chailín rua chomh dóighiúil is a shamhail mé.

Mar dúirt mé, níor chuir mé ceiliúr riamh uirthi. Ní raibh uchtach agam. Goidé mar bheadh? Ní raibh ionam ach stócach. Agus ní bheadh seans ar bith agam nuair a bhí buachaillí breátha an phobail ar teaghrán aici mar bhí siad.

Dhá chónaí a bhí ar bhaile Phort na mBó an t-am sin: teaghlach Dhónaill Óig Ic Suibhne, agus Maitiú. 'Cé an Maitiú?' arsa tusa. Sin an cheist. B'as Árainn a tháinig sé go Port na mBó agus ní raibh a fhios ag mórán againn cá hainm a bhí ar a athair nó ar a mháthair. Níor tugadh riamh air ach Maitiú. Agus ba leor sin, ar an ábhar nach raibh an dara Maitiú sa phobal ach é féin. Sin mar bhíos i gcónaí nuair a bhíos ainm tearc. Is beag duine i Rinn na Feirste a déarfadh 'Feilimí Dhónaill Phroinsís,' ach 'Feilimí,' agus ní abóradh duine ar bith 'Tadhg Phadaí Neansaí,' ach 'Tadhg.' Sin an fáth nach raibh ainm athar ná máthar le Maitiú; ná sloinneadh ná dath gruaige, ná méid ná laghad, ná rud ar bith ach MAITIÚ.

Bhí an leathchéad bliain cnagtha ag Maitiú nuair a fuair mise aithne air. Fear beag anásta a bhí ann nach raibh gnaoi na ndaoine air. Gheofá i gcónaí seanéadach cifleogach stróctha air. Bheadh sé ar shiúl i ndiaidh an eallaigh agus a bhróga leathscaoilte agus clupaidí ina bhríste fá cheann na n-osán. Agus dheamhan mórán ní b'fhearr a bhíodh sé cóirithe nuair a thigeadh sé chun an phobail Dé Domhnaigh. Ach bhíothas ag maíomh nach díobháil airgid ach díobháil croí lena chaitheamh a d'fhág sna bratóga é. Bhí léab

bhreá thalaimh aige agus trí ba bainne agus scuad mór
éanlaithe, eadar chearca is lachain. Níodh sé féin réidh a
chuid. Bhlíodh sé na ba agus bheireadh sé na huibheacha
chun an tsiopa. Níodh bean Dhónaill Óig agus a clann
iníonach a lán garaíochta dó. Bhaineadh siad an t-im den
chuinneoig nuair a bhíodh an bainne buailte aige, agus níodh
siad bratóga éadaigh dó. Agus bhí cuid de na daoine ag
déanamh nach de ghrá Dia a bhíothas ag garaíocht dó,
ach ag dúil le gnóthú air.

'Tá Dónall Óg is a theaghlach ag dúil gur leo a thiteas
bunachar Mhaitiú,' arsa mo mháthair, agus í féin is m'athair
ag caint ar an rud a thóg an troid ar an aonach.

'M'anam, maise, gur fada daofa a bheith ag dúil leis,'
arsa m'athair. 'Níl Maitiú os cionn má tá sé leathchéad
bliain. Is é rud a bheadh ann fear óganta, dá mbaineadh sé
an ghruaig de féin agus culaith bhreá éadaigh a cheannacht.
Tá deich mbliana fichead de shaol san fhear udaí go fóill.'

'Sea, ach chan lena bhás atá siad ag dúil,' arsa mo
mháthair. 'Ach ag dúil go ndéanfadh sé oidhre de dhuine den
teaghlach. Sin an fáth a bhfuil Sorcha ag déanamh aráin is
ag cur bail ar an im dó. Ag déanamh go rachadh aici a
cheannacht, sa chruth is go dtabharfadh sé isteach í féin is
an fear nuair a phósfaidh sí.'

'B'fhéidir go bhfuil daoine muinteartha in Árainn aige,'
arsa m'athair. 'Agus, má tá, ná bíodh eagla ort go bhfágann
sé é féin i muinín na gcoimhthíoch.'

'Níl,' arsa mo mháthair, 'daoine muinteartha ar bith in
Árainn aige. Ní raibh ann ach an deartháir a chuaigh go
Meiriceá, an fear a d'fhág an t-airgead aige.'

'Más amhlaidh,' arsa m'athair, 'tá seans ag duine de
chlainn Dhónaill Óig ar áit mhaith suí.'

'Tá,' arsa mo mháthair, 'agus sin an fáth a bhfuil an
ráchairt ar Shorcha atá uirthi. Chan ar mhaithe léithi féin
go hiomlán atáthar ag troid ar na haontaí fá dtaobh di.
Ach ag déanamh, an fear a gheobhas í, go bhfuil teach is
talamh agus dornán airgid le fáil aige gan aon deor allais
a chur á shaothrú.'

Bhail, dar liom féin, b'fhéidir gurb é sin an dearcadh atá
ag an bheirt a bhí ag troid ar an aonach an lá fá dheireadh.

Ach ní hé an dearcadh atá agamsa é. Bhí mise i ngrá le Sorcha Dhónaill Óig, ach má bhí chan de gheall ar chuid talaimh Mhaitiú. Ní raibh mé ag smaoineamh ar phósadh ar chor ar bith san am, is gan ionam ach glas-stócach. Ba chuma liom ach corrthamall comhráidh a dhéanamh le mo chailín rua. Ní raibh pósadh ná teach ná talamh sa chuntas agam ar chor ar bith. Agus nuair a thiocfadh an lá a mbeadh, chan isteach chuig Maitiú a rachainn!

Ní raibh mé ag caint riamh le Sorcha Dhónaill Óig, cé go raibh mé i ngrá léi. Ag damhsa i dteach scoile Loch an Iúir a fuair mé an chéad amharc uirthi. Agus chonacthas domh gurbh í gile na gile agus áille na háille í. Bhí mo shúil agam uirthi tamall mór fada, ag déanamh go rachadh agam a ghabháil chun comhráidh léithi. Sa deireadh chrothnaigh mé í. Chuartaigh mé an teach ó choirnéal go coirnéal, ach ní raibh sí ann. Bhí sí ar shiúl chun an bhaile. Shuigh mé ansin agus smúid orm. Bhí fidléir breá againn, Niall Phadaí Néill as Cró na Sealg. Ach ní raibh ceol ar bith san fhidil ó d'imigh mo chailín rua . . . Ar maidin le bodhránacht an lae tháinig mé anuas Mín na Craoibhe agus, dar liom, dreach fuar anróiteach ar an tsaol.

An fómhar ina dhiaidh sin a casadh Frainc Ac Gairbheath orm, agus líon sé mo chluasa le cuid ceoil Bhurns. Tráthnóna Dé Sathairn, nuair a bhí seachtain den fhómhar caite, chuaigh mé isteach go Peebles agus cheannaigh mé an *Kilmarnack Edition*. Agus bhí mé sáite sa leabhar sin ar feadh míosa ina dhiaidh sin, 'ach aon uair dá bhfaighinn faill. Nuair thigimis isteach tráthnóna i ndiaidh ár lá oibre shuíodh m'athair is Frainc Beag a chois na tineadh sa bhotaí, a chomhrá is a chaitheamh tobaca. Agus bheirinn féin liom Burns agus thoisínn a léamh. Sa deireadh smaoinigh mé go ndéanfainn amhrán do mo chailín rua, amhrán den chineál a rinne Burns do Highland Mary. Bhí corrlíne den amhrán ag teacht i mo cheann. Ach ní raibh dul agam a chur i míotar i mo shásamh. Sa deireadh, dar liom go bhfágfainn é go dtaradh an Domhnach. Ansin d'imeoinn liom féin síos ar an uaigneas a chois na habhann.

Tá cuimhne mhaith agam ar an Domhnach sin, agus

beidh go dté mé i dtalamh. Tráthnóna gaothach a bhí ann.
Ach gaoth nach raibh nimh ná fuacht inti. Gaoth bhog
fhómhair. Gaoth fhiliúnta a bhí ag gabháil cheoil sna crainn.
Shuigh mé i gclúdaigh bhig ar bhruach na habhann:

> *Where the waters of Tarth and the Newlands are*
> *meeting*
> *And auld Drochil Castle stands high on the brae.*

Agus thoisigh mé a dhéanamh ceoil do mo chailín rua. Ach
ní raibh sé ag teacht liom. Bhí cuid cainte Bhurns mar
dhúshraith agam de m'ainneoin:

> *My Sarah is asleep by thy murmuring stream*
> *Flow gently sweet Afton, disturb not her dream.*

Bhí mé iontach míshásta leis an iarraidh sin. Ní raibh a
dhath déanta agam féin, ach gur chuir mé Sarah san áit a
raibh Mary. Ansin bhuail smaoineamh mé go ndéanfadh
sé cúis. Níor dhóiche gur chuala sise aon amhrán de chuid
Rabbie riamh, agus ní bheadh a fhios aici nach mé féin a
rinne é. Ach ní raibh mé sásta le sin ach oiread. Níor chliú
ar bith domh é. Agus má bhí mé i ngrá—agus bhí—cad
chuige nach dtiocfadh liom amhrán a dhéanamh di? Nach
raibh mé ar obair ag déanamh ceoil nuair nach raibh mé
ach i mo ghasúr ar an scoil? . . . Sa deireadh rinne mé
amach go scríobhfainn an t-amhrán agus go gcuirfinn chuici
é. Scríobh. Agus dúirt mé sa leitir léithi go raibh leabhar
agam a raibh na céadta amhrán den chineál chéanna inti.
Agus go raibh mé féin ar obair ag déanamh ceoil agus gurbh
ise mo Highland Mary. Dúirt mé go gcuirfinn an t-amhrán
chuici nuair a gheobhainn freagra uaithi.
    Seachtain ina dhiaidh sin bhí leitir fá mo choinne nuair
a tháinig mé isteach tráthnóna. Bhris mé í agus thug mé
spléachadh gasta ar a deireadh go bhfeicinn cé chuir chugam
í.

> 'Hoping you will write soon again.
>   Best love from
>   Highland Mary.'

Má léigh mé an leitir uair léigh mé céad uair í. Bhí mé
á léamh gur ghearr sí ar an fhilleadh agus gur thit sí ina
giotaí as a chéile. Scríobh mé arís agus arís eile chuig mo
chailín rua; agus bhí mé ar mo sháimhín suilt má bhí aon
fhear riamh ann.

Tháinig mé chun an bhaile an bhliain sin i ndiaidh na
Samhna, agus an oíche arna mhárach i ndiaidh a theacht
bhain siar Port na mBó amach, féacháil an gcasfaí orm í.
Ach níor casadh. Agus ba náir liom a ghabháil isteach chun
an tí chuig a muintir. Níor casadh orm í go dtí oíche amháin
amach eadar sin is an Fhéil Bríde. Agus d'fhag an oíche
sin faoi smúid mé. Dúirt sí gur dheas na leitreacha a chuir
mé chuici as Albain. Nach n-iarrfadh sí de phléisiúr ach á
léamh. Ach ní raibh cuma uirthi go raibh rún aici caidreamh
ar bith eile a dhéanamh liom. Is beag nár mhaígh sí gurbh
fhada léithi go dtéinn ar ais go hAlbain agus go dtoisínn arís
a scríobh chuici . . . Tháinig mé chun an bhaile an oíche
sin agus mé faoi ghruaim. Is beag a bhéarfadh orm imeacht
go hAlbain i lár an dúgheimhridh . . . Sa deireadh, arsa
mise liom féin, caithfidh tú foighid a dhéanamh. Cuir tú
féin fá mhuinín do phinn. Ar an tsamhradh seo chugainn
ionsaigh a croí agus a hintinn le hagallaimh cheoil. Agus
beidh sí ar bharr a cos ag teacht chun d'araicis nuair a
thiocfaidh tú chun an bhaile sa gheimhreadh.

Bhí go maith go dtí go raibh sé fá chupla seachtain den
am a mbeinn ag imeacht an samhradh sin a bhí chugainn.
An Domhnach roimh lá Aonaigh an tSamhraidh chuir sí
forrán orm taobh amuigh de gheafta teach an phobail,
agus d'fhiafraigh sí díom an raibh mé ag brath a ghabháil
chun an aonaigh an Satharn sin a bhí chugainn. Ní raibh
lá rúin agam féin a ghabháil siar, nó bhí barraíocht oibre le
déanamh agam sa bhaile. Móin le cróigeadh, preátaí le
sluaistriú, agus fiche rud eile. Ba é sin an t-am ba ghnóthaí sa
bhliain againn, ag iarraidh bláth a chur ar mhóin is ar bharr
sula n-imímis go hAlbain. Ach ó d'iarr mo chailín rua orm a
ghabháil go hAonach an tSamhraidh rachainn siar, dá mba
i ndán is go gcaithfinn oíche is lá a oibriú ar feadh seachtaine
ag iarraidh mo bhris a thabhairt isteach. Bhí a shliocht orm;
bhí mé ar an chaorán an lá arna mhárach nuair nach raibh

an ghrian ach ag éirí. Agus bhí droim bachta cróigthe agam
nuair a tháinig m'athair amach in am bricfeasta.

'Faoi Dhia goidé an tallann mearaidh a bhuail thú?' ar
seisean.

'Dar liom,' arsa mise, 'go mb'fhearr a cróigeadh go gasta
nuair atá an uair maith. Tá an t-am a tógáil as an tsrathnú,
gan a fhios nach fearthainn a thiocfadh.'

Nuair a tháinig mé chun an bhaile tráthnóna thug mé
liom spád agus chuaigh mé síos go cuibhreann an ghainimh
a thochailt díogacha. Ní raibh mé i bhfad ag obair nuair a
tím m'athair anuas chugam.

'Goidé atá ag teacht inniu ort ar chor ar bith?' ar
seisean.

'Tá an t-am acu seo a bheith sluaistrithe,' arsa mise.

'Níl,' arsa m'athair, 'agus ní bheidh siad réidh go ceann
seachtaine . . . Gabh 'un an tí, a thaisce, agus bíodh ciall
agat. Tá measarthacht ar 'ach aon rud. Ná déanadh aon
duine choíche leath dó féin is leath don tsaol.'

Bhí a fhios agam, nuair a thoisigh m'athair a chaint mar
seo nach suaimhneas a gheobhainn uaidh, agus d'inis mé
an fhírinne dó. Ar scor ar bith d'inis mé cuid den fhirinne.
Dúirt mé go raibh mé ag brath a ghabháil tamall chun an
aonaigh Dé Sathairn. Níor inis mé dó, ar ndóigh, go raibh
cuireadh agam ó mo chailín rua, nó go raibh a leithéid ag
cur bhuartha orm ar chor ar bith. Ní ligfeadh an eagla
domh.

'Bhail, má tá féin,' ar seisean, 'gheobhaidh tú buaidh ar
an obair is fanacht i mbun na measarthachta.'

Bhí an lá liom. Bhí cead agam ó m'athair a ghabháil go
hAonach an tSamhraidh. Agus ní bheadh sé ag manrán an
lá arna mhárach.

Tháinig an Satharn. Bhí lá ann chomh breá is a tháinig ó
shin. Théadh aos óg na Rosann uilig go hAonach an tSamh-
raidh an t-am sin. Agus is é an dóigh a gcaitheadh siad an
lá, ag siúl anuas is suas an tsráid. D'éirigh mé féin ar maidin
agus theann orm. Bhí culaith Dhomhnaigh agam an t-am
sin, rud nach bhfuil anois agam, agus péire bróg éadrom.
Nuair a bhí mé réidh thug mo mháthair bonn dhá scilling
domh, agus d'imigh mé.

Casadh Highland Mary orm ag Loch an Mhuilinn agus aoibh uirthi a chuirfeadh pléisiúr ort. Shiúil an bheirt againn linn go rabhamar ar an Chlochán Liath. Chaitheamar páirt den lá ag siúl anuas is suas an tsráid; agus ag comhrá le haos óg na mbailte de réir mar chasfaí orainn iad. Nuair a tháinig ocras orainn thug mé síos tigh Pheadair an Phoill í, agus fuair mé tae is brioscaí dúinn ár mbeirt ar thuistiún an duine. Bhí scilling is tuistiún fágtha agam, agus cheannaigh mé rudaí milse di. Bhí Tomás Thuathail Eoghain agus Éamoann Chormaic Ruaidh ar an aonach, ar ndóigh. Bhí cuma orthu ina mbeirt go raibh braon maith ólta acu. Ach níor bheannaigh ceachtar acu dá chéile, ná dúinne ach oiread. Bhí cuma dhúrúnta ar 'ach aon fhear acu. Agus bhí sé ina scéal ar fud an aonaigh dá dtugadh ceachtar acu iarraidh an cailín rua a chomóradh chun an bhaile go gcuirfeadh an fear eile troid air.

I dtrátha an trí a chlog dúirt sí go raibh an t-am againn ár n-aghaidh a thabhairt ar an bhaile. Níor shamhail aon duine go n-imeodh sí chomh luath sin, agus bhíomar abhus ag an Leithphingin sular crothnaíodh í. Agus níor fágadh ábhar troda ag an dá óganach eile an lá sin.

Beidh cuimhne choíche agam ar an dreach aoibhiúil a bhí ar muir is ar tír an tráthnóna sin. Níl léamh ná scríobh ná inse béil air. Ach má tháinig tú riamh aniar Droim na Ceárta tráthnóna galánta samhraidh agus an fharraige is na hoileáin ar thaobh díot agus na sléibhte ar an taobh eile, beidh barúil agat ar chuid den áilleacht. Má bhí tú riamh i ngrá tuigfidh tú cuid eile de. Agus má bhí do ghrá i ngrá leat san am chéanna b'fhéidir go dtuigfeá an t-iomlán.

Thángamar anuas go rabhamar ag ceann bhealach Phort na mBó.

'Siúil leat síos an bealach s'againne,' ar sise. 'Tá cuinneog bhainne buailte ag Maitiú, agus d'iarr mo mháthair orm a theacht 'un an bhaile go luath go mbaininn an t-im di. Beidh an chuid eile den tráthnóna dúinn féin againn.'

Dúirt mé féin, ar ndóigh, go rachainn, agus shiúil linn. Ar a theacht go deireadh an astair dúinn bhí Maitiú ina sheasamh ar leic ag giall an tí, scála taois aige agus é á chaitheamh ionsar na cearca. Bhí veiste fá mhuinchillí air agus seanbhríste báinín agus súgán cocháin thar a choim.

'Tá tú ar ais,' ar seisean leis an chailín rua agus chumail sé a lámha ina bhríste ag baint an taois díobh. Níor dhúirt sé liom féin go raibh mé ann nó as.

'Seo stócach as Rinn na Feirste,' arsa an cailín rua. 'Tá sé ag cuartú bó a d'éalóigh ón aonach uaidh. Chan fhaca tú eallach coimhthíoch ar bith anuas an bealach seo?'

'Ní fhaca,' ar seisean, 'ach nach raibh mé suas fán bhealach mhór.'

Bhain sise di an seál agus chuir uirthi naprún. 'Tá na soithigh scallta réidh agam,' arsa Maitiú, ag teacht isteach is capán is gogán leis. Bhain Sorcha an t-im den chuinneoig. Nigh sí agus shaill sí é agus rinne meascán de. Ansin rinne sí réidh tae dúinn ár mbeirt agus d'iarr sí orm féin suí anall. Ní raibh mé féin saor ó chotadh, nó ní raibh comhrá ar bith ag Maitiú. Ach níor fhan sé i bhfad againn. D'imigh sé amach agus bucaeid leis a thabhairt deoch do ghamhain.

Nuair a bhí an tae ólta d'imigh mé féin agus mo chailín rua agus shiúil linn suas bealach an Diaraigh.

'Goidé bhí tú a rá fán bhoin a d'éalóigh ón aonach?' arsa mise, nuair a bhíomar giota ón teach.

'Nach gcaithfinn rud éigint a rá?' ar sise. Agus rinne sí draothadh gáire. Agus chonacthas domh féin, ar ndóigh, go raibh an fhírinne aici.

'Duine aisteach é, mar Mhaitiú,' arsa mise.

'Duine beag cneasta gan cheilg é,' ar sise. 'Ní chuireann a dhath buaireamh air ach a chuid barr is eallaigh is cearc.'

'Nach iontach nár phós sé nuair a bhí sé óg?' arsa mise.

'Bhail anois, eadrainn féin,' ar sise, 'an bhfuil aon bhean is an t-anam inti a ghlacfadh é?'

'Ach nuair a bhí sé óg?' arsa mise.

'Bhail, ar ndóigh, níl cuimhne ar bith againne ar a óige,' ar sise. 'Ach deir mo mháthair go raibh sé ina luipríneach tá scór bliain ó shin mar a tí tú anois é.'

'Má bhí,' arsa mise, 'ní hábhar iontais é bheith gan phósadh.'

Chuamar suas taobh an Diaraigh agus shuíomar ar laftán fraoich. Bhí sé fá uair do luí gréine san am agus an

lán mara go barr na gcaslach. Bhí mé i mo shuí ansin ag a
taobh agus gan mórán le rá agam. Ní raibh fonn comhráidh
orm. Bhí mo chroí agus m'anam lán pléisiúir agus ciúnais.
Ní ghlacfainn ríocht Dé de rogha ar an laftán bheag fraoich
sin ar thaobh an Diaraigh. Dá bhfanadh an saol mar bhí
sé ar feadh na síoraíochta nár mhéanair domh? Dá bhfanadh
an ghrian go díreach mar bhí sí, thiar ar imeall na mara.
Dá maireadh an ciúnas agus an áille go deo deo. Mé féin
is mó chailín rua inár suí ar an laftán seo, nárbh é beatha
shuthain na bhflaitheas é? . . . Chuaigh an ghrian a luí agus
thoisigh an tráthnóna dh'éirí dorcha. Chualamar gleo
calláin siar bealach Ailt Sheáin Uí Dhúchann.

'Lucht an aonaigh ag tarraingt aniar,' ar sise, ag éirí ina
seasamh. 'Tá an t-am agamsa an baile a bhaint amach.'

'Ní iarrfainn corraí as seo choíche,' arsa mise.

'Ní iarrfadh ná mé féin,' ar sise. 'Ach caithfidh daoine a
ghabháil fá chónaí. Cá huair atá tú ag brath a ghabháil go
hAlbain?'

'Fá cheann naoi nó deich de laetha,' arsa mise. 'Ach, ar
ndóigh, tífidh mé roimhe sin thú?'

'Níl ann ach seachtain ó amárach,' ar sise, 'agus tá
scaifte againn ag brath turas Thobar an Dúin a dhéanamh an
lá sin.'

Bhí mé féin ag brath a rá go rachainnse go Tobar an Dúin
fosta. Ach sula bhfuair mé faill labhairt, ar sise.

'Scríobhfaidh tú go minic chugam, nach scríobhfaidh?'

''Ach aon Domhnach,' arsa mise.

'Déana,' ar sise. 'Scríobh leitreacha deasa mar scríobh
tú anuraidh. Ní bheinn tuirseach choíche á léamh. Agus
anois ná fan le freagra uaimse. Níl maith ionam ag scríobh.
Ní thig liom an chaint a chur i ndiaidh a chéile mar thig
leatsa. Ach mura dtig féin bíonn aoibhneas an tsaoil orm
ag léamh do chuid leitreach.'

'Ach scríobhfaidh tú corrleitir chugam,' arsa mise.

'Ó, cinnte,' ar sise. 'Chomh minic is thig liom.'

Tháinig mé chun an bhaile an oíche sin, agus bhí mé sa
ghlóir má bhí aon fhear riamh ann. Bhí an Domhnach an
lá arna mhárach ann. Nuair a tháinig mé amach as teach
an phobail i ndiaidh an Aifrinn casadh Sonaí Néill agus

Deonaí Tharlaigh orm.

'Nach ceart Rabbie?' arsa Deonaí, nuair a tháinig mé féin chun tosaigh.

'Bhain sé Highland Mary den iomlán acu inné,' arsa Sonaí.

'Druidigí bhur mbéal,' arsa mise, ag ligean orm féin go raibh mé míshásta leis an mhionmhagadh a bhí siad a dhéanamh orm. Ach is mé nach raibh. Ba é an ola ar mo chroí é. Ba é an íocshláinte é. Shiúlfainn na Rosa an lá sin ó cheann go ceann ar chuantar a bheith ag éisteacht le daoine ag lua Highland Mary liom.

Ba ghairid ina dhiaidh sin gur imigh mé go hAlbain agus níor lig mé Domhnach ar bith thart gan leitir mhór fhada a scríobh chuig mo chéadsearc. Mhairinn ag cumadh na leitreacha i rith na seachtaine, agus chaithinn bunús an Domhnaigh á scríobh. Níl cuimhne chruinn agam anois ar na leitreacha sin. Dá mbeadh, chuirfinn ceann acu síos anseo. Ach tá cuimhne agam go raibh ní ba mhó de chuid cainte Bhurns iontu ná a bhí de mo chuid cainte féin. Dhá leitir a chuir sise chugam i rith an tsamhraidh. Agus mhair mé á léamh gur mheil an páipéar eadar mo mhéara.

Chuir mé isteach an samhradh agus an fómhar. Bhí an barr éadrom agus an aimsir maith agus níor mhair an fómhar ach mí. D'fhág sin ar an bhealach mhór mé cúig seachtaine roimh Shamhain. Dar liom, ar maidin Dé Luain, rachaidh mé isteach go Peebles ar scor ar bith. B'fhéidir gur duine éigint a chasfaí orm a chuirfeadh ar an eolas mé. D'imigh mé liom síos a chois an Tweed agus mé ag caint liom féin. B'fhearr liom sin ná rogha chuideachta an domhain amanna. File a bhí ionam. Bhí Highland Mary agam. Bhí mé ag iarraidh a bheith ag déanamh ceoil di. Ba é mo chuid ceoil a mheall í. Mo chuid ceoil agus mo chuid leitreach, agus an t-eolas a bhí agam ar Bhurns. Bhí Tomás Thuathail Eoghain agus Éamonn Chormaic Ruaidh ina bhfeara breátha. Thógfadh 'ach aon fhear den bheirt mise ar a bhois. Ní raibh ionam ach stócach beag éadrom. Ach file ceoil a bhí ionam. D'fhág Dia an tíolacadh sin agam!

Ar a theacht go Peebles domh chuaigh mé isteach sna Cross Keys. Bhí mé ag déanamh má bhí Éireannaigh ar bith fán bhaile go mbeadh cuid acu istigh. Shuigh mé síos ag an chabhantar agus cheannaigh mé deoch. Deoch bhog a cheannaigh mé, nó bhí *pledge* an easpaig san am orm. Bhí seomra foscailte siar ón bheár agus beirt fhear ina suí fá thábla ansin agus iad ag caint i nGaeilge. Chuir mé mo cheann amach thar imeall an laindéara, féacháil cé bhí ann. Agus cé fuair mé agam ach Tomás Thuathail Eoghain agus Éamonn Chormaic Ruaidh!

Dá dtiteadh an ghrian as an spéir ní chuirfeadh sé oiread iontais orm agus a bhí nuair a chonaic mé an bheirt seo ina suí ag ól is ag comhrá i gcuideachta. Nó chuala mé roimhe sin gurbh é an rún a bhí ag 'ach aon fhear acu an fear eile a chur faoi smacht, nó gur inis lucht míghrinn dóibh araon gur dhúirt Sorcha Dhónaill Óig go bpósfadh sí an fear ab fhearr acu. Faoi Dhia goidé a rinne síochaimh eatarthu? B'fhéidir go raibh a fhios acu nach raibh gar do cheachtar acu a bheith ina diaidh nó go dtug mise ón bheirt acu í. Más amhlaidh a bhí, ní raibh mé róshábháilte. Nó ní raibh a fhios nach smitín a bhuailfeadh fear acu orm. Dá mb'fhiú leo baint domh . . . Ní bheadh duine cinnte . . . Bhí siad ar bogmheisce.

Bhí siad ag comhrá go callánach agus ní raibh moill orm a gcuid cainte a chluinstin. Ba ghairid gur aithin mé ar an chomhrá a bhí acu go raibh sé tuigthe acu nach raibh gar do cheachtar acu a bheith ina diaidh ní ba mhó.

'Ní raibh a toil le ceachtar againn riamh,' arsa Tomás. 'Ní raibh sí ach ag magadh orainn.'

'Nár bheag ár gciall a bhí i riocht a chéile a sceanadh ar mhaithe léithi le cupla bliain agus gan lá airde aici ar aon fhear againn?' arsa Éamonn.

'Agus an díorfach a thug uainn í,' arsa an fear eile, 'ní fiú le ceachtar againn barr méir a leagan air.'

Ghoill seo orm féin go dtí an croí. Bhéarfainn a bhfaca mé riamh ar a bheith i m'fhear mhór láidir, sa dóigh a dtiocfadh liom éirí de léim i mo sheasamh agus iarraidh orthu a theacht amach fear i ndiaidh an fhir eile.

'Damnú air,' arsa Tomás, 'cé shamhóladh dó go raibh sé ag smaoineamh uirthi ar chor ar bith?'

Dar liom féin b'fhurast sin a shamhailt. Nach bhfaca siad

mé ina cuideachta lá Aonaigh an tSamhraidh? Agus nach
raibh a fhios acu go dearn mé a comóradh chun an bhaile
tráthnóna?

'Bhail,' arsa Éamonn, 'is fíor nach bhfuil léamh ar intinn
mná. Bhí eagla ormsa ó bhí Aonach an tSamhraidh ann
nach raibh mórán spéise aici ionam féin. B'fhéidir go raibh
an eagla chéanna ortsa. Bhí eagla ar 'ach aon fhear againn
go ndéanfadh sí rogha den fhear eile. Ach ar shamhail
ceachtar againn riamh go bpósfadh sí Maitiú?'

Ó, 'Dhia na glóire gile! . . . Ní raibh ann ach nár thit mé
i mo chnap ar an urlár. Bhí mé mar bheadh duine a chnagfaí
le builte fill agus gan é ag dúil leis. Tháinig pian uafásach i
mo chroí. I gceann tamaill tháinig mé chugam féin rud beag
agus, dar liom féin, an féidir go bhfuil sé fíor? Bhí sé
dochreidte. Bhí sé éagsamhalta. D'éirigh mé agus chuaigh
mé siar a fhad leo.

'Sé do bheatha, 'Jimmy,' arsa Tomás. 'Ní raibh a fhios
agam go raibh tú ar an bhaile seo.'

'Cé d'inis daoibh gur pósadh Sorcha Dhónaill Óig?' arsa
mise.

'Pósadh í féin is Maitiú seachtain go Satharn s'chuaigh
thart,' arsa Tomás, ag tarraingt amach leitre is á síneadh
ionsorm . . . B'fhíor é, faríor!

'D'fhág sí an t-iomlán againn ag gol in áit na maoiseoige,'
arsa Éamonn. 'Goidé ólfas tú?'

'Ní ólfaidh mé a dhath, go raibh maith agatsa,' arsa mise.
Agus thiontóigh mé ar mo sháil agus amach ar an doras
liom. Ní thiocfadh liom fanacht. Chaithfinn imeacht liom
féin ar an uaigneas agus mo racht a ligean amach. Ní raibh
ceachtar den bheirt sin istigh i ngrá riamh léithi. Ní raibh
siad ach ag coimhlint le chéile. Ní raibh ciall do ghrá acu
mar bhí agamsa!

Shiúil mé aníos an tsráid ag tarraingt amach chun na tíre,
agus nuair a bhí mé ar an tseanbhaile tím dhá Éireannach
ag tarraingt isteach. Ba ghairid gur aithin mé iad. Sonaí
Néill, agus cé a bhí leis ach Frainc Ac Gairbheath?

'Seo chugainn Rabbie,' arsa Sonaí, nuair a tháinig mé fá
fhad scairte dóibh. 'Nach tútach a lig tú Highland Mary le
Maitiú?'

Rinne Frainc gáire agus d'fhiafraigh sé goidé tharla.

'An cailín ba dóighiúla a bhí sna Rosa,' arsa Sonaí. 'Shíl siad go mbainfeadh siad amach le treise lámh í. Shíl Jimmy anseo go meallfadh sé le cuid ceoil Bhurns í . . . Siúil leat isteach ar ais chun an bhaile mhóir,' ar seisean liom féin.

'Ní rachad,' arsa mise. 'Ní cuideachta d'aon duine inniu mé.'

Bhuail aithreachas Sonaí as a bheith ag magadh orm, nuair a chonaic sé an bhail a bhí orm. 'Siúil leat,' ar seisean, 'go ndéanaimid ár gcaint is ár gcomhrá.'

Ní dhearn mé féin ach mo cheann a chroitheadh.

'Siúil leat linn, agus bíodh ciall agat,' arsa Frainc. 'Sílidh tú anois nach raibh do léan ar aon fhear riamh cionn is gur fhág Highland Mary thú. Níl ionat ach gasúr go fóill. Is iomaí taom acu sin a chuirfeas tú díot sula gcastar Bonnie Jean ort.'

Sin an chéad chuid de mo sheanchas. Scríobhfaidh mé an dara cuid ar an bhliain seo chugainn, le cuidiú Dé.

AN RÁLEABHAR GAEILGE
The Irish Phrase-Book
Diarmuid Ó Donnchadha

This little book is designed to help those who have some Irish but who are not confident. It will enable them to prepare for many of the predictable situations in which they could expect to use Irish, particularly on visits to the Gaeltacht.

WILLIE THE PLAIN PINT AGUS AN PÁPA
Breandán Ó hEithir

This collection of works in Irish gives us an insight into the author's many-sided talent as a writer. The best essays Ó hEithir has ever written are included in this collection which is now in its second impression.

AN DEALG DROIGHIN
Nuala Ní Dhomhnaill

This is Nuala Ní Dhomhnaill's first collection of poetry in Irish. Some of these poems have appeared previously in *The Irish Times, Comhar* and *Feasta*. They display the poet's considerable talent and fulful the high expectations created by the appearance of her early work.

CITH IS DEALÁN
Séamus Ó Grianna ('Máire')

A new edition, edited by Niall Ó Dónaill and introduced by Peadar O'Donnell, of what is probably Séamus Ó Grianna's ('Máire') greatest book of short stories.

CAISLEÁIN ÓIR
Séamus Ó Grianna ('Máire')

Considered by many to be Ó Grianna's finest novel, Niall Ó Dónaill's new edition is true to the dialect of Rann na Feirste. Introduced by Cardinal Tomás Ó Fiaich.

AN CHÉAD CHLOCH
Pádraic Ó Conaire

A new edition of the book that shows Seán-Phád-raic at his very best.

DAN PHEADAÍ AINDÍ
John B. Keane

John B's first book in the Irish language is the story of a man who, in the author's estimation, was Ireland's greatest matchmaker. Dan Pheadí Aindí came from Lyreacrompane, twelve miles from Listowel and is said to have matched more than 400 happy couples in his day with only the one failure.

L'ATTAQUE
Eoghan Ó Tuairisc

This distinguished novel about the Rising of 1798 in the West earned its author *Gradam an Oireachtais.*

PÁDRAIG MAC PIARAIS AGUS ÉIRE LENA LINN
Seamús Ó Buachalla

A photographic record of the life and times of Patrick Pearse presented in an illustrated large format biography.

— 'An elegant Tribute': *The Irish Post,* London.

KILCULLEN
Enda O Coineen

The vivid story of a young man's attempt to cross the Atlantic in a small rubber boat. He failed when, in a fierce storm, his boat turned turtle 400 miles off the west coast of Ireland. Illustrated with over 30 pictures and diagrams, O'Coineen has chosen to write this, his first book, in Irish.

NA SCRÍBHÍNNÍ LITEARTHA
LE PÁDRAIG MAC PIARAIS
Edited by Séamus Ó Buachalla

A new edition of Pearse's literary work including items not previously included in any collection. The editor has added an introduction and an appendix giving the sources of the material.

DÓCHAS AGUS DUAINÉIS
Edited by Aindrias Ó Muimhneacháin

This is a history of the Gaelic League between the years 1922 - 1932, probably the most critical in that organisation's history. *Dóchas agus Duainéis* won the Donnacha Ó Laoire Memorial Award in 1974.

SEANCHAS AN TÁILLLIÚRA
Edited by Aindrias Ó Muimhneacháin

The Tailor, of *The Tailor* and *Ansty* fame, in his own words. His English conversation was not as good as his Irish, according to Frank O'Connor. 'In Irish,' O'Connor wrote, 'he had a whole field of folk stories and songs to fall back on, with the elegance of an older world in it.' The Tailor's words were collected by the late Seán Ó Cróinín for the Irish Folklore Commission.

Seán Óg agus Mánus Ó Baoill

The music and words to 92 Irish songs make up this collection, The words of each song are printed in the Irish language. Some of the more well-known titles include *Ar Éirinn ní Neosfainn Cé hí*, *An Raibh Tú ar an gCarraig?*, *Anach Cuan*, *Bánchnoic Éireann Ó*, *An Bunnán Buí*, *An Droighneán Donn*, *Éamon an Chnoic* and *Sliabh na mBan*.

CEOLTA GAEL 2
Mánus Ó Baoill

SHORT STORIES OF PADRAIC PEARSE
A Dual Language Book
Desmond Maguire

These five stories demonstrate Pearse's deep compassion for the Irish people of his time. He writes of the tragedies of life and death from which they could never escape.